学前教育专业课证融合教材

杨莉君 总主编

幼儿园艺术教育活动设计与指导

第六版

主　编　夏志刚　张琼辉

副主编　刘　浏　刘建乐　沈　畅　廖克斯　曾新华

参　编（排名不分先后）

毛春荣　邹　纯　莫军学　凌敏芳

湖南大學出版社

·长沙·

内容简介

该书从幼儿园艺术领域教学实践出发，引用国内外幼儿艺术教育领域的新理念，融入当前幼儿音乐、美术教育教学的新成果。有针对性地研究艺术教学活动，引导学生拥有科学的音乐和美术教学理念，学会富有创新并基于实际的教学设计，构建创新的、拓展的、多元的教学活动新类型。促进学生自主掌握知识、学会学习、学会思考，探究音乐、美术教育教学的最佳策略。

适合幼儿师范专科学校、中高职学前教育专业学生使用，也可作为早幼教在职人员培训教材。

图书在版编目（CIP）数据

幼儿园艺术教育活动设计与指导（第六版）/夏志刚，张琼辉主编．—长沙：湖南大学出版社，2018.1（2023.7 重印）
（学前教育专业课证融合教材）
ISBN 978-7-5667-1326-1

Ⅰ.①幼… Ⅱ.①夏… ②张… Ⅲ.①艺术教育—学前教育—幼儿师范学校—教材 Ⅳ.①G613.5

中国版本图书馆 CIP 数据核字（2017）第 162641 号

幼儿园艺术教育活动设计与指导（第六版）
YOUERYUAN YISHU JIAOYU HUODONG SHEJI YU ZHIDAO（DI-LIU BAN）

主　　编：夏志刚　张琼辉
丛书策划：刘　锋　罗红红
责任编辑：刘　锋
印　　装：湖南美如画彩印有限公司
开　　本：787 mm×1092 mm　1/16　**印　张：**16　**字　数：**370 千字
版　　次：2023 年 1 月第 6 版　**印　次：**2023 年 7 月第 2 次印刷
书　　号：ISBN 978-7-5667-1326-1
定　　价：44.50 元

出 版 人：李文邦
出版发行：湖南大学出版社
社　　址：湖南·长沙·岳麓山　**邮　　编：**410082
电　　话：0731-88822559（营销部），88821173（编辑室），88821006（出版部）
传　　真：0731-88822264（总编室）
网　　址：http://www.hnupress.com
电子邮箱：pressliuf@hnu.edu.cn

学前教育专业课证融合
教材编委会

修订说明

学前教育专业新课标“十二五”规划教材自2012年出版以来，为省内外许多院校所选用，对各校的教育教学、科学研究、人才培养发挥了重大作用，取得了较好的社会效益和经济效益。2016年是国家“十三五”规划的开局之年，也是幼儿园教师资格考试在全国全面实施之年。为了体现规划教材的时代性、前瞻性和实用性，依据国家“十三五”规划编制的精神和当下学前教育国家政策，针对“十二五”规划教材存在的不足，湖南大学出版社组织多位长期专门从事学前教育专业研究和教学工作的一线专家、教师对教材进行了全面的修订，以适应“十三五”期间学前教育发展的需要。

对规划教材的修订主要体现在以下四个方面。

(1) 重构课程体系。原有课程体系共有34门课程，其中专业课程22门，艺术类课程12门，存在专业课程不足、艺术类课程偏多的问题。根据《教师教育课程标准（试行）》《中小学和幼儿园教师资格考试标准（试行）》，在修订中适当增加专业课程，减少艺术类课程，尝试构建更加科学的课程体系。譬如，将会编写“学前教育评价”“学前教育研究方法”等课程教材。

(2) 重新选取课程内容。课程内容严格按照《幼儿园教师专业标准》《教师教育课程标准（试行）》《3—6岁儿童学习与发展指南》《中小学和幼儿园教师资格考试标准（试行）》的要求，特别是2016年3月颁行的《幼儿园工作规程》的精神进行修订，同时，对案例、情景再现、知识链接、拓展阅读板块进行更新。

(3) 重新编制思考与练习题。对原有思考与练习题进行全面修改，每门课程严格按照幼儿园教师资格考试真题设置题型。思考与练习题包括单选题、简答题、论述题、材料分析题、活动设计题。

(4) 加强教材的数字化。为了方便教师教学和学生自主学习，每门课程都配置了PPT、视频资料等课件。

本教材的使用对象主要是高职高专院校学前教育专业的学生，中职学前教育专业学生和早幼教机构人员在选用本教材时，可适当忽略教材中的理论与难点部分。

学前教育专业“十三五”规划教材编委会

2018年1月

序　言

中国传统教育之核心，是“素质教育”，而非“职业教育”。其中“素质”又包括“修身”“知识”与“运动”三大科，大致相当于现今所谓的德、智、体。办学之目的，不在“做学问”，更不在“求职”，而在“提高素质”，以为国家储备优质人才。

职业教育在中国兴起，正当晚清中国衰颓之时。自外而言，是“西学东渐”之产物；自内而言，是对传统中国“素质教育”之反对。

晚清以降中国“职业教育运动”之推动者黄炎培、郭秉文、范源濂诸辈发表宣言，指传统教育空疏无用，以“有用”为目标，以“职业教育即是实用主义教育”为号召，追求“谋生”与“谋食”两大功能，倡言“大职业教育主义”。

“谋生”与“谋食”是职业教育之目标，但并非其唯一目标。

职业教育有其特别的专门化特点，因而专业众多，其中，学前教育专业即是其重要组成部分。

作为职业教育之一种，学前教育固然有其一般性的特征，然就教育对象的特殊性而言，它又与其他类职业教育有着相当大的不同之处。

首先，学前教育的教育对象是身体和智力均尚未成熟之幼儿，也就决定了它对教师队伍之道德要求更高，在某种意义上而言，这种道德要求甚至重于专业素质要求。

其次，从另一层面上看，学前教育之教育对象又是学龄前儿童，它所承担之主体任务是为学龄前儿童接受进一步正式学科教育做准备，其最终目的是要与非职业教育相衔接。

学前教育此种特殊性，使得幼儿教师队伍建设必须成为国家教育工作的重中之重，得到社会普遍高度之重视。《国家中长期教育改革和发展规划纲要（2010—2020年）》已明确指出，要“严格执行幼儿教师资格标准，切实加强幼儿教师培养培训，提高幼儿教师队伍整体素质，依法落实幼儿教师地位和待遇”。《国务院关于当前发展学前教育的若干意见》（国发〔2010〕41号）亦强调：“加快建设一支师德高尚、热爱儿童、业务精良、结构合理的幼儿教师队伍。”

为贯彻和实施《国家中长期教育改革和发展规划纲要（2010—2020年）》和《国务院关于当前发展学前教育的若干意见》（国发〔2010〕41号），湖南省亦已制订本省之学前教育改革与发展计划，要求加快普及学前教育。

要完成幼儿教师队伍建设之目标，除了依靠本科学前教育专业外，广大幼师专科学校、中高职学校学前教育专业也是培养幼师之主要生力军。高水平教师队伍需要科学、专业之培养方案才能造就，而培养方案之核心在于课程，课程质量又主要通过教材来体现。原有学前教育专业教材理念落后、体系陈旧、知识老化，已经不能适应当今学前教育发展之要求。教材问题业已成为制约幼儿师范教育培养目标实现之瓶颈。

正是在国家教育改革与大力发展学前教育大背景下，湖南大学出版社精心组织，严格依照《中小学和幼儿园教师资格考试标准（试行）》《教师教育课程标准（试行）》的要求，编写出一套体现湖湘本土特色、符合“保教”结合理念、反映课程改革新成果之学前教育专业新课标“十二五”规划教材。

相信本套教材之出版，不仅能提高湖南省学前教育科研和教学水平，提升湖南省学前教育在全国之地位，还有望培养出一大批师德高尚、专业理论厚实、专业技能娴熟之幼师人才，从而早日实现普及学前教育之目标。

2012年6月20日

目　次

第一章

幼儿艺术教育概述

艺术教育是以艺术品为媒介和主要手段进行的教育活动，其范围包括艺术知识教育、艺术技能教育和艺术审美教育。艺术教育可分为专业艺术教育和普通艺术教育两类，专业艺术教育包括各级各类专业艺术院校、艺术师范院校以及职业中学的艺术教育，以培养各类艺术专门人才为目的，并以此满足社会的物质和文化需要；而普通艺术教育包括幼儿园、小学、中学、大学中的非艺术专业的艺术教育，其目的是通过艺术审美途径提高受教育者的艺术素养和总体素质。幼儿艺术教育是以审美为核心的艺术启蒙教育，其实质主要是完成艺术教育中的艺术审美、创美任务。根据国家教育部 2001 年 7 月颁布的《幼儿园教育指导纲要（试行）》（以下简称《纲要》）和 2012 年 10 月颁布的《3—6 岁儿童学习与发展指南》（以下简称《指南》）划分标准，幼儿园的艺术教育属于五大领域中的艺术领域，主要包括音乐教育和美术教育两部分。

第一节　幼儿艺术活动

一、幼儿音乐活动

1. 内涵

音乐是凭借声波震动而存在，在时间中展现，且通过人类的听觉器官引起各种情绪反应和情感体验的一种艺术。对成人而言，人们可以借助音乐以表达思想情感；音乐是人类智慧的结晶，是一门高雅艺术，而对于幼儿来说，音乐可以使其获得精神满足和审美愉悦。从教育学的角度来说，幼儿可以通过实践和参与音乐活动与音乐对话，从中获得对周围世界的最初认识。且幼儿以自己喜爱的方式参与音乐活动时，可感受到音乐带来的审美愉悦，达到自我享受音乐和与他人共享美妙音乐从而和谐相处的目的。

幼儿音乐应包括两个方面的内容，即适应幼儿倾听的音乐作品和幼儿所进行的音乐艺术活动。通过倾听音乐作品，幼儿感受音乐作品的过程也是一个审美体验的过程。在一定情境中，幼儿运用自己已有的语言、肢体动作、嗓音等艺术技巧创造性地表达他们所获得的这种审美愉悦。这一过程即是幼儿用自己的方式表现对音乐作品的认识和感受的过程。可见，幼儿音乐作品需要通过幼儿音乐艺术活动的形式，才能被幼儿所接受；而幼儿音乐艺术活动的内容又必须依赖于幼儿音乐作品，两者互相影响，互相渗透。

2. 特点

幼儿音乐的特点表现为幼儿音乐作品的审美特点和幼儿音乐艺术活动的教育特点。

（1）幼儿音乐作品的审美特点

①适龄对象。幼儿音乐的适用对象是 0～6 岁的幼儿，这是幼儿音乐与其他音乐在年龄阶段上的区别。有些优秀的成人音乐虽然可以让幼儿欣赏或演唱，但它却不是幼儿音乐作品，因为它的主要适用对象不是幼儿。

②表现形式。幼儿音乐的表现形式简单，主要体现在音乐的旋律、节奏节拍和音乐结构等要素上。幼儿音乐速度适中，没有太急促或太缓慢的变化。此外，幼儿歌曲还有音域范围较窄的特点。

③情绪和情感。幼儿音乐的情绪和情感表现为积极、乐观、快乐。成人音乐除了这些情绪、情感以外，还多有表现哀伤、悲怆、忧郁等情绪情感的音乐，而这些情绪、情感在幼儿音乐中是不会出现的。

④艺术形象。幼儿音乐的艺术形象常常是生动活泼、形象的。幼儿音乐作品所表现的内容都是贴近幼儿生活、为幼儿熟悉和感兴趣的，也是幼儿易于感受和理解的。如圣·桑的《动物狂欢节》描绘了一个个栩栩如生、生动可爱的动物形象；《蝴蝶花》更是以叙事的手法，描绘了一个小孩以花为蝴蝶而悄悄去捕捉蝴蝶的可爱形象，因而深受幼儿喜爱。

（2）幼儿音乐活动的教育特点

①愉悦性。音乐之所以能够触及人的内心世界，起到沟通和交流的作用，是因为其本身具有强烈的愉悦性和感染性。幼儿在倾听音乐时，会不由自主地陶醉在音乐所描绘的境界中，仿佛音乐里的艺术形象活灵活现地展现在他们的眼前并与他们进行对话，从而在内心情感上产生共鸣。从幼儿在音乐活动中的愉悦表情和兴奋举动我们不难发现，正是在音乐活动中，幼儿通过歌唱、韵律、音乐游戏等形式使自己天生好动的需求和社会性发展的需求得到满足，从而获得快乐。

②教化性。幼儿音乐活动还具有移情冶性、潜移默化的教化作用。教师可以利用幼儿音乐特点引导幼儿积极地参与到音乐活动中，在感受和表现音乐的艺术活动中，陶冶情操，并快乐地学习。比如，在对4～5岁幼儿进行社会教育时，大家往往会以尊敬和关爱自己的家人作为首要内容。在设计音乐活动时，教师就可以选择像《我的好妈妈》《爸爸本领大》《给爷爷奶奶敲敲背捶捶腿》等富有教育意义的歌曲，让幼儿在学习这些歌曲的音乐活动中深刻感受到妈妈的辛苦、爸爸的伟大以及爷爷奶奶年老体迈需要得到关爱，从而学会尊敬长辈，孝敬父母。回家后就会发自内心地对妈妈唱一句："妈妈，妈妈，快坐下，请喝一杯茶……"会在爸爸又做了让他们觉得了不起的事情时唱一句："我的爸爸本领大，本呀本领大……"会主动跑去帮爷爷奶奶敲敲背、捶捶腿，一边捶背一边唱着："敲敲背哟，两只小手忙得欢哟；捶捶腿哟，两只小手忙得欢哟……"幼儿音乐艺术活动的教育作用能在潜移默化中引起幼儿内心情感的强烈共鸣，这比特意地说教、讲授更有说服力。

③主体性。黑格尔认为，"音乐用作内容的东西乃是主体的内心生活本身"，所以音乐的目的就是把"主体的内心生活显现出来"。在幼儿音乐活动中，每一个参与者对音乐的感受和理解都是独特的，哪怕一百个幼儿在同一时间倾听同一首音乐作品，所获得的感受也是各不相同的，并且这种感受还会受到个体音乐修养、心情、经历、环境等各方面因素的影响。所以音乐活动是极具个性的艺术活动形式。

二、幼儿美术活动

1. 幼儿美术活动

美术是造型艺术的一种，是运用一定的物质材料，通过线条、形状、色彩等表现形式，塑造出具体可视的平面或立体的形象，反映客观世界中的具体事物和表达作者对客观世界中的具体事物的认识、情感的艺术。因此，美术也称为“视觉艺术”或“空间艺术”。它主要包括绘画、雕塑、工艺美术、建筑艺术等。美术活动的目的是通过塑造出一定的艺术形象来反映客观世界和社会生活，作用于人的视觉感受，引起人的情绪律动，给人以美的享受，陶冶人的思想情操。

幼儿美术活动是指 3～6 岁幼儿用多种感官去感知审美对象，用大脑去思考、理解、再现、加工、想象审美对象，用双手去操作美术工具材料，表现自己对审美对象的认识和情感。它是以幼儿为主体进行的活动。

幼儿所从事的美术活动，从种类上说，大致可以分为绘画、手工、美术欣赏三个部分。绘画活动从题材和内容上分，可分为命题画、意愿画和装饰画三种；从使用的工具、材料及表现形式上区分，可分为油画棒画、彩色铅笔画、粉笔画、彩色水笔画、手指画、印章画、棉签画、折纸添画、按物体轮廓描画涂色、水墨画和水粉画等。手工活动可分为纸工、泥工、自制玩具等。欣赏活动是对各种造型艺术作品和具有美学特征的环境的欣赏。

2. 幼儿美术活动的特点

（1）幼儿对美的感受是与生俱来的

幼儿对美有一种天生的敏感性，他们对美术的感受和表现，在内容上虽不如成人那么丰富，在手法上不如成人那么娴熟，但却有着成人不具备的优势。成人由于长期生活在一个推崇理性，讲求逻辑思维的社会和教育环境之中，对于艺术已经不再敏感。久而久之，人们本来应该具有的艺术感染力便被种种世俗的、功利的尘埃所蒙蔽。而幼儿却可以用直接的、单纯的、不受世俗的功利性和概念化的框框所制约的心态来感受艺术，以天真而独特的视角来观看和表现眼前的世界。因此他们天真稚拙的作品恰恰是成人美术作品所无法比拟的。

如《美术，另一种学习语言》一书中记述了这样一件事：一群幼儿园的孩子被要求用蜡笔画自己眼中的妈妈。大多数孩子都以常见的视角表现了妈妈的形象，唯一一位孩子将其母亲画成如图 1-1 的样子，令老师大惑不解。

有一天，这位孩子的妈妈来幼儿园访问，美术教师站着与其交谈时，不慎将手中的笔掉在地上。当这位母亲俯身拾起笔欲站起来时，美术老师从下往上打量着这位丰肥高大的母亲时，顿时感觉这位母亲此时的形象的确很像她女儿画的样子。这一偶然事件令这位教师获益匪浅，不仅理解了那位孩子的画，而且发现了从下往上看世界的奇妙。

图 1-1　孩子画中的妈妈

（2）幼儿美术活动过程具有独特的样式

幼儿看待世界的眼光和对世界的理解与成人是不同的。反映在美术活动中，成人力求客观地再现事物，事物在他们心里是什么样子的，就把它表现成什么样子。简单地说，成人像照相机、摄像机般反映事物的面貌。幼儿则倾向于主观地表现事物，事物在他们心里是什么样子的，就把它表现成什么样子。同时，幼儿的想象力非常丰富，看待事物的眼光也很独特，很多事物在他们心中的形象、色彩都是与现实相悖的。简单地说，幼儿表现的是他心中所想的或心中所希望的，而不是现实所见的。

如在大班幼儿开展绘画活动“漂亮的妈妈”一课时，教师首先引导幼儿仔细观察自己妈妈的脸型、五官、发式有什么特点，再让幼儿开始画形，最后涂色。结果许多幼儿把妈妈画得像戏剧中的花脸一样五颜六色的。妈妈看了哭笑不得，认为自己的孩子是在乱画。其实这是幼儿通过人物形象和画面色彩来表达自己的情感体验，他们把自己认为最漂亮的颜色都涂在妈妈的脸上，才能表现出自己心目中漂亮妈妈的形象。

（3）幼儿美术作品独具魅力

幼儿美术作品是幼儿对所表现物体的主观反映，在他们的作品中，成人有关美术创作的许多条条框框被打破，经常会出现一些让成人看来既非常可笑，又非常可爱的作品，特别是在绘画活动中，常常出现成人难以想象的构思、造型、色彩和构图等。

生活中的很多题材在孩子眼中都是很有趣的。例如 4 岁幼儿画的《猫咪》（图 1-2），凭感觉画出了猫咪的基本形态。其构图别致，用笔轻松大胆，色彩主观性强，画面充满了童趣。又如 5 岁幼儿画的《海边》（图 1-3），小作者以独特的视角表现了小朋友在海边发现螃蟹、海螺时既高兴又惊奇的样子。其用笔大胆，线条灵活，造型简约概括，准确捕捉了人物的表情特征，画面生动自然，魅力十足。

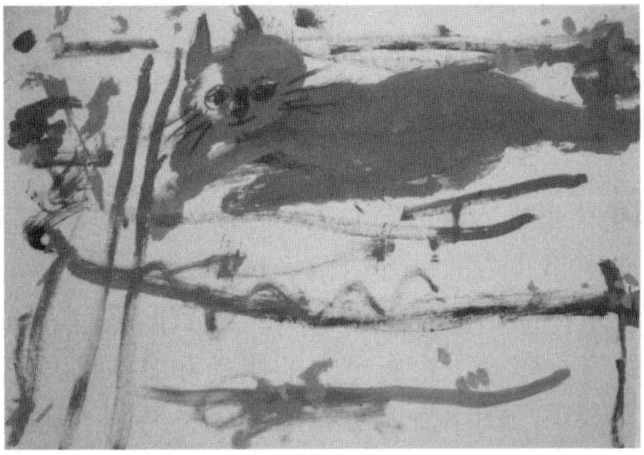

图 1-2　《猫咪》

图 1-3　《海边》

幼儿作品中自然天成的稚拙、淳朴，超乎想象的创造，甚至让很多艺术家都叹为观止。

第二节　幼儿艺术教育活动

一、幼儿音乐教育

幼儿音乐教育是按照一定的社会要求，有目的、有计划地对 3～6 岁的儿童施加影响，并使他们的思想、情感、行为等方面发生变化的教育过程。幼儿音乐教育是幼儿园艺术教育活动的内容之一，幼儿音乐教育有着其特定的内涵。

1. 幼儿音乐教育的含义

幼儿音乐教育的含义有广义和狭义之区别。

广义的幼儿音乐教育是指对0～6岁的幼儿进行的音乐艺术教育活动，包括有目的、有计划的音乐教育活动，也包括随机发生的音乐教育活动。从实施的场所来看，可以是在家庭、社区或其他场所，也可以是在幼儿园；从实施的对象来看，可以是幼儿家长、其他亲属或其他可能对幼儿进行音乐影响的人，也可以是幼儿园老师。

狭义的幼儿音乐教育是指在幼儿园进行的音乐教育活动。本书所指的幼儿音乐教育就是狭义的幼儿音乐教育。它是教师给幼儿提供音乐素材，有目的、有计划地让幼儿感受、体验音乐，获得美的熏陶的艺术教育活动。例如，幼儿园在艺术活动中开展的感知声音和欣赏音乐的活动、韵律活动、节奏活动、歌唱活动、歌曲表演活动、音乐游戏等都属于音乐教育范畴。

虽然幼儿音乐教育是有目的、有计划进行的一种艺术教育活动，但在幼儿园艺术教育中，我们也不排斥和否定幼儿自发的音乐活动和日常生活中的音乐活动。这些音乐活动也是幼儿音乐教育不可缺少的组成部分，正是因为有了这些音乐活动，幼儿音乐教育才变得更丰富、更富有活力。

2. 开展幼儿音乐教育的意义

幼儿音乐教育是对幼儿实施全面发展教育的重要途径。幼儿音乐教育是人一生中最早的音乐教育，我们可以通过音乐活动促进幼儿的全面发展。

（1）促进幼儿个性和身心健康发展

音乐教育对儿童身心发展有着良好的影响。我们可以通过音乐活动为幼儿塑造健康、活泼的个性。优美、愉快的歌曲和乐曲能唤起儿童的良好情绪，这种良好的情绪对儿童的神经系统起着很好的作用；经常欣赏音乐作品，能促进幼儿听觉器官的发展；演唱歌曲能锻炼儿童的呼吸器官，提高肺活量；音乐伴奏下富有节奏的律动和各种音乐活动更能使儿童动作协调、灵活和健美。此外，音乐活动本身所具有的娱乐性特点，也是吸引幼儿积极参加音乐活动的原因之一。我们可以引导幼儿在玩中学，在乐中学，以游戏为基本活动，让每一个幼儿在愉快活泼、富有艺术特点的活动中，于潜移默化中塑造个性，获得发展。

（2）促进幼儿品德发展

幼儿音乐教育是影响儿童品德形成发展的重要手段之一。幼儿音乐教育是在幼儿愉快的音乐活动中进行的，它的教育影响往往不像语言说教那样直接，而是像春雨，点点滴滴地渗透到幼儿的心灵、情感中，使其于潜移默化中形成积极向上的道德感和美感。如歌曲《我的好妈妈》，幼儿在学唱过程中，容易被歌词“劳动了一天，多么辛苦呀，妈妈妈妈快坐下，请喝一杯茶。让我亲亲您吧，我的好妈妈”所感动。有的孩子在学完歌曲后，回家主动为妈妈唱这首歌，主动为妈妈端水。除了教学内容本身包含的情感教育因素外，我们在教育教学活动中，也可以随时挖掘各环节中所包含的教育元素，适时对幼儿进行德育影响。如在组织打击乐教学时，引导儿童服从教师统一指挥，爱护“乐器宝宝”，并学会合作进行演奏等。儿童的集体意识、合作意识就会在不知不觉中慢慢形成了。

（3）激励幼儿的主动性，培养幼儿的自信心

幼儿音乐教育寓教于乐，具有较强的游戏性和表演性。在幼儿音乐活动中，教师应引导幼儿积极、主动地参与到音乐活动中，让每个幼儿都有表现的机会。幼儿歌曲生动、形象、优美，适合幼儿表演。因此，在音乐活动愉快、欢乐的气氛下，能让幼儿克服自卑、胆小的性格缺陷，从而积极、主动、自信地投入音乐活动中。幼儿音乐教育的这种功能，可以塑造和培养幼儿良好的性格，让幼儿形成主动型人格特征，以积极、主动的态度和情绪待人接物，树立自信心，让幼儿能以自信的生活态度去对待今后的生活和学习。

（4）启迪智慧，陶冶情操

益智是音乐的一大功能。科学家爱因斯坦曾说过："我的科学成就很多是受到音乐启发而来的。"可见，音乐能培养人的创造性，启迪人的思维，激发人的智慧潜力。我们知道，人的大脑可分成两个半球，其中左脑主要负责进行逻辑思维和组织语言，而右脑主要负责进行创造性想象和审美。通过与音乐的接触，不仅可以激活右脑，而且能够通过大脑兴奋点的激发，带动促进左脑发育，协调左右脑平衡，推动想象、思维和创造力的发展，从而帮助人类诱发潜能和智慧的火花。音乐还能陶冶人的情操。一部《黄河大合唱》激发了多少老百姓的抗日热情；一支《国际歌》唤起了多少革命者的共产主义精神；一首《志愿军战歌》唤起了多少抗美援朝战士的革命士气……可见，一些优美的音乐中蕴含了无数崇高的思想，通过音乐所特有的强烈艺术感染力，可于潜移默化中影响人的内心世界。

可见，幼儿音乐教育能发掘幼儿的潜能，促进幼儿的全面发展。

3. 幼儿音乐教育的特点

教育部于2001年颁布实施的《幼儿园教育指导纲要（试行）》明确指出："幼儿园教育应尊重幼儿的人格和权利，尊重幼儿身心发展的规律和学习特点，以游戏为基本活动，保教并重，关注个别差异，促进每个幼儿富有个性地发展。"毫无疑问，学前阶段的每一个教育领域都应该以此为目标，担负起促进每一个幼儿全面、和谐、健康发展的崇高使命。那么，就学前儿童音乐教育而言，怎样做到面向每一个幼儿，促进每一个幼儿在其原有水平上有所发展呢？作为教师，应善于用生动、活泼的形式在幼儿和音乐之间架起一座快乐之桥，和幼儿一起共享音乐带来的愉快与美；为幼儿创设和提供一个美好的音乐环境，让幼儿在音乐中快乐成长。面向全体幼儿的幼儿音乐教育，将不再挑剔幼儿的动作是否标准，声音、节奏是否准确，而是要让每个幼儿大胆、自由地以自己喜欢的方式表达自己对音乐的感受。

（1）在愉悦中进行审美教育

音乐之所以能够触及人的内心世界，起到沟通和交流的作用，是因为其本身具有强烈的愉悦性和感染性。音乐教育是以音乐为艺术手段和内容的审美教育活动。在幼儿音乐教育活动中，应充分挖掘幼儿音乐作品中美的因素，培养幼儿的审美能力，发展幼儿对美的感受，陶冶幼儿情操，使幼儿在愉悦中获得美的感受和美的成长。

（2）以游戏化教学为基本手段

幼儿音乐教育活动绝不能变成训练式的教育教学活动，更不能掺杂成人的功利性思

想，否则，只会把幼儿变成学习的工具。幼儿在功利的音乐教育活动中不仅不能获得美和愉悦，还会觉得是包袱和痛苦。当然，灵活多样的教育内容和方法也是至关重要的。如果教师的教学手段单一，音乐活动常常只有歌唱这一项内容，而在组织歌唱的教学活动中又只会一唱到底地简单重复，那么，歌唱能力强的幼儿可能得到了锻炼，那些歌唱能力稍微差一些而动作能力强的幼儿则不能得到很好的发挥，幼儿除了歌唱以外的其他音乐能力也得不到全面培养和提高。大体上看，幼儿音乐教育的内容不外乎歌唱、音乐欣赏、韵律活动和节奏乐演奏这四类。但是这每一类活动又可以演变出十分丰富的教学形式，如歌唱活动可以和语言节奏、律动、舞蹈、节奏乐相结合；音乐欣赏可以和情境创设、戏剧表演、情感体验、想象与绘画、主题旋律的演唱和节奏乐演奏，以及自由的舞蹈动作创编等相结合。同时，可以将音乐游戏贯穿于所有教学活动之中。这样，不仅丰富了音乐教育的内容和手段，而且可以使幼儿的音乐能力得到全面展现、锻炼、培养和提高。

幼儿音乐教育应以游戏为基本活动组织形式，在轻松、愉快的游戏化教学过程中使幼儿不知不觉感受到音乐的美，享受参与音乐活动所带来的乐趣。

（3）不排斥教育性和技能学习

幼儿音乐教育是一种快乐的艺术审美活动，这并不排斥音乐本身所具有的育人功能和音乐教育的音乐技能学习。相反，适当的音乐技能的学习，如发声、气息、速度、节奏、节拍等技能学习，有利于幼儿更好地学习音乐，感受音乐的美。只不过技能的学习是次要的，它不应成为幼儿园音乐教育的主体，而应是在音乐活动中自然而然地学习。这就要求我们在考察幼儿的音乐表现时，必须进行细致的观察和了解，充分尊重幼儿在音乐能力方面所表现出来的个体差异。一个孩子在歌唱时音准把握不好，并不意味着他就一定没有音乐才能，也许他有着出色的节奏感；一个孩子在学习舞蹈时动作做得不够优美，也不意味着他就一定缺少音乐天赋，也许仅仅是他的动作协调能力不够好，但这并不妨碍他对音乐有着不同寻常的感受能力；一个孩子在学习节奏时慢一些，也不要紧，我们可以用心去观察和发现他在其他音乐能力方面的优势。

二、幼儿美术教育活动

（一）幼儿美术教育

英国艺术教育家赫伯·里德（Herbert Read）在《通过艺术的教育》一书中指出，“艺术应为教育的基础，美术教育的使命就是通过艺术来教育人，也就是说，它是以促进人的全面发展为最终目的”。美国艺术教育家鲁道夫·阿恩海姆（Rudolf Arnheim）也曾说过，“美术在更大程度上也应该是满足人们精神、智能、身心等方面和谐发展的需要，是整个文化的一部分，是每一个受教育的人都必备的能力”。可见美术教育是作为人的全面发展教育中不可缺少的组成部分而纳入学校教育体系中来的。

美术教育亦称“审美教育”“美感教育”，通过美术教育可以提高幼儿美的欣赏能力和创造力。美术教育是教育事业的有机组成部分，其任务是培养受教育者对自然美、社会美与艺术美的感受力、鉴赏力和创造力，激发他们美的情感，提高其艺术创造的兴趣和才能。

幼儿美术教育属于普通美术教育范畴，是幼儿园五大领域教育中艺术领域的重要组成部分。

幼儿美术教育是指教师有组织、有目的、有计划地借助美术手段，根据美术规则对幼儿美术活动进行适时、适宜的干预和指导，促使幼儿在愉快氛围中学会感受美、表现美，建立和遵守美的规则，发展美感，开启心智和创造意识的系统教育活动。它的宗旨是以幼儿为本，为幼儿的持续发展和未来教育奠定良好的基础；以增强幼儿的审美素养和基本素质，提高幼儿生活质量为基本价值取向。

（二）幼儿美术教育的特点

1. 幼儿美术教育是满足幼儿审美情感需要的情感教育

幼儿时期心理发展的一大特点是以自我为中心，幼儿常常不自觉地把自己的情感投射到客体上，使冷冰冰的无机世界变得富有生命。为什么幼儿特别喜欢看动画片？就是因为动画片中的形象往往采用拟人化的手法，使得没有生命的物象变得很鲜活，十分符合幼儿的心理发展特点。例如美国迪斯尼公司制作的动画片《赛车总动员》，表现的是开发出新能源的迈尔斯伯爵召开世界杯赛车大奖赛，各路好手造型各异，但都变成了具有鲜活生命的汽车形象，车头出现了能说会道的嘴巴，挡风窗变成了表情丰富的眼睛，刮雨器变成了眉毛等。幼儿在现实生活中也常常富有想象，他们会把墙上的裂痕看成是面目狰狞的怪兽，把下雨看成是白云姐姐在哭泣，把满天的繁星看成是会眨眼的小眼睛等。这种移情作用为幼儿提供了一个情感沟通与满足的空间，让幼儿通过美术活动抒发内心的情感，从而使美术活动成为他们喜爱的活动。在美术欣赏活动中，幼儿的内心情感与美术作品所表达的情感逐渐同构，产生审美愉悦，增强审美感。在美术创作活动中，教师为幼儿创设宽松的心理环境和丰富的物质环境，幼儿尽情地、自由地表达自己的认识和情感，感受到用美术与别人交流的喜悦。而美术活动过程与美术作品提供了这种可能，因此增强了幼儿的满足感，而这种满足感是个人成就的重要组成部分。

2. 幼儿美术教育是以培养幼儿审美创造力为核心的教育

美国著名美术教育家罗恩菲尔德（Victor Lowenfedl）说：“在艺术教育里，艺术只是一种达到目标的方法，而不是一个目标；艺术教育的目标是使人在创造的过程中，变得更富于创造力，而不管这种创造力将施用于何处。假如孩子长大了，而由他的美感经验获得较高的创造力，并将之应用于生活和职业，那么艺术教育的一项重要目标就已达到。”里德也曾说过：“美术教育在于给儿童提供自我表现的机会，发展他们的个性和创造力。”因此，幼儿美术教育是培养幼儿创造能力的最佳途径之一。幼儿的创造力是指创造出对其个人来说是全新的、前所未有的事物的能力。具体来说，幼儿美术活动中的创造力是指他们对物质材料及过去的经验加以重新组合，创作出对其个人来说是新颖的、有价值的美术作品的能力。这种能力不仅在作品中反映出来，还从其制作的过程中显示出来，体现出幼儿大胆的想象力和神奇的创造力。在美术领域里，标准是多元的，不论是美术创作还是美术欣赏，一般来说，都没有唯一的标准答案。这就为幼儿的自由创造提供了一种现实的、形象的、丰富多彩的形式，使幼儿的创造能力能够借助美术媒介体现出来。如幼儿的绘画从最初的乱涂乱画，到画出一些符号和形状，再到把各种基本形状有选择地结合在一起构成图像，有人物、动物、植物、交通工具等，幼儿的创造力通过绘画作品表现出来，同时也在绘画中不断得到发展。因此，在美术教育中，教师应站在幼儿的立场上，理解、肯定、鼓励幼儿这种审美创造，帮助幼儿从审美想象转入审美创造，即从理论到实践的一次提升。

3. 幼儿美术教育是培养幼儿手、眼、脑协调活动能力的教育

幼儿美术教育是手、眼、脑协调的教育，不动手就谈不上美术教育。幼儿美术活动需要他们用多种感官去感知审美对象，用脑去想象、理解、加工审美意象，用语言去表达自己的审美感受，用手操作美术工具和材料去表现自己的思想感情和所见所闻。这一过程包括心理操作和实际操作两个方面。心理操作是指对那些头脑中存在的对象映像的操作，它建立在幼儿心理发展的基础上。学前儿童处于形象思维阶段，主要受直觉表象的控制，他们在加入了自己的经验、情感和体验的同时，对直觉表象进行再现和加工。实际操作是操作者外在的手的动作，它建立在幼儿生理发展基础上，幼儿手眼已初步协调，肌肉发展经由大肌肉动作到小肌肉动作，再到精细肌肉动作几个阶段。幼儿在实际操作的过程中将心理操作的过程用美术工具材料表达出来。例如，在小班泥工活动“一串糖葫芦”中，主要让幼儿初步掌握“两两分泥法”和团圆技能。分泥时让幼儿按要求尽量把泥分得均匀些，团圆时让幼儿将泥块揉成光滑浑圆的球体，这都是培养幼儿手、眼、脑协调活动能力的教育。美术教育是用有趣、新奇的刺激，启发和诱导幼儿去感知事物的外形、结构。这种想象和形象思维，有利于幼儿右脑的发育，同时在美术活动中的动手操作也可促进幼儿手的功能的发展。

4. 幼儿美术教育是提高幼儿审美表现技能的教育

幼儿美术教育包含幼儿美术技能教育，美术技能教育的目的不是为了培养美术家，而是教给幼儿易于理解和掌握的，能帮助幼儿进行审美表现和创造的，自然的、最基本的美术知识和技能。例如帮助幼儿了解并掌握使用各种美术工具和材料的方法与技能、美术欣赏的基本方法、绘画的基本技能，以及手工制作的简单规律和步骤等，这些技能可以帮助幼儿更好地进行美术活动。教给幼儿必要的美术知识和技能，是幼儿美术教育的基本任务。幼儿只有掌握一些基本知识和技能，才能在各种不同类型的美术活动中更好地表现和创造艺术形象，表达自己的审美情感，从而有效实现美术教育的目标。随着幼儿年龄的增长，幼儿的审美表现和审美创造要求也日益增长，在教师指导下，幼儿的审美表现技能通过具体的美术实践操作活动得以提高。假如没有进行幼儿审美表现技能的教育，他们的审美表现和审美创造就无法得到体现和提高，审美教育也就无从谈起，而成为一句空话。

（三）幼儿美术教育活动的形式

1. 命题美术活动

命题美术活动是指教师根据《指南》设计并提出美术活动的主题和要求，幼儿按照教师的设计要求完成美术活动。命题美术活动的主要作用在于帮助幼儿学习美术中的构图、选色、涂色、造型、制作等。

命题美术活动包括命题画和命题手工。命题画包括命题物体画、命题情节画、命题故事画、命题装饰画等。命题手工包括命题粘贴、命题泥工、命题折纸、命题剪纸、命

题剪贴、命题自制玩具等。

在命题美术活动中，教师的命题非常关键。只有符合幼儿生活经验的、幼儿喜爱和感兴趣的、有利于启发幼儿和表现其能力的美术活动命题，才会受到幼儿的欢迎，才会有利于幼儿审美表现力的发展。

命题美术活动可分为两类。一类是命题范围概括。如“我喜欢的玩具”，幼儿喜爱的玩具种类很多，既可以是娃娃、喜羊羊等各种绒毛玩具，也可以是小汽车、火车、飞机等交通玩具，还可以是变形金刚、积木等益智类玩具……让幼儿选择并出示自己喜爱的玩具就行。另一类是命题范围具体。如“我喜爱的汽车玩具”，幼儿只能在各种各样的汽车形象中去想象、去表现，相对来说这种美术活动目标更明确。但命题美术活动并不是让幼儿被动地学习，而是在引导幼儿掌握表现对象的形状、颜色、结构、构图、造型等的基础上，促使幼儿运用自己的想象进行加工，表现出与表现物体有关的画面或场景。

2. *意愿美术活动*

意愿美术活动是指在教师的组织下，幼儿根据自己的生活经验，由自己独立确定美术活动的主题和内容，运用所掌握的美术知识和技能，自由表达自己对事物的认识、情感和愿望的美术活动。意愿美术活动的主要作用在于引导幼儿充分运用美术工具和材料，把自己所见、所闻、所想的物象和情节表达出来。

意愿美术活动包括意愿画和意愿手工。意愿画包括意愿物体画、意愿情节画、意愿想象画、意愿故事画、意愿装饰画等。意愿手工包括意愿粘贴、意愿泥工、意愿折纸、意愿剪贴、意愿自制玩具等。

意愿美术活动带有很大的随意性，教师为幼儿提供必需的工具、材料，对题材与内容不做任何规定或要求，而是让幼儿根据自己的意愿，充分自由地描绘表达主题，以满足其创造的欲望和意愿的抒发，但不等于让幼儿任意乱画和制作。无论是意愿画还是意愿手工，都应引导幼儿预先作一些思考与构思，形成一定的意向再动手操作。当然，对于处在小班涂鸦期的幼儿则允许其随意涂画。

命题美术活动和意愿美术活动是幼儿美术教育活动中相辅相成、缺一不可的两种形式。幼儿可以把命题美术活动中学会的一些基本内容和知识技能运用到意愿美术活动中去。在意愿美术活动中，思维是操作的内化，操作是思维的体现，通过活动可以检查幼儿的学习效果。

【思考与练习】

一、问答题

1. 作为幼儿教师，应该怎样对幼儿实施音乐教育？
2. 幼儿美术活动的特点有哪些？
3. 幼儿美术教育具有哪些特点？
4. 幼儿音乐的特点有哪些？
5. 幼儿音乐教育的特点有哪些？

二、名词解释

幼儿美术活动　幼儿美术教育　命题美术活动　意愿美术活动

第二章

幼儿园艺术教育目标

第一节　幼儿园艺术教育目标概述

1996年3月国家教育委员会颁发的《幼儿园工作规程》（以下简称《规程》），从体、智、德、美四个方面规定了幼儿园保育和教育的目标，其中美育的目标是：培养幼儿初步感受美和表现美的情趣和能力。为了贯彻《规程》，教育部于2001年7月颁发了《幼儿园教育指导纲要（试行）》（以下简称《纲要》），它体现了《规程》的基本思想，是《规程》所倡导的教育理念的具体化和延伸，更加凸显现代幼儿教育理念和儿童观，具有一定的前瞻性。《纲要》将幼儿园教育划分为健康、语言、社会、科学、艺术五大领域，并规定了每个领域的具体教育目标。

一、《纲要》关于幼儿艺术教育的论述

1. 目标

①能初步感受并喜爱环境、生活和艺术中的美；

②喜欢参加艺术活动，并能大胆地表现自己的情感和体验；

③能用自己喜欢的方式开展艺术表现活动。

2. 内容与要求

①引导幼儿接触周围环境和生活中美好的人、事、物，丰富他们的感性经验和审美情趣，激发他们表现美、创造美的情趣。

②在艺术活动中面向全体幼儿，要针对他们的不同特点和需要，让每个幼儿都得到美的熏陶和培养。对有艺术天赋的幼儿要注意发展他们的艺术潜能。

③为幼儿提供自由表现的机会，鼓励幼儿用不同的艺术形式大胆地表达自己的情感、理解和想象，尊重每个幼儿的想法和创造，肯定和接纳他们独特的审美感受和表现方式，分享他们创造的快乐。

④在支持、鼓励幼儿积极参加各种艺术活动并大胆表现的同时，帮助他们提高表现的技能和能力。

⑤指导幼儿利用身边的物品或废旧材料制作玩具、手工艺品或开展其他活动等来美化自己的生活。

⑥为幼儿创设展示自己作品的条件，引导幼儿相互交流、相互欣赏、共同提高。

3. 指导要点

①艺术是实施美术教育的主要途径，应充分发挥艺术的情感教育功能，促进幼儿健全人格的形成。要避免以下倾向，如仅仅重视表现技能或艺术活动的结果，而忽视幼儿在活动过程中的情感体验和态度培养。

②幼儿的创作过程和作品是他们表达自己的认识和情感的重要方式，应支持幼儿富有个性和创造性的表达，克服过分强调技能技巧和标准化要求的偏向。

③幼儿艺术活动的能力是在大胆表现的过程中逐渐发展起来的，教师的作用应主要

在于激发幼儿感受美、表现美的兴趣，丰富他们的审美体验，使其感受到自由表达和创造的快乐。在此基础上，根据幼儿的发展状况和需要，对其在艺术活动中的表现方式和技能技巧给予适时、适当的指导。

以上是《纲要》关于幼儿园艺术教育的目标、内容与要求、指导要点的论述，它宏观地提出了幼儿园艺术领域的要求和基本原则，既考虑到儿童发展的年龄特征，又考虑到社会对未来人才的要求，即具有创造才能的可持续发展观。《纲要》给教师提供了明确而广阔的艺术教育空间和适宜的自由度。

2012 年 10 月，为了深入贯彻《国家中长期教育改革和发展规划纲要（2010—2020 年）》和《国务院关于当前发展学前教育的若干意见》（国发〔2010〕41 号），指导幼儿园和家庭实施科学的保育和教育，促进幼儿身心全面和谐发展，我国制定了《3—6 岁儿童学习与发展指南》（以下简称《指南》），《指南》以为幼儿后续学习和终身发展奠定良好素质基础为目标，以促进幼儿体、智、德、美各方面的协调发展为核心，从健康、语言、社会、科学、艺术五个领域描述幼儿的学习与发展规律（特点）。

二、《指南》关于幼儿艺术教育的论述

艺术是人类感受美、表现美和创造美的重要形式，也是表达自己对周围世界的认识和情感态度的独特方式。

每个幼儿心里都有一颗美的种子。幼儿艺术领域学习的关键在于充分创造条件和机会，在大自然和社会文化生活中促使幼儿萌发对美的感受和体验，丰富其想象力和创造力，引导幼儿学会用心灵去感受和发现美，用自己的方式去表现和创造美。

幼儿对事物的感受和理解不同于成人，他们表达认识和情感的方式也有别于成人。幼儿独特的笔触、动作和语言往往蕴含着丰富的想象和情感，成人应对幼儿的艺术表现给予充分的理解和尊重，不能用自己的审美标准去评判幼儿，更不能为追求结果的“完美”而对幼儿进行千篇一律的训练，以免扼杀其想象与创造的萌芽。

1. 感受与欣赏

目标 1　喜欢自然界与生活中美的事物

3～4 岁	4～5 岁	5～6 岁
①喜欢观看花草树木、日月星空等大自然中美的事物 ②容易被自然界中的鸟鸣、风声、雨声等好听的声音所吸引	①在欣赏自然界和生活环境中美的事物时，关注其色彩、形状等特征 ②喜欢倾听各种好听的声音，感知声音的高低、长短、强弱等变化	①乐于收集美的物品或向别人介绍所发现的美的事物 ②乐于模仿自然界和生活环境中有特点的声音，并产生相应的联想

教育建议：

（1）和幼儿一起感受、发现并欣赏自然环境和人文景观中美的事物。

如让幼儿多接触大自然，感受并欣赏美丽的景色和好听的声音。经常带幼儿参观园林、名胜古迹等人文景观，讲讲相关故事、传说，与幼儿一起讨论和交流对美的感受。

（2）和幼儿一起发现美的事物的特征，感受和欣赏美。

如让幼儿观察常见动植物以及其他物体，引导幼儿用自己的语言、动作等描述它们美的方面，如颜色、形状、形态等。让幼儿倾听和分辨各种声响，引导幼儿用自己的方式来表达对音色、强弱、快慢的感受。支持幼儿收集喜欢的物品并和他一起欣赏。

目标 2　喜欢欣赏多种多样的艺术形式和作品

3～4 岁	4～5 岁	5～6 岁
①喜欢听音乐或观看舞蹈、戏剧等表演 ②乐于观看绘画、泥塑或其他艺术形式的作品	①能够专心地观看自己喜欢的文艺演出或艺术品，有模仿和参与的愿望 ②欣赏艺术作品时会产生相应的联想和情绪反应	①欣赏艺术作品时常常用表情、动作、语言等方式表达自己的理解 ②愿意和别人分享、交流自己喜爱的艺术作品和美感体验

教育建议：

（1）创造条件让幼儿接触多种艺术形式和作品。

如经常让幼儿接触适宜的、各种形式的音乐作品，丰富幼儿对音乐的感受和体验。和幼儿一起用图画、手工制品等装饰和美化环境。带幼儿观看或共同参与传统民间艺术和地方民俗文化活动，如皮影戏、剪纸和捏面人等。有条件的情况下，带幼儿去剧院、美术馆、博物馆等欣赏文艺表演和艺术作品。

（2）尊重幼儿的兴趣和独特感受，理解他们欣赏时的行为。

如理解和尊重幼儿在欣赏艺术作品时的手舞足蹈、即兴模仿等行为。当幼儿主动介绍自己喜爱的舞蹈、戏曲、绘画或工艺品时，要耐心倾听并给予积极回应和鼓励。

2. 表现与创造

目标 1　喜欢进行艺术活动并大胆表现

3～4 岁	4～5 岁	5～6 岁
①经常自哼自唱或模仿有趣的动作、表情和声调 ②经常涂涂画画、粘粘贴贴并乐在其中	①经常唱唱跳跳，愿意参加歌唱、律动、舞蹈、表演等活动 ②经常用绘画、捏泥、手工制作等多种方式表现自己的所见所想	①积极参与艺术活动，有自己比较喜欢的活动形式 ②能用多种工具、材料或不同的表现手法表达自己的感受和想象 ③艺术活动中能与他人相互配合，也能独立表现

教育建议：

（1）创造机会和条件，支持幼儿自发地进行艺术表现和创造。

如提供丰富的便于幼儿取放的材料、工具或其他物品，支持幼儿进行自主绘画、手工、歌唱、表演等艺术活动。经常和幼儿一起唱歌、表演、绘画、制作，共同分享艺术活动的乐趣。

（2）营造安全的心理氛围，让幼儿敢于并乐于表达表现。

如欣赏和回应幼儿的哼哼唱唱、模仿表演等自发的艺术活动，赞赏他独特的表现方式。在幼儿自主表达创作过程中，不做过多干预或把自己的意愿强加给幼儿，在幼儿需要时再给予具体的帮助。了解并倾听幼儿艺术表现的想法或感受，领会并尊重幼儿的创作意图，不简单用“像不像”“好不好”等成人标准来评价。展示幼儿的作品，鼓励幼儿用自己的作品或艺术品布置环境。

目标2　具有初步的艺术表现欲和创造能力

3～4岁	4～5岁	5～6岁
①能模仿学唱短小歌曲 ②能跟随熟悉的音乐做身体动作 ③能用声音、动作、姿态模拟自然界的事物和生活情景 ④能用简单的线条和色彩大体画出自己想画的人或事物	①能用自然的、音量适中的声音基本准确地唱歌 ②能通过即兴哼唱、即兴表演或给熟悉的歌曲编词来表达自己的心情 ③能用拍手、踏脚等身体动作或可敲击的物品演奏节拍和基本节奏 ④能运用绘画、手工制作等方式表现自己观察到或想象的事物	①能用基本准确的节奏和音调唱歌 ②能用律动或简单的舞蹈动作表现自己的情绪或自然界的情景 ③能自编自演故事，并为相关表演选择和搭配简单的服饰、道具或布景 ④能用自己制作的美术作品布置环境、美化生活

教育建议：

（1）尊重幼儿自发的表现和创造，并给予适当的指导。

如鼓励幼儿在生活中细心观察、体验，为艺术活动积累经验与素材（观察不同树种的形态、色彩等）。提供丰富的材料，如图书、照片、绘画或音乐作品等，让幼儿自主选择，用自己喜欢的方式去模仿或创作，成人不做过多要求。

（2）根据幼儿的生活经验，与幼儿共同确定艺术表达表现的主题，引导幼儿围绕主题展开想象，进行艺术表现。

幼儿绘画时，不宜提供范画，特别不应要求幼儿完全按照范画来画。

（3）肯定幼儿作品的优点，用表达自己感受的方式引导其提高相关技能。

如“你的画用了这么多红颜色，感觉就像过年一样喜庆”“你扮演的大灰狼声音真像，要是表情再凶一点就更好了”等。

以上是《指南》从学习与发展目标和教育建议两部分关于幼儿园艺术教育的论述。目标部分分别对3～4岁、4～5岁、5～6岁三个年龄段幼儿应该知道什么，能做什么，大致可以达到哪一发展水平提出了合理期望，指明了幼儿学习与发展的具体方向；教育建议部分列举了一些能够有效帮助和促进幼儿学习与发展的教育途径与方法。

艺术领域从感受与欣赏、表现与创造两个方面，强调让幼儿学会发现和感受自然界与生活中美的事物，让幼儿欣赏多种艺术形式和作品，萌发对美的感受和体验，鼓励和支持幼儿自发地进行艺术表现和创造，以培养幼儿初步的艺术表现能力与创造能力。在教育建议方面，着重强调要在日常生活中引导幼儿对美进行感受和体验，充分理解和尊重幼儿的艺术想象、表现和创造，不用成人的审美标准去评判幼儿，不追求技能训练，从而体现了“感受与创造并重”的终身艺术教育观，其实质就是培养幼儿的审美感受能力和艺术创造能力。

第二节　幼儿园音乐教育目标分析

在幼儿园的教育体系中，音乐教育目标主要包括总目标、年龄目标与活动目标。音乐活动的内容分为唱歌、韵律活动、音乐欣赏、打击乐演奏四个方面。

一、幼儿园音乐教育的总目标

音乐教育以审美为核心，通过聆听音乐、感受音乐、表现音乐和音乐创造等活动，净化心灵，陶冶情操，启迪智慧。幼儿园开展音乐教育活动，不只是唱唱跳跳的唱游活动，而是在于培养幼儿欣赏音乐艺术过程中感受美、表现美和创造美的能力。

1. 感受美

音乐是一种听觉艺术，需要通过聆听来体验和感受音乐美。

首先，培养幼儿对音乐的兴趣，引导幼儿自发地喜欢自然界与生活中美的事物。如让幼儿多接触大自然，学会欣赏美丽的景色和好听的声音。引导小朋友学会发现美的事物的特征。让幼儿倾听和分辨各种声响，引导幼儿用自己的方式来表达对音色、强弱、快慢的感受。

其次，引导幼儿学会感受美，让幼儿喜欢欣赏多种多样的音乐艺术形式和作品。创造条件，经常让幼儿接触适宜的、各种形式的音乐作品，丰富幼儿对音乐的感受与体验。尊重幼儿的兴趣和独特感受，理解他们欣赏时的行为。如理解和尊重幼儿在欣赏艺术作品时的手舞足蹈、即兴模仿等行为。

2. 表现美

鼓励幼儿表现美，营造积极的艺术氛围，鼓励幼儿参与艺术活动并乐于表达和表现。创造机会和条件，分享参与唱歌、演奏等艺术活动的乐趣。如欣赏并回应幼儿的哼哼唱唱、模仿表演等自发的艺术活动，赞赏他独特的表现方式。

给幼儿传授适宜的音乐知识和技能。如能用声音、动作、姿态模拟自然界的事物和生活情景；能用自然的、音量适中的声音基本准确地唱歌；能用律动或简单的舞蹈动作表现自己的情绪或自然界的情景。

3. 创造美

无穷的想象会给人带来无穷的智慧和创造力。培养幼儿的想象力与创造才能，应引导幼儿学会创造性地运用各种音乐元素表现美创造美；确定艺术表现主题，引导幼儿围绕活动主题展开想象，进行艺术表现；采取多种形式和措施，促进幼儿想象力与创造力的提高。

二、幼儿园音乐教育的年龄目标

幼儿园音乐教育的年龄目标是幼儿园音乐教育总目标在幼儿园各年龄班的具体分解

与落实。在年龄目标中，对各年龄班的音乐教育提出了不同层次的要求。

1. 小班音乐教育目标（3～4 岁）

（1）歌唱教育目标

①引导幼儿乐意参加歌唱活动，学习正确的唱歌姿势，用自然声音模仿学唱短小歌曲。

②听到前奏后能快速地进入歌唱。

③初步理解和表现歌曲的形象和情感。

④能边歌唱边模仿有趣的动作、表情等。

⑤引导幼儿为熟悉、短小工整的歌曲替换部分歌词，体验创编的乐趣。

（2）韵律教育目标

①引导幼儿乐意参与音乐游戏和舞蹈活动，能随音乐做相应的简单动作。

②能用简单的身体动作表现音乐的情感和内容。

③感受音乐节奏、旋律的明显变化，并随之变换动作的力度和速度。

④引导幼儿进行创造性的表现，体验在韵律活动中表达、创造和交流的快乐。

（3）音乐欣赏教育目标

①引导幼儿乐意倾听、观赏周围环境中各种事物的形态、声音和运动状态。

②能听辨音乐中差异明显的音乐常识，如音区高低、力度强弱、速度快慢等，感受典型的舞曲、劳动音乐等不同类型音乐的特点。

③引导幼儿用体态、嗓音和动作参与欣赏活动，进行多种方式的创造性表达。

④能在短时间内集中注意力倾听或观看自己喜欢的音乐与舞蹈表演。

（4）打击乐演奏教育目标

①引导幼儿喜欢玩弄打击乐器，参与集体演奏活动。

②感受手铃、串铃、碰铃、木鱼等打击乐器的音色，在日常生活中引导幼儿模仿各种声音以感受其变化。

③学习随熟悉的音乐合拍地演奏，能参加 2～3 种乐器的齐奏，学习看指挥的手势开始和结束演奏。

④尝试用乐器演奏表达自己对事物的感受，体验节奏活动的快乐。

2. 中班音乐教育目标

（1）歌唱教育目标

①能用自然的、音量适中的声音基本准确地唱歌。

②学习简单的歌唱技能。

③学习接唱、对唱等形式，能较自如地运用不同的速度、力度、音色变化来演唱。

④喜欢为熟悉的短小工整的歌曲替换歌词，并尝试将创编的歌词填入歌曲。

（2）韵律教育目标

①学习随音乐做简单的舞蹈动作，体验参与韵律活动的快乐。

②基本能随音乐的变化改变动作的力度、速度、节拍、难度等。

③能较恰当地运用动作表现音乐的结构、形象等，进一步增强用动作、表情、姿态与人沟通的能力。

④初步了解简单创编韵律组合动作的规律。

（3）音乐欣赏教育目标

①能够专心地倾听、观看音乐、舞蹈、戏剧表演，有模仿和参与的愿望。

②欣赏艺术作品时会产生相应的联想和情绪反应。

③能听辨音乐中差异比较明显的音乐知识，如音区高低、力度强弱、速度快慢等。

④感受典型的不同类型音乐的特点。感受二拍子和三拍子乐（歌）曲的特点。

⑤学习用多种方式表达欣赏音乐、舞蹈的感受。

（4）打击乐演奏教育目标

①能用拍手、踏脚等身体动作或可敲击的物品敲打节拍和基本节奏。

②喜欢随音乐演奏打击乐器，尝试设计简单的固定节奏。

③学习打击乐器铃鼓、圆舞板、鼓、沙球、蛙鸣筒等的演奏方法，能为歌曲或乐曲选择合适的节奏型和音色。

④学习简单的打击乐合奏并保持自己的速度和节奏，集中注意看指挥，在集体演奏中学习保持与音乐、他人协调一致。

⑤大胆地用乐器、自然物的不同音色、节奏型表现对音乐的感受和对事物的认识态度。

3. 大班音乐教育目标

（1）歌唱教育目标

①引导幼儿积极地参与歌唱活动，能用基本准确的节奏和音调唱歌。

②掌握简单的歌唱技能。

③学习领唱、齐唱以及简单的两声部轮唱、合唱，学习控制、调节自己的声音，较恰当地表现歌曲情感。

④引导幼儿能基本独立地即兴编、即兴唱。

（2）韵律教育目标

①掌握几种舞蹈的基本语汇和律动的组合形式，积极参与韵律活动。

②能用律动或简单的舞蹈动作表现自己的情绪或自然界的情景。

③能较准确地随音乐的变化改变动作的力度、速度、节拍、节奏等。

④了解创编韵律组合动作的规律，积极参与创造性韵律活动。

（3）音乐欣赏教育目标

①主动倾听、观赏周围环境中各种事物的形态、声音和运动状态。

②感受进行曲、舞曲、摇篮曲、劳动音乐的特点。

③能够大胆地运用多种艺术表现方式，如歌唱、舞蹈、演奏、语言、绘画、制作、构造、戏剧表演、角色游戏等参与欣赏活动，表现自己的感受、体验、想象和创造水平，提高体验和表达音乐情趣的能力。

④培养幼儿能安静、专心、有情感地参与倾听音乐和观赏舞蹈表演的习惯。

（4）打击乐演奏教育目标

①引导幼儿积极参与节奏活动，学习打击乐器三角铁、双响筒、钹、锣等的基本演奏方法。

②引导幼儿尝试自制乐器，辨别乐器的音色。

③体会各种演奏方案中音色、音量、节奏型配置的表现规律，积极参与合作，集体设计演奏方案。

④遵守打击乐器演奏常规，培养集体协作精神和爱惜乐器的良好习惯。

三、幼儿园音乐教育的活动目标

1. 幼儿园音乐教育活动目标的特点

幼儿园音乐教育的活动目标是指某一个具体音乐活动的目标。相对于幼儿园音乐教育的总目标、年龄阶段目标而言，更具体，更具有可操作性。其特点如下：

①教育活动目标必须与音乐教育的总目标、年龄阶段目标保持一致。

②教育活动目标必须具有可操作性。

③教育活动目标要具体。幼儿园音乐教育目标从上到下可分为五个层次，即总目标—年龄目标—学期目标—单元目标（月）—活动目标。由于层次不同，越往上越宏观、笼统、概括，反之则越微观、明确、具体。

④教育活动目标要贴近幼儿生活。

⑤教育活动目标的表达要准确、清晰。

2. 幼儿园音乐教育活动目标范畴

（1）情感目标

引导幼儿感受和体验生活环境和音乐中蕴含的美，可净化心灵，帮他们插上想象的翅膀，进入音乐美妙的境界。以游戏为手段的愉悦性幼儿音乐教育，让幼儿与音乐一起玩，在快乐游戏中自主探索音乐的奥秘，尝试用个人喜爱的方式来抒发和交流自己的思想感情。以幼儿作为教育主体的幼儿音乐教育，在幼儿喜爱的音乐活动中可激发其智慧与灵感，培养健全的人格。

（2）认知目标

幼儿的认知发展主要从记忆和思维等方面进行。认知分为六个层次，即知道、理解、运用、分析、综合、评价。认知目标的制定，可以帮助幼儿认识自然的美、音乐作品中的美，了解音乐活动的种类与表现形式，在音乐活动过程中可运用多种表现手段产生美的艺术效果，丰富幼儿的审美体验。

（3）技能目标

学习与掌握音乐知识与技能，可以帮助幼儿更好地感受、表现、创造音乐美。

（4）创造目标

在音乐教育活动中，尝试对幼儿进行创造能力的培养。通过歌唱、欣赏、乐器演奏、韵律活动、音乐游戏、歌词创编、表演动作创编等音乐活动，可培养幼儿的思维能力、想象力和创造力。

教师在制定幼儿音乐教育活动的具体目标时，可以从以上四个方面考虑。根据音乐活动内容以及活动班级幼儿的发展水平和发展需要，选择2～3个方面进行制定。活动目标的制定要做到目标明确，表达清晰，细致具体，操作性强。

3. 幼儿园音乐教育活动目标范例

由于活动目标是评价幼儿有没有达到学习目的，而不是评价教师有没有完成某一项工作，因此活动目标的陈述应从幼儿的角度出发，陈述行为的主体必须是幼儿，而不能是以教师为目标的行为主体。以往习惯采用的“使幼儿……”“提高幼儿……”“培养幼儿……”等方式，都是不符合陈述要求的。

常用的陈述词语分类举例如下：

知识目标：知道、认识、理解、掌握、了解、懂得、运用等。

技能目标：初步学会、学会、学习、熟练、模仿等。

过程与方法：感受、参与、尝试、寻找、讨论、体验、想象等。

情感与价值目标：养成、具有、热爱、树立、追求等。

例 1

歌唱活动——《小雪花》(小班)

活动目标：

①创设情境，观察雪花的颜色、形状、飘落的情形，有表情地演唱歌曲。

②用简单的肢体动作表现雪花飞舞的场景。

③学会用串铃为歌曲伴奏。

例 2

歌唱活动——《两只老虎》(中班)

活动目标：

①通过听听、唱唱、玩玩感受歌曲旋律和内容，能熟练地演唱歌曲。

②尝试设计简单的动作，表现两只老虎的有趣形象。

③根据歌词内容，改编部分歌词，体验自信和成功的快乐。

例 3

韵律活动——“请你和我跳个舞”(大班)

活动目标：

①感受乐曲活泼欢快的特点，体验舞蹈带来的愉快。

②随音乐的歌词和节奏特点，大胆地进行表演与创编。

例 4

音乐欣赏——《赛马》(大班)

活动目标：

①欣赏二胡独奏《赛马》，感受乐曲所表现的骏马奔腾的情境。

②初步认识二胡的形状和音色特点。

③观看儿童舞蹈《赛马》录像，结伴玩赛马游戏，分享与同伴合作的快乐。

例 5

音乐欣赏——《狮王进行曲》(大班)

活动目标：

①欣赏《狮王进行曲》，想象乐曲描写的内容、场景与音乐形象。

②与同伴协作，根据乐曲内容与特点，设计图形谱，并用声势进行伴奏与表现。

③分组通过面具设计制作、分角色表演、绘画、讲故事等多形式的参与，加深对音乐的理解。

④各组分享与交流，体验创作的乐趣。

例 6

打击乐演奏——《铁匠波尔卡》(大班)

活动目标：

①熟悉《铁匠波尔卡》的旋律和内容，感受乐曲轻快活泼的特点。

②根据乐曲的情境，探索双人合作拉风箱和打铁的动作，体验打铁工人劳动时的精神面貌。

③能用三角铁、小铃、铃鼓、圆舞板、小钗有节奏地为乐曲伴奏。

第三节 幼儿园美术教育目标分析

一、幼儿园美术教育总的目标要求

幼儿园美术教育目标是幼儿园美术教育的目的和要求的归纳，是幼儿园美术教育的具体标准和要求，它是指导幼儿园美术活动设计与实施的准则。制定幼儿园美术教育的目标，可以使幼儿先天的音乐潜意识和后天的教育达到平衡，使其既有对美丰富而敏锐的直觉感受力，又具有美术表现力和创造力。

幼儿园美术教育的目标结构，是幼儿园美术教育目标较为稳定的组织形式，它包括幼儿园美术教育的总目标、年龄目标及具体的教育活动目标。

结合布鲁姆的教育目标分类学理论、《幼儿园教育指导纲要（试行）》中对艺术教育的目标定位和要求，以及我国幼儿园美术教育的实践，我们把幼儿美术教育的目标分为情感目标、认知目标、技能目标和创造目标。

（一）情感目标

①喜欢用“美术语言”表达自己的想法和感受；

②能“读懂”美术作品的线条、形状、色彩、质地等；

③对美术活动感兴趣，并积极投入创作、欣赏和评价活动；

④能产生与美术作品内涵相一致的感受，并能表达这种感受；

⑤喜欢各种不同风格的美术作品。

（二）认知目标

①知道不同的材料、技巧以及活动过程之间的差异性；

②能够讲述不同的材料、技巧以及活动过程所产生的不同效果；

③知道运用美术媒介和技巧，并能通过活动过程与人交流思想，表达情感；

④知道以安全和适当的方式使用材料和工具；

⑤懂得视觉形象特征之间的差异，知道美术表达想法的目的；

⑥能够初步讲述不同的表达特征和组织方式会导致不同结果；

⑦知道从美术作品中能获得各种经验，能享受到视觉艺术的美；

⑧体会视觉艺术与各种文化之间存在着历史或其他特殊的联系。

（三）技能目标

①能选择材料和象征性符号表达自己的思想和情感；

②能初步学会运用线条、形状表现力度、节奏与和谐美；

③能初步掌握一定的秩序和变化规律而进行美术创作；

④能初步感受和欣赏到美术作品中形象的美学特征；

⑤能对自己或他人的美术作品作粗浅的美学评价。

（四）创造目标

①能根据自己的意愿，自由地进行美术创作；

②能使用各种象征性符号，并加以组合和变化，创造与众不同的艺术形象；

③能使用色彩自由表达自己的情感和幻想；

④能综合运用多种美术媒介进行美术创作；

⑤在欣赏和评价自己或他人的美术作品时，能讲述自己独特的观点。

二、幼儿园美术教育的年龄目标

幼儿园美术教育的年龄目标是幼儿园美术教育总目标在幼儿园各年龄班的具体分解和落实。年龄目标对各年龄班幼儿的美术教育提出了不同层次的要求，考虑到幼儿美术教育的最近发展区，符合教育原则不仅要适合幼儿的发展水平，而且要能促进幼儿的发展。

（一）小班（3～4岁）美术教育目标

1. 欣赏教育目标

（1）情感目标

引导幼儿乐意参加美术欣赏活动，培养幼儿集中注意力欣赏的习惯，体验美术欣赏的快乐。

（2）认知目标

①引导幼儿欣赏日常生活中常见的造型简单、色彩鲜明的物品和作品，逐步产生欣赏的兴趣。

②引导幼儿初步欣赏教师的范例、作品以及同伴的作品。

（3）创造目标

引导幼儿用自己的语言、动作等表达自己欣赏作品后的感受。

2. 绘画教育目标

（1）情感目标

引导幼儿乐意参加绘画活动，养成大胆作画的习惯，体验绘画活动的乐趣，对绘画活动产生兴趣。

(2) 认知目标

①引导幼儿认识和初步学会使用蜡笔、油画棒、水彩笔、纸、棉签、印章、颜料等绘画工具材料，逐渐养成良好的绘画姿势和习惯。

②引导幼儿认识红、黄、蓝、绿、黑、褐、白等颜色，初步学会选用多种颜色绘画。引导幼儿区分主体色和背景色，培养幼儿对使用色彩的兴趣。

(3) 技能目标

培养幼儿美术观察的兴趣和习惯，在游戏中学会点、线、圆形、方形和简单物体的画法及涂色方法，并用这些方法表现日常生活中熟悉的简单的物体的轮廓特征。

(4) 创造目标

引导幼儿在画面的中心位置画出主要形象，在涂抹过程中把它画得大一些。初步学会用图形和线条组合创造各种图式。

3. 手工教育目标

(1) 情感目标

引导幼儿乐意参加手工活动，愿意尝试准备好的手工工具材料，主动体验手工活动的乐趣。

(2) 认知目标

初步熟悉泥工、纸工等工具、材料，并了解其性能。

(3) 技能目标

①引导幼儿学习用糨糊、胶水等粘贴沙子、芝麻、麦片、橘子皮等材料以及老师准备好的简单物体图形。

②引导幼儿初步学习撕纸、折纸（对边折、对角折）、染纸的最简单技能。

③引导幼儿体验泥的可塑性，学习用搓长、团圆、压扁、分泥的技能，塑造最简单的物品。

④学会用印章、纸团、木块等材料，蘸上颜色在纸上敲印。

(4) 创造目标

①引导幼儿学习在原形物体上进行简单粘贴，制作出最简单的玩具及物品。

②能大胆地运用印章、纸团、木块等材料在纸上按意愿压印。

(二) 中班（4～5岁）美术教育目标

1. 欣赏教育目标

(1) 情感目标

引导幼儿欣赏和理解与他们生活经验有关的成人美术作品、同伴美术作品、日常生活用品，以及自然环境、节日装饰、环境布置等，产生与作品相一致的感觉和情感，培养幼儿对美好事物的关注力。

(2) 认知目标

①引导幼儿欣赏并初步理解作品形象和作品主题的意义，使其知道美术作品能反映现实生活和人们的思想感情。

②引导幼儿初步欣赏并感受欣赏对象独特的造型、色彩的变化与统一、构图的对称

与均衡。

（3）创造目标

引导幼儿展示自己的作品，初步评价自己和同伴的作品，体验和分享成功的快乐。

2. 绘画教育目标

（1）情感目标

喜欢用自己独特的绘画语言表达自己的想法和感觉。

（2）认知目标

①引导幼儿在小班绘画的基础上进一步学习用多种工具和材料绘画的方法（如水粉画、蜡笔水彩脱色画、拓印画、对印画、泡泡画等）。

②能较准确地把握形状的基本结构，理解形状符号的象征意义。

③引导幼儿认识和使用12种颜色，并会辨别颜色的深浅。

（3）技能目标

①引导幼儿学习用各种线条表现熟悉事物的基本结构和主要特征。

②学习用物体的固有色绘画，并能选择多种颜色作画。

③引导幼儿初步学习在画面上安排物体的上下、左右关系。

（4）创造目标

引导幼儿根据自己的经验和技能，用绘画（写生画、故事画、主题添画等）表达自己的认识和情感。

3. 手工教育目标

（1）情感目标

引导幼儿积极参加各种手工活动，体验手工活动的快乐。

（2）认知目标

引导幼儿认识和使用多种手工工具和材料。

（3）技能目标

①引导幼儿在小班粘贴的基础上，用更丰富、更复杂的材料（如纸屑、木屑、泡沫屑等），粘贴出简单的物象。

②引导幼儿在小班折纸的基础上，学会用集中一角折、双正方形折、双三角形折等技能，折出简单玩具和物象。

③引导幼儿在小班泥工的基础上，学会黏合、捏以及平面泥贴的技能，塑出常见物体的基本形象和主要特征，并能在泥工板、玻璃杯子、玻璃瓶子上作简单的泥贴画。

④引导幼儿在小班撕纸和染纸的基础上，撕出简单物体的轮廓和形象。用渍染和点染结合的技能，将表现简单生活用品的纸形折叠后进行染纸。

⑤引导幼儿在小班制作的基础上，初步学习用自然材料和废旧材料制作造型简单、制作方便的玩具和物品。

（4）创造目标

能大胆地运用手工材料进行意愿创造。

（三）大班（5～6岁）美术教育目标

1. 欣赏教育目标

（1）情感目标

喜欢各种不同风格的美术作品。

（2）认知目标

①引导幼儿欣赏和感受各种感兴趣的美术作品、工艺美术品，欣赏和感受生活和自然界中美的事物和形象，培养幼儿发现生活环境和自然环境中美的事物的能力。

②引导幼儿初步了解所欣赏作品的简单的知识背景，初步感受和理解作品的形象和主题意义，以及作品是如何反映现实生活和思想感情的。

③引导幼儿欣赏并感受作品的形象美、造型美、色彩美、情感表现以及构图的对称、均衡、有韵律等所体现的和谐美。

（3）创造目标

①引导幼儿积极主动参与美术欣赏活动，逐步学会用感官、语言、动作、表情等手段来表达自己对作品的感受、理解、联想和想象。

②引导幼儿分析评价作品，用自己的作品进行环境布置和游戏活动，体验分享和成功的快乐。

2. 绘画教育目标

（1）情感目标

引导幼儿大胆作画，体验绘画创作的快乐。

（2）认知目标

引导幼儿学习用多种绘画工具材料，运用不同的技法（如水墨画、水彩画、吹画、喷刷画、纸版画等）表现自己独特的思想和感受。

（3）技能目标

①引导幼儿较完整地表现熟悉的或想象中的物体的动态结构和简单情节。

②引导幼儿大胆用自己喜欢的色彩绘画，学习用对比色、类似色进行绘画，并初步学习根据画面的需要用色彩表现自己的情感。

③引导幼儿初步表现画面物体的前后、远近等简单的空间关系，以及主题与背景的关系。

（4）创造目标

引导幼儿根据自己的经验和技能，初步开展各种形式的绘画活动（写生画、故事画、音乐画、图形想象画、自由想象画等），将绘画作为表达思想和情感的手段和方式之一。

3. 手工教育目标

（1）情感目标

①引导幼儿体验运用不同工具材料制作作品的快乐。

②喜欢用手工作品来表达自己的想法和情感。

（2）认知目标

引导幼儿较熟练地选择和使用手工工具和材料。

（3）技能目标

①引导幼儿自己收集各种常见的自然材料和废旧材料，进行手工操作活动。

②引导幼儿运用对边折、对角折、集中一角折、双正方形折、双三角形折、四角向

中心折等技能，折出简单玩具和物品，并将折纸活动与绘画、粘贴、环境布置结合起来。

③引导幼儿在中班撕纸和染纸的基础上，撕出自己喜欢的物体的轮廓和形象（可以是现实的，也可以是想象的）。用渍染和点染结合的技能，将喜欢的生活用品纸形正确折叠后再染纸。

④引导幼儿用目测的方法单独或折叠剪出各种窗花、拉花以及自己喜欢的形象或想象中的形象等。

⑤引导幼儿综合运用所掌握的泥工技能，进行立体塑捏及平面泥贴活动。

⑥引导幼儿综合运用各种美术技能技巧，对自然材料和废旧材料进行简单的加工改造，制作出各种简单玩具和物品。

（4）创造目标

启发幼儿逐渐探索手工制作技巧，创造性地表现各种物体的形象，表达自己的手工意愿。

三、幼儿园美术教育活动的目标

（一）幼儿园美术教育活动目标的特点

幼儿园美术教育活动目标是指某一具体的美术教育活动的目标，是在教学活动中教师和幼儿双方预期达到并可以测度的学习结果及具体规格。如命题画活动“放风筝”的目标，泥工活动“一串糖葫芦”的目标等。相对于总目标和年龄目标，活动目标要具体和有操作性，具有以下一些特点。

1. 活动目标必须与美术教育总目标、年龄目标保持一致

幼儿美术教育活动目标虽然是指向某个具体美术活动的目标，是对某个具体美术活动的要求，但在具体制定时，必须与幼儿园美术教育的总目标、年龄目标的方向相一致。

2. 活动目标必须具有可操作性

美术教育活动目标是最具体、最细化、最直接和最具备操作性的目标。幼儿美术教育的所有目标最终都必须通过教育活动目标的制定和实施得以落实。因此，教师在制定具体美术教育活动目标时，应深入、细致、透彻地研究各个层次的目标，把握各个层次目标的内涵及其相互之间的关系，防止不同层次目标的脱节，应增强目标意识，确保目标的实现。

3. 活动目标必须在教师指导下，通过幼儿主动的美术活动得以实现

教育活动目标的制定是幼儿园美术教育的必要条件和基本要求，但在目标的实施过程中，教师不是被动地将目标强加于幼儿头上。目标是引领，教师应根据所指定的目标，引导幼儿通过欣赏和与表现对象的积极互动、主动交流，对各种美术工具和材料的自主探索与合理操作，来达到所制定的美术教育活动目标。有经验的教师甚至有的时候可以根据幼儿在美术教育活动中的具体表现，修正相关的活动目标，以达到更好的教育效果和活动效果。

（二）幼儿园美术教育活动目标的撰写

1. 教育活动目的与教育活动目标的关系

我国教育理论的专业术语中，教育活动目的与教育活动目标是两个要领，而现实情况是社会上存在着比较混乱的用法。实际上，一方面教育活动目的与教育活动目标是密切相关的，两者具有共同之处，即它们都是根据教育目的对教育活动提出的要求，作出的规定。另一方面教育活动目的和教育活动目标两者之间又有区别：

第一，层次不同。“从系统论观点看，教育活动目的处于系统中最抽象的层次，而教育活动目标、课程目标、单元目标、行为目标，都是从其中细分出来并具体化的。”

第二，表现不同。教育活动目的是在教学领域里必须贯彻的教育目的，通常是以指令性的形式表现出来的。而教育活动目标则较多地表现了教育活动主体的要求，以及教师可根据需要对其加以调整、变更，具有较大的灵活性。

第三，标准不同。教育活动目的往往规定得较笼统、空泛，难以比对教育活动过程和教育活动结果进行测量。而教育活动目标是一种表现性目标，往往是以定量分析为基准的行为目标，其标准具有更大的客观性。

总之，教育活动目的是指国家或社会对教育所要造就的人的质量规格的总设想或总规定，更具理念性。而教育活动目标则是对各级各类教育要培养的人才提出的具体标准和要求，更具操作性。

2. 教育活动目标的表述

如何清晰、准确、具体地表述教育活动目标，是教育活动目标设计的关键。教育活动目标既是教育活动的出发点，也是教育活动的归宿，不仅关系到幼儿美术教育活动内容和活动方法的选择，活动策略和活动媒体能否合理组合、运用，以及对活动成果能否合理评价，而且关系到幼儿美术活动目标是否能实现和《纲要》《指南》的落实效果，是整个教育活动设计的核心。

美国学者马杰（R. E. Magre）指出，行为目标包括四个要素，也称为 ABCD 模式：行为主体（audience）、行为动词（behavior）、行为条件（condition）、行为标准（degree）。例如“幼儿（主体）通过小组合作（条件）创作（行为动词）一幅印章画《小鱼吐泡泡》（行为标准）”。然而，在实际应用中，在不引起误解或歧义的前提下，可以省略行为主体或行为条件。

（1）行为主体

一般是指幼儿，而不是教师。教育活动目标描述幼儿所达到的活动结果，开头应是“引导幼儿……”“让幼儿能够……”，而不应写成“使幼儿……”“教给幼儿……”“培养幼儿……”等以教师作为行为主体的表述。有时行为主体可以省略，但必须隐含幼儿主体。

（2）行为动词

行为动词必须是可测量、可评价、具体而明确的，不能是模糊、笼统、抽象、不可测的。马杰认为，好的行为目标必须符合三个条件：一是要明确通过活动后幼儿能够做什么（或会说什么）；二是要规定幼儿的行为产生的条件；三是规定符合要求的作业标准。

由于美术学科的特性决定了行为动词有含糊与明确之分（明确的动词如画出、做出、辨别、解决、比较等，含糊的动词如知道、了解、理解、感受、欣赏等），为提高教育活动目标的客观性和可操作性，应尽可能选用明确的行为动词，或将含糊的行为改为明确的行为。例如中班装饰画《小小设计师》的活动目标：学习用各种不同的方式装饰衣服；学习用简单纹样装饰衣服。这种活动目标的表述就太简单、太笼统，缺乏操作性。应调整为：学习用印章、印染、绘画三种不同的方式装饰衣服；引导幼儿学习用点、线、几何形、小花、树叶等简单纹样，在衣服的领子、胸前、衣摆、袖口进行装饰。这样就体现出比较明确的行为目标。

（3）行为条件

行为条件是指影响幼儿学习结果的特定的限制或范围。一是使用或不允许使用资料和辅助手段，如“不能模仿书中的图像”“必须使用绘画器械”；二是提供信息和提示，如“画出衣服上的缝缀线、纽扣、图案等细节”；三是时间限制，如“创造的时间只有10分钟，音乐结束就要停止……”；四是完成任务的方式方法，如“可以用各种实物拼贴”“可选择多种色彩工具”“允许两人合作完成”等。

（4）行为标准

指的是幼儿对目标所达到的最低表现水准，用以评价学习表现或学习结果所达到的程度。行为标准通常是规定行为在熟练性、精确性、准确性、完整性、时间限制等方面的标准。这是对每一个幼儿的行为质量的最起码要求，它从侧面反映了教师所要达到的教育活动效果。

教育活动目标需要正确地表述，但由于实际教育活动的复杂性和多样性，某些教育活动目标尤其是“审美情感目标”就不可能用可观察、可测量的行为动词描述。教师可以使用一些概括性、描述性的语言，而不是机械地套用一些具体的行为动词，以免出现常识性的错误。

3. 幼儿园美术教育活动目标范畴

（1）审美情感目标

审美情感目标的制定，是将日常生活、周围环境以及幼儿喜爱并能理解的美好的人和事，通过绘画和手工活动形式表达出来，并在表达的过程中融入自己的情感和体验，同时体会各种美术作品和美术工艺品中的形状、线条、色彩所表达的思想和情感。审美情感目标的制定与实施，可以帮助幼儿提高审美欣赏和感受能力，丰富幼儿的审美体验，引导幼儿形成健康的审美态度，完善幼儿审美心理结构，从而逐步培养幼儿完善的人格。

（2）审美认知目标

审美认知目标的制定，可以帮助幼儿认识自然、社会和美术作品中的美，初步了解美术活动的种类、名称及其表现形式，认识美术活动的工具、材料和它们的名称、操作方法，以及美术活动所产生的艺术效果，在美术活动中获得和积累进行各类美术活动的操作经验和审美经验，并能够将其迁移到其他领域活动、游戏活动以及幼儿园的日常生活中，从而发现、初步感受和享受到美的丰富性。通过美术教育目标的制定及围绕目标展开的活动，让幼儿知道自己所从事的美术活动需要了解美的规则、审美和创造美的技能，并逐步自觉遵守美的规则，学习和掌握表现美和创造美的初步的知识和技能，能对美与丑作出知觉或直觉上的判断。

（3）审美技能目标

幼儿美术的表现需要技能技巧的支撑，技能的习得和技巧的掌握使幼儿与美术更加亲近。技能的习得与技巧的掌握应紧密结合幼儿身心发展的实际，以及审美技能目标的实施，使幼儿认识并会使用美术操作工具和材料，以正确的方法进行绘画和手工活动，初步感受和欣赏作品的造型特征、色彩表现和画面布局。

（4）审美创造目标

审美创造目标的确立应考虑幼儿已有的美术求异思辨能力、美术实践操作能力和创造能力。具体表现为幼儿根据某作品的内容进行添加、扩充、变化、重构、组合等，创造出自己过去没有过的、与同伴不一样的新的形象。在欣赏和评价他人的美术行为和美术作品时，能表达出自己的独特观点。

教师在制定幼儿美术教育活动的具体目标时，可以从以上四个方面考虑，但每个活动的目标不用面面俱到，而应根据不同的美术活动内容以及本班幼儿的发展水平和发展需要，重点选择两三个方面进行设定。活动目标的制定一定要具体、细化、可操作，切忌过大、过泛。

案例展示

课题：一串糖葫芦（小班泥工活动）

活动目标：

①审美情感目标：让幼儿乐意参加泥工活动，感受泥工活动所带来的乐趣。

②审美认知目标：引导幼儿观察糖葫芦的形状和色彩，学习分泥、团圆的方法。

③审美技能目标：引导幼儿初步掌握分泥、团圆的技能，培养幼儿手眼协调的能力。

课题：下雪了（小班撕贴活动）

活动目标：

①审美情感目标：让幼儿乐意参加撕贴活动，感受撕贴活动所带来的乐趣。

②审美认知目标：引导幼儿学习撕贴手工的基本方法。

③审美技能目标：引导幼儿初步掌握撕贴手工的技能，将撕好的纸片粘贴到画面中，表现出下雪的情景。

课题：蝴蝶飞（中班印画活动）

活动目标：

①审美情感目标：引导幼儿体验印画的乐趣，培养幼儿的审美能力。

②审美认知目标：观察蝴蝶，了解其外形特点。

③审美技能目标：引导幼儿学习并掌握印画的基本方法、步骤。

④审美创造目标：引导幼儿根据自己的经验和印画技能，大胆表达自己对蝴蝶的认识和情感。

课题：奔马（大班欣赏活动）

活动目标：

①审美情感目标：引导幼儿仔细观察作品，感受水墨画的独特表现形式。

②审美认知目标：让幼儿了解作者及作品背景，感受作品中骏马奔腾强有力的造型美。

③审美创造目标：引导幼儿学习用语言和动作来表达自己对“奔马”的感受。

课题：京剧脸谱（大班绘画活动）

活动目标：

①审美情感目标：引导幼儿感受京剧脸谱中对称、均衡的色彩和图案美，培养幼儿对京剧脸谱的喜爱之情。

②审美认知目标：让幼儿初步了解京剧脸谱的基本知识，欣赏了解不同脸谱的造型和色彩。

③审美技能目标：引导幼儿掌握京剧脸谱的设计、绘制和制作技能。

④审美创造目标：引导幼儿用语言和动作来表达自己对京剧脸谱的感受、理解。通过游戏和脸谱表演活动，体验并分享快乐。

课题：钢琴（大班折纸活动）

活动目标：

①审美情感目标：引导幼儿体验折纸活动的快乐。

②审美认知目标：引导幼儿学习简单的折纸方法，会根据折纸过程看简单的折纸示意图，完成作品。

③审美技能目标：发展幼儿的动手能力，培养幼儿手指肌肉动作的灵活性和看简单的折纸示意图完成作品的能力。

④审美创造目标：能运用折纸技能，独立设计制作玩具。

【思考与练习】

一、以感受美、表现美、创造美为题，运用音乐、肢体造型、舞蹈、散文朗诵、角色表演、简单的头饰、道具等艺术表现形式与手段进行构思，然后进行交流表演。把全班同学分成两大组，每组安排两个导演，一个朗诵。讨论：确定表现主题，寻找或自己创作相关的散文，选择与主题内容相符的背景音乐。

二、尝试为下列活动制定幼儿园音乐教育活动目标。

1. 歌唱活动　　《猪儿在农场》　　（大班）

2. 韵律活动　　舞蹈《娃哈哈》　　（中班）

3. 音乐欣赏　　《龟兔赛跑》　　（大班）

4. 打击乐演奏　　《幸福拍手歌》　　（中班）

三、如何领会《幼儿园教育指导纲要（试行）》中关于幼儿艺术教育的论述?

四、如何领会《3—6 岁儿童学习与发展指南》中关于幼儿艺术教育的论述?

五、请为以下内容制定幼儿园美术教育活动的目标：

小班泥工：《豆荚》

中班绘画：《美丽的大公鸡》

大班欣赏：《民间剪纸——老鼠嫁女》

第三章

幼儿园艺术教育活动的内容

第一节　幼儿园音乐教育的内容构成

幼儿园音乐教育的根本目的是通过音乐教育活动使幼儿获得全面、和谐、健康发展。幼儿学习音乐的过程不仅仅是幼儿认识音乐、把握音乐、感受音乐的过程，更是使幼儿逐步学会认识人生、把握人生、培养对人生持积极态度的过程。

一、幼儿园音乐教育活动的基本内容

幼儿园的音乐教育活动主要包括歌唱活动、韵律活动、打击乐演奏活动、音乐欣赏活动。

1. 歌唱活动

在幼儿园歌唱活动中，幼儿不仅可以演唱成人专门为儿童创作的歌曲，还可以演唱传统的童谣以及由幼儿自己创作和即兴创作的歌谣。

歌唱活动的形式如下：

独唱：一个人演唱歌曲，常用乐器伴奏。

齐唱：两个或两个以上的人在一起整齐地歌唱。

接唱：包括个人对个人的接唱和小组对小组的接唱。常见形式是半句接唱和一句接唱。

对唱：包括个人与个人、小组与小组、个人与小组之间的问答式歌唱。

领唱齐唱：一个人或小组演唱歌曲中重要部分，集体演唱歌曲中的配合部分。

轮唱：两个人或两个小组按一定间隔一前一后开始演唱同一首歌曲。

合唱：一个声部用哼鸣的方式演唱旋律，另一个声部按相同节奏朗诵歌词；一个声部唱歌词，另一个声部用相同旋律唱衬词；一个声部唱歌词，另一个声部在第一声部休止或延长处填充歌词；一个声部唱歌词，另一个声部演唱固定音型式的词曲或延长音等。

歌表演：一边唱歌一边做身体动作表演。这是幼儿园最常见的一种表演形式。

2. 韵律活动

幼儿随着音乐进行有节奏的身体运动的活动称之为韵律活动。主要分为律动、歌表演、舞蹈三大类活动形式。

律动：主要来自幼儿内部动作的两个方面。一是幼儿在反射动作基础上发展起来的一般动作，如拍手、点头等。二是幼儿因模仿周围事物的外形或动作而创造的动作，如小鱼游水等。律动活动是小、中班幼儿韵律活动学习的主要内容。活动时应注意动作的组织结构，以及模仿对象的表现形式。

歌表演：在幼儿园中特指幼儿伴随歌唱进行的身体表现动作。歌唱和动作在此是不可分割的一个整体，同时动作的创作与设计也多源于歌唱内容。

舞蹈：主要由基本舞步、简单的肢体运动和队形变化组成。幼儿园的舞蹈分为自娱舞蹈、集体舞蹈、表演舞蹈。自娱舞蹈重点在于自娱自乐，集体舞蹈重点在于适应空间变化和人际交流合作，表演舞蹈重点在于发展幼儿的表现欲望和表现能力。

3. 打击乐演奏活动

打击乐教学是幼儿园音乐教学的重要组成部分，每个孩子都喜欢敲敲打打，对声音有一种天生的敏感性，打击乐就很适合幼儿这种与生俱来的本能。在活动中，幼儿手、眼、脑、心并用，使大脑建立起复杂的神经联系，让头脑变得灵活聪慧。在幼儿园中的打击乐演奏活动一般分为两种：一种是伴随歌曲或旋律进行的打击乐器演奏活动；另一种是纯粹由打击乐器演奏出来的打击乐曲。目前，我国幼儿园的打击乐演奏活动多采用第一种方式进行。

幼儿园常用的打击乐器按制作材料分类如下：

皮革类——大鼓、铃鼓、堂鼓、小鼓；

金属类——串铃、碰铃、三角铁、锣、钹；

竹木类——木鱼、双响筒、圆响板、蛙鸣筒；

混合类——沙球、棒镲。

配器：教师引导幼儿用集体讨论的方式，选择适当的节奏型和合适的乐器，为歌曲和乐曲设计伴奏的一种活动形式。

指挥：幼儿打击乐演奏活动中的指挥和看指挥演奏内容的学习，能使幼儿学会如何与人沟通、与人合作、与人相互协调，对幼儿的音乐成长和全面发展有着特殊意义。

4. 音乐欣赏活动

音乐欣赏活动是指以具体音乐作品为对象，通过聆听的方式以及其他辅助手段体验和领悟音乐的真谛，从而得到精神愉悦的一种审美活动。幼儿园的音乐欣赏活动主要包括倾听周围环境的音响和音乐作品的欣赏。

倾听周围环境中的音响：音乐来源于生活而高于生活。日常生活中幼儿的倾听活动有倾听活动室中的声音、倾听活动场所中的声音、倾听厨房中的声音、倾听卧室中的声音、倾听马路上的声音、倾听建筑工地上的声音、倾听公园里和游乐场所中的声音、倾听家庭和社区生活中的声音等。

音乐作品的欣赏：主要作品类型有优秀的中外儿童歌曲、由歌曲改编的器乐作品、专门为儿童创作的简单的器乐作品、专门为儿童创作的音乐童话作品、中外著名的音乐作品。

二、幼儿园音乐教育活动的特点

1. 以审美教育为核心的活动

在幼儿园的音乐教育活动中，教授儿童掌握一些必要的知识和技能是必不可少的。但是，我们还必须认识到知识和技能仅仅是儿童审美能力结构中的两个方面，并不是全部内容。知识和技能的获得并不是学前儿童音乐教育的根本目的，音乐教育的目的是充分挖掘音乐艺术中美的因素和力量，用音乐艺术的美激励儿童的内心情感，唤起儿童的情感共鸣，培养和发展儿童的音乐审美能力，从而发挥音乐审美教育的功能。由此，我们应当视审美教育，并将美育过程作为幼儿园音乐教育活动的核心和精髓。如果缺少了这一点，音乐教育就会成为单纯的知识、规则的传授和音乐技能的模仿，音乐独特的艺术魅力也就不复存在了。

在实践活动中，可以从以下三个方面着手进行：

（1）把握音乐的审美特征，培养儿童的音乐审美感受及能力。

音乐艺术的美既包括音乐作品内容的美，也包括音乐艺术形式的美。在幼儿园的音乐教育活动中，首先必须帮助儿童对构成音乐美的诸多要素有充分感受，如节奏、旋律、力度、速度、音色、和声、曲式结构等方面的表现力及演唱、演奏等方面的美。在具体的音乐作品中，音乐艺术的美是一个整体，是由各个具体的、局部的美共同构成的，有的作品会在某一方面有突出的美的表现。因此，教师在选择音乐活动教材时，要尽量选择富有艺术美、感染力的原始作品，让儿童在欣赏、感受美的过程中体验其中最明显、最突出美的表现部分。

（2）激发审美情感，培养儿童的音乐审美表现能力。

审美情感始于审美感知。如果幼儿具有感知“美”的形态的敏感度，则很快会被艺术所吸引而进入兴奋状态。审美情感强调的是审美主体的情感体验、情感共鸣、情感识别和情感转移的动态过程。虽然学前儿童尚不具备分化而成熟的审美情感，却已具有培养的基础。这是因为儿童对周围世界拥有好奇心，使得他们对美的客体也充满了积极的探索兴趣。此外，音乐本身就是情感性的艺术，动情是音乐的基本表现特征之一。再者，学前儿童的情绪、情感正处于迅速发展的时期，社会情感也在进一步分化，他们较容易接受节奏、旋律、色彩等形式的情感表现模式，并由此发现其中特殊的情感表达内容。因此，在音乐教育活动中选择富有审美趣味的音乐作品，利用音乐丰富、典型、集中、细腻的情感性特点，可以有效地培养和激发儿童的审美情感，使他们在感受、理解音乐审美特征的同时，能接纳、寻味音乐作品所表达的内容和情感，并借助一定的声音或动作，以演唱或演奏等基本表现形式将音乐作品中的思想、内容和情感表达出来，产生一定的艺术感染力。

（3）强调主动性、创造性，培养儿童的音乐审美创造能力。

学前儿童在充分感知音乐内容和形式的审美过程中，不仅发展了初步的音乐审美感受能力，而且还获得了包括歌唱、舞蹈及打击乐演奏等方面的表现音乐美的基本技能。在幼儿园的音乐教育活动中，还应引导、启发儿童用自己特有的方式来表达对音乐美的感受和理解。儿童用特有的方式理解并表达，这便是儿童审美创造的萌芽。当然，这种创造不同于严格意义上的创造，我们也不能以成人化的审美趣味和评价标准来看待儿童的创造。如果儿童能够为一首熟悉的歌曲填上新的歌词，做出不同于别人的表演动作，用新的乐器音色或节奏型进行打击乐演奏，用自己的动作模式或言语表达来想象所听到的乐曲内容等，都可以认为是学前儿童的音乐创造。因此，无论在何种形式的音乐活动中，教师都应该鼓励儿童大胆地想象、积极地表达、主动地创造，最大限度地利用音乐本身的审美艺术氛围来提高儿童对音乐的敏感性和表现力，并充分相信和尊重每一个儿童，在让他们体验创造的快乐和成功的满足感的同时促进其创造意识和潜能的发展。

2. 强调儿童整体素质培养的活动

幼儿园的音乐教育活动是一种在教师设计、安排和组织的音乐活动环境中，通过听、唱、跳、奏等音乐实践活动逐步培养和发展儿童的音乐能力和才能，获得音乐艺术内涵教益的专项教育活动。它是以指向和促进儿童在音乐领域的发展为目标的。但是，儿童在幼儿园这一环境中的活动，尤其是涉及促进其各领域发展的教育活动，又是在一定的综合课程体系的背景下展现的。非单科的课程模式决定了幼儿园的教育活动是以幼儿的生活经验为基础，将各领域内容统整于一定的主题之中的组织形式。再者，就学前儿童音乐教育的根本目的而言，它也是促进儿童整体素养（包括音乐素养和非音乐素养）的熏陶和培养，而非纯音乐方面技术和技能的教育。即使我们承认音乐是一种技能性较强的实践活动，音乐专业人才的造就和培养离不开早期的音乐技能训练，然而，学前儿童音乐教育的根本目的并不是造就专业音乐人才。为此，我们应该坚持以整体素质的培养为根本，处理、协调好儿童的全面发展与音乐素质和能力培养的关系，在帮助儿童实现发展音乐能力目标的同时，注重为培养儿童成为个性和谐、心灵充实、人格健全、人性完美的人才打下重要基础。

三、幼儿园音乐教育活动的类型

幼儿园音乐教育活动作为幼儿园教育活动的一个子系统，既是一个相对独立的活动领域，又自然地交织融合于幼儿园教育活动的整体之中。一般说来，可以将幼儿园的音乐教育活动分为专门的音乐教育活动和渗透的音乐教育活动两类。

1. 专门的音乐教育活动

所谓专门的音乐教育活动，是指由教师根据学前儿童音乐教育的目标和任务，有目的、有计划地安排专门的时间和空间场地，选择以音乐为主的课题内容和材料，组织全体儿童参加的活动。这类音乐活动按音乐教育内容的不同，可以具体地划分为歌唱活动、韵律活动（包括音乐游戏活动）、打击乐演奏活动和音乐欣赏活动。但是，这些内容往往是综合的，即在一个专门的音乐教育活动中，活动可以围绕某一具体的音乐作品而展开，也可以围绕某一专门的动作技能或某种音乐知识而展开，还可以围绕某个特定的活动主题而展开。活动应以模仿为主而进行，也可以游戏的方式来组织，还可以儿童自发式的探索方式为主……无论哪一种方式，一般都同时包含有几种不同内容的活动。如围绕音乐作品《小毛驴》而展开的音乐活动，既可以包含音乐欣赏的活动内容，也可以同时包含有歌唱、韵律动作或音乐游戏的活动内容等。

专门的音乐教育活动不仅有丰富多变的活动内容和形式，而且有活动时间方面的相应要求：由于儿童的注意力和自我控制能力受年龄特点所限，一次音乐活动的时间不宜过长。一般说来，小班安排在15分钟左右，中班安排在20分钟左右，大班安排在30分钟左右。

此外，专门的音乐教育活动可以分为两种不同的组织结构：

一是“三段式”结构，即把音乐活动用三个界限分明的部分——开始部分、基本部分和结束部分加以划分。这种组织结构在很长一段时间里被幼儿园音乐教育活动所普遍采纳，是一种较传统的音乐活动组织结构。在活动的开始部分和结束部分，通常是安排复习性质的活动内容，如复习儿童已经学过的歌曲、律动或舞蹈动作、音乐游戏等。开始部分最常见的活动程序通常是律动进活动室→练声→复习歌曲或韵律动作；结束部分最常见的活动程序通常是复习韵律动作→歌表演或音乐游戏→律动出活动室；而活动的基本部分是主要部分，通常安排学习尚未接触过的新作品或新技能。

“三段式”的组织结构有其一定的合理性：它把对儿童来说相对比较陌生或困难，需要儿童有较积极而饱满的精神来参与的活动内容，安排在他们情绪稳定、注意力相对集中的“基本部分”时间里；而把儿童较为熟悉的，能够振奋精神、集中注意力的活动内容，安排在活动的“开始部分”和“结束部分”，以有效地在儿童的大脑中产生“唤醒”“恢复”和“调整”的效果，从而使儿童在对旧知识、技能的巩固复习中不断地丰富和加深对已有知识经验的体验和理解，进而上升为更高一层的新经验。

二是“单段式”结构，即没有明显的三部分划分界限，而是围绕基本部分中新授的活动内容来组织安排活动结构。通常在活动中不再安排复习性质的“开始部分”和“结束部分”，仅以唤起与新活动内容有联系的旧有知识经验为“导入活动”来激发儿童的兴趣，振奋儿童的精神，集中儿童的注意力，再分层次、递进式地进入到新作品的感受和学习活动。在活动的最后，则注重使儿童享受和体验到新活动所带来的愉快和舒适感。“单段式”的组织结构在目前幼儿园的音乐活动中运用得较多，相对而言，这种活动组织结构的安排能充分体现出围绕着一件作品（或音乐技能）的各个环节、步骤和程序上的系列性、层次性，从而使整个活动程序的每一步骤都注意到利用儿童的旧有经验和刚形成的新经验，为儿童提供可以迁移、运用旧经验的机会，同时也使新经验的形成更有效。

2. 渗透的音乐教育活动

所谓渗透的音乐教育活动，是指除专门的音乐教育活动以外，随机、灵活地渗透于儿童一日生活及其他教育活动之中且丰富而多样的“隐性”音乐教育活动。大致可以分为以下几类：

（1）日常生活中的音乐活动

在日常生活的各个环节和活动中，时时可以随机而灵活地组织和安排一些与音乐有关的内容。如在用餐、睡觉、散步、阅读、游戏时穿插播放一些优美动听的音乐，让儿童欣赏；在儿童自由活动、散步等时间中由教师或儿童发起、组织并自愿参与的音乐活动等。

（2）整合于主题中的音乐活动

整合于主题中的音乐活动是指渗透、统整在幼儿园的主题活动背景中的集体性音乐活动。这一类音乐活动往往是隐性的，且是与语言、数学、科学、美术等学科领域自然交融于同一主题之中的。它的呈现是以主题内容为线索，以与其他学科内容相结合为特点的。如音乐和语言一样，有着许多共同的构成要素，如节奏、句子、重音、重复及音韵等。因此，在发展儿童的语言表述能力、丰富儿童的词汇、培养儿童大胆进行口语表达的活动中，可以将音乐的某些要素与所学口语有意识融合。如语言节奏朗诵，在儿童学习儿歌朗诵的同时，配上一定的节奏要求。再如在儿童认识、学习数的有关概念和知识时可以借助一定的音乐活动形式，如“数数歌”——帮助儿童认识数字；“听音辨数”——帮助儿童认识、掌握数量的比较；“我们邀请一个人”——运用音乐游戏的形式来感知数群的概念等。又如儿童在借助美术的表现手段，以意愿画、命题画、想象画的创作来表现主题内容时，也可以用富有广阔想象空间的音乐作为主题背景，这样既能够发展儿童的想象能力、大胆创作的能力，也能够进一步丰富儿童的音乐体验和情感表达。

（3）游戏活动中的音乐活动

游戏是儿童的主导活动，是幼儿园教育最主要的活动形式之一。在幼儿园丰富多样的各类游戏活动中，可以有机地渗透音乐教育的有关内容。如角色游戏中的“小剧场”游戏，儿童在这类游戏中的表演既有对平时音乐教育内容的复习，也有儿童自我的、即兴的音乐创造表演。如在教师创设的区域游戏活动环境中，儿童可以自愿选择加入“音乐角”的游戏活动，利用已提供的有关乐器及其他有关道具，进行自发的、探索式的音乐活动。在这类游戏活动中，教师可以以一个参与者、合作者的身份加入，对儿童给予一定的间接式的引导，儿童之间可以很自由地、平等地充分享受与同伴间的合作和交流。如在其他表演游戏、建筑游戏及玩沙玩水等娱乐性游戏过程中，由游戏的器具、情境或其他偶发因素而引起的歌唱、韵律动作、声音探索等音乐表演活动也是极为普遍的。

（4）节日活动中的音乐活动

节日活动中的音乐活动通常特指为庆祝节日而组织安排的各类音乐表演和娱乐性活动。在这类音乐活动中，由儿童自愿担任节目主持人，安排、确定表演的节目，鼓动全体儿童都来参与音乐的表演。这种氛围容易使儿童充分体验到音乐活动的快乐，从而对音乐培养起稳定而持久的兴趣。

第二节　幼儿园美术教育的内容构成

一、幼儿园美术教育活动的内容构成

幼儿园美术教育的内容是指幼儿美术教育中儿童所要学习的美术形式、美术内容及其运用方法的总和。教师在选择自己的美术教育内容时，首先应考虑幼儿的生活经验、心理逻辑，美术教育的目标、教育方法、活动形式，以及各年龄段幼儿美术发展水平的差异，还应注意根据当地的实际情况来进行，做到因地制宜，有的放矢、实事求是地开展幼儿美术教育活动。幼儿美术教育的具体内容包括美术欣赏、绘画和手工三大部分，每一部分又包含材料、技法、题材等多项内容。现对幼儿各年龄班美术教育活动的内容进行归纳，以便教师学习参考。

表 3-1　幼儿园美术教育内容

	类　别	小　班	中　班	大　班
欣赏	1. 绘画作品中美的欣赏	幼儿图书中较简单的画；动画片里简单可爱的形象如天线宝宝、海绵宝宝、米老鼠等	画家的画如韩美林的福娃、张乐平的三毛；幼儿图书里简洁生动的画；动画片里的葫芦娃、胡图图等	画家的画如齐白石的虾、凡·高的向日葵；幼儿图书里较复杂的画；动画片中的孙悟空、机器猫、喜羊羊等
	2. 雕塑作品中美的欣赏	儿童化的浮雕作品及简易泥工作品等	泥塑、教师范例、幼儿作品等	圆雕及主题泥塑、教师范例、优秀幼儿作品等
	3. 工艺美术作品中美的欣赏	美化了的餐具、灯具、服饰、玩具、桌椅、伞、器皿等日用工艺品	以摆设、观赏为主的壁挂、地毯、陶艺、染织、贺卡等陈设工艺品	传统民间工艺美术作品，剪纸、民间玩具、面具、脸谱、风筝、花灯、皮影等
	4. 建筑艺术中美的欣赏	常见住宅建筑，简洁的公共建筑如学校等	著名的桥梁建筑、纪念性建筑、别墅等	不同造型、风格的建筑物等
	5. 自然景物中美的欣赏	幼儿常见的景物，如日月星辰、蔬菜水果等	幼儿常见的景物，花草树木、虫鱼鸟兽等自然景物中不同的形态美	幼儿常见的虫鱼鸟兽、花草树木等自然景物中不同的形态美和色彩美
	6. 周围环境中美的欣赏	幼儿园室内环境、家庭环境、六一节环境等	幼儿园室外环境，国庆节、元旦节等节日环境	自然环境，广场、园林等社区环境，圣诞节、春节等节日环境
	7. 欣赏知识与技能	艺术作品的形式分析、工具材料分析	艺术作品的形式、色彩分析，工具材料分析，对作品的表达等	作品主题的分析、对作品的联想、对作品的表达、作品的背景知识等
绘画	1. 造型	圆形、方形、三角形物体的简单造型等	归纳成几何形，并进行简单组合，表现物体的基本形象和主要特征等	多个形体组合造型，表现物体的基本形象、主要特征和主要细节等
	2. 色彩	认识和运用三原色、三间色等	感受和运用固有色、对比色，认识和表现生活中的色彩等	感受和运用对比色、冷暖色，自由创作等
	3. 构图	无意识、凌乱式等	散点式、一字形、基线式等	基线式、三角形、多层并列式等
	4. 工具、技法	印章画、棉签画、手指画、滚画、轮廓描画、彩笔添画等	印章画、点画、吹画、蜡笔水粉脱色画、拓印画、对印画、彩笔画等	蜡刻画、写意画、喷刷画、纸版画、蜡笔水彩画、彩笔画、水粉画等
	5. 主题、情节	无意识、几何形想象等	故事画、主题画、单角色造型等	故事画、连环画、日记画、自由想象画、多角色、装饰画等
	6. 内容、题材	水果、日常用品等	自然景物、动物、建筑、简单的装饰画等	人物、动物、交通工具、简单的生活事件等

续表

	类　别	小　班	中　班	大　班
手工	1. 折纸	玩纸、对边折、对角折、四角折等	对边折及变化、对角折及变化、集中一角折及变化、飞机与孔雀折纸	双三角形折及变化、双正方形折及变化、四角向中心折及变化、常见动物及生活用品折纸等
	2. 剪纸	手撕纸成型、了解剪刀、探索剪纸的美等	使用剪刀沿轮廓剪所需形状，目测剪拉花、花边、窗花，目测撕纸造型等	自由剪，对折及四面折叠剪团花、拉花，自画轮廓后剪等
	3. 粘贴	点状材料粘贴，如瓜子壳；面妆材料粘贴，如纸、果皮、树叶等	不同颜色的点状材料粘贴，如种子；线状材料粘贴，如吸管、毛线；面状材料粘贴，如塑料片、纸片、布片、纽扣等	在中班的基础上注重造型、色彩搭配、不同材质的粘贴；运用块状材料粘贴如泥块、纸盒、木块、塑料瓶等
	4. 纸立体	用小盒无意识地摆放、堆积等	运用各种硬纸制作帽饰、面具等	运用卡纸和纸盒、废瓶、麦秸、高粱秆穿插、插接、粘贴组合成立体形等
	5. 泥工	分泥、玩泥、拓印、搓条、团圆、压扁等	在搓长、团圆、压扁的基础上压坑、黏合、捏塑日常瓜果；在平面板上拼贴成画面等	综合运用大小班相关技能进行泥塑，以简单的动物人物造型为主；在平面泥贴的基础上进行杯盘、瓶篮等器物的泥贴等
	6. 综合制作	折贴画的结合、绘画与墙面布置的结合等	折贴画的结合、剪贴画的结合、美术活动与墙面布置的结合、美术活动与主题活动的渗透等	手工制作与区角坏境材料的结合、美术活动与其他领域活动的渗透、美术活动与主题活动的渗透等

二、幼儿园美术教育活动内容的选择标准

充实、完备的美术教育活动内容是幼儿园美术学习的主体部分，是能否实现活动目标的关键，也是整个美术教育发挥其价值的关键。如何选择美术教育活动的内容？除了遵循一般的教学原则，注意到内容的思想性、艺术性、科学性以外，还应以幼儿发展的特点和美术教育本身的规律为标准。

1. 紧扣幼儿园美术教育活动的目标

幼儿园美术教育目标是培养幼儿初步感受美和表现美的情趣和能力，它决定了幼儿园美术教学课程的出发点和归属，决定了美术教学活动应达到的结果。幼儿园美术教学内容的选择必须以美术教育目标为根本依据，才能使幼儿园美术教学达到预期目标。幼儿园教师应深刻领会新《纲要》中关于美术教学目标的精神，结合幼儿年龄特点和实际水平选择教学内容。

2. 依据幼儿的年龄特点和接受水平来选择相关内容

美术教学内容的选择必须符合幼儿的年龄特点和接受水平。包括认知、情感以及知

识和技能水平，不然美术教学内容最终将无法通过幼儿内化以促进自身发展。

首先，美术教学内容的选择必须尊重幼儿内心发展规律、幼儿美术心理特点。不同发展阶段的儿童，他们的表现形式、认识特点都不大相同。

其次，幼儿美术教学内容的选择还必须考虑幼儿自身已有的生活经验。阿恩海姆认为，“幼儿所画就是他们所见、所想的”，也就是说，幼儿表现的就是他们以往所经历过的，有深刻内心体验的事物。事实上，直接感受过的内容才较容易被幼儿同化到他们的审美心理结构当中。对于幼儿生活经验的积累，教师应该给予充分重视，他们所知越多，理解越深刻，进行美术活动的素材就越丰富，动力也就越足。否则，会影响幼儿在美术活动中主动性、积极性的发挥，影响活动质量。

最后，选择幼儿园美术教学内容时，教师切忌主观，应随时随地关注幼儿的活动，应为幼儿提供有利于探究的活动机会，从他们的发现和疑问中确定美术表现的内容是否合适。在对幼儿进行引导前，教师必须有自己的计划，确定相应的策略，为幼儿创造宽松的创作、提问、讨论机会。教师应认真了解幼儿的表现意图及可能发生的困难，结合幼儿的个体差异为幼儿提供有效帮助。

3. 体现教育的审美性、系统性、联系性和整合性

在选择内容时，教师要从审美性和幼儿的可接受性两方面去考虑，不能因为孩子年龄小、看不懂、画不出为理由而忽视美的教育。在绘画过程中，教师可以通过带领幼儿观察生活中、自然界中美的人物、动物、事物，从色彩、图案、动静态方面进行比较，丰富幼儿的情感世界，陶冶幼儿的审美情操，因为真正的美感会从内到外散发美的光芒。

系统化的幼儿园美术教学内容有助于幼儿认知结构的建构，所遵循的是幼儿的心理结构而不是美术的学科结构，是指美术教学内容在帮助幼儿建构审美心理结构时应该是有序的、连续的、层层推进的，也是由易到难、由简单到复杂逐步深化的。同时，系统化的内容又指美术教学要与相关领域建立紧密的联系，这也是新《纲要》整合观的要求。

绘画内容的安排应注意纵向顺序和横向联系。纵向顺序是指每学期绘画活动之间由易到难、由浅入深的排列顺序；横向联系是指不同美术活动相互间的联系，将绘画、手工、欣赏以及与其他领域的课程有机结合起来，使幼儿能有步骤地提高活动兴趣和审美水准。如大班学习人物画时，先安排“我长高了”，引导幼儿画出自己的基本形象和主要特征；然后安排“天天做操身体好”，引导幼儿观察人物做操时的正面姿态，抓住正面人物的基本特征，画出不同的做操动作；再安排“小朋友捡落叶”，引导幼儿画出简单的人物侧面动态，表现小朋友捡落叶时的形象特征。

绘画活动与其他领域的活动有着较为密切的联系，幼儿在其他领域中获得的知识和经验是绘画教育的内容之一。语言、社会、科学、健康甚至音乐活动都与绘画活动紧密配合、相互渗透。在幼儿园绘画内容中会安排画国旗、长城、天安门、美丽的家乡等，这些都与社会教育有密切联系，可以让幼儿更好地了解祖国的灿烂文化，感受到祖国人民的勤劳智慧，并为此而骄傲和自豪。

4. 彰显艺术的趣味性、针对性与灵活性

兴趣是最好的老师，如果幼儿对美术活动无动于衷，不能从中获得乐趣，就不可能

有热情，更不能在活动中有所创新。幼儿在美术活动中表现出的创作热情，在很大程度上取决于某种动力，这种动力可能来自幼儿固有的自我表现欲望，也可能来自教师的鼓励、支持和新颖有趣的教学内容。因此，教师在选择内容时，一定要选择具备可激发幼儿兴趣的因素，能使幼儿体验到美术活动是属于他们自己的快乐的题材，这是激发幼儿进行美术表现与创作的前提。例如，小班在学习画圆技能时，教师可以通过“吹泡泡”“踩气球”等小班幼儿熟悉和喜爱的游戏内容，引导幼儿既在添画“泡泡”“气球”中不断练习画圆，同时又感到自由、快乐。又如大班《快乐的暑假》安排在开学后的第一次绘画课。幼儿的暑假生活丰富多彩，也一定很愉快，刚开学与同伴聚在一起少不了要谈自己经历的高兴事情。此时，老师让幼儿用绘画的方式把这些事画出来，发展了幼儿的记忆力、想象力和表现力，提高了他们对绘画的兴趣。

幼儿美术活动的目的不是培养美术家或少数美术尖子生，而是面向全体幼儿，使每个幼儿的美术潜能得到释放，美术素养得到提高，并使他们终身受益。因此，应从保证和满足每个幼儿当前活动的需要，同时适应未来发展的需要出发，有针对性地选择幼儿乐于表现、勇于表现、多数幼儿稍作努力就能达到目标的内容。其目标偏高或偏低都不利于培养和保持幼儿对美术活动的兴趣及其探索精神。

艺术来源于生活，又高于生活，合适的幼儿美术教育活动内容既不能脱离幼儿的生活实际，又要高于幼儿的生活实际。我们不能像以前那样，教师规定什么，幼儿就画什么，要尊重幼儿的创造，善于发现幼儿在美术活动中所表现出来的智慧。所以，选择美术内容，要考虑到不同地区、不同时间、不同场合、不同年龄、不同水准等诸多因素，根据个体差异，灵活地选择不同的内容。同时，教师要充分尊重幼儿独立思考、独立创作的主动性和积极性，鼓励幼儿用相同的材料、手段创作出与众不同的作品，增加幼儿美术活动的趣味性。如在手工活动中，城市幼儿园教师可以更多地选择易拉罐、一次性餐具、废旧盒子、废旧碟片等废旧材料，引导幼儿制作出各种有趣的玩具和有创意的物体。而农村幼儿园教师则可以更多地收集稻草、秸秆、泥巴、石子、蔬菜、各种种子等自然材料，有针对性地引导幼儿进行制作。如同样用泥巴，小朋友可以制作出小狗，也可以制作小鸡、小鸭等；喜欢花的幼儿可以将其压制成各种花朵小草等。这样的美术活动内容就充分彰显了艺术的趣味性、针对性与灵活性。

【思考与练习】

1. 幼儿园音乐教育活动的基本内容有哪些？
2. 幼儿园音乐教育活动的特点是什么？
3. 幼儿园美术教育活动的内容有哪些？

第四章

幼儿园艺术教育活动的方法

第一节　幼儿园音乐教育的方法

一、音乐教学活动的导入模式

活动导入一般运用于教学活动的起始阶段，它是幼儿音乐教学活动的一个重要环节，是教学活动的前奏，是教师组织教学的一项基本技能。成功地导入音乐教学活动犹如一把开启儿童学习兴趣之门的金钥匙，能迅速唤起孩子的注意力，让小朋友进入特定的音乐情境中。

根据幼儿园音乐教育活动的分类，音乐教学活动的导入方法有很多种，这里介绍几种常用的导入模式。

1. 故事导入模式

对于学龄前幼儿来说，根据歌曲内容，用讲故事的方法导入，小朋友很容易因此兴趣盎然，学习积极性很容易被调动起来。

在音乐教学活动中，采取故事、童话导入的方法，用生动活泼、形象逼真的语言和肢体语言，有声有色地进行描述，可以活跃教学气氛，激发孩子的学习兴趣，进一步帮助他们理解音乐作品的内容与情绪，体验音乐的美感。其形式可以是教师的讲述，或者在音乐的背景下，由老师或学生讲述与音乐内容相关的故事，也可以用视频播放。

故事导入，一般在唱歌、音乐欣赏、音乐游戏、角色表演等活动中运用较多。

2. 多媒体导入模式

多媒体技术是一种把文本、图形、图像、动画、声音等形式的信息结合在一起，并通过计算机进行综合处理和控制，能支持完成一系列交互式操作的信息技术。

多媒体辅助教学已成为现代化教育中的一种有效手段，恰当地使用多媒体导入，利用图形、图像、文本、声音、动画等多种媒体信息刺激儿童的感官，通过生动形象、色彩艳丽的情景画面以及悦耳动听的音乐等，可全方位、多角度地激发孩子的好奇心与求知欲，使幼儿如身临其境，获得准确生动的艺术形象。

3. 情境导入的模式

在音乐教育教学活动中，创设情境导入新课是课堂设计和实施教学活动的重要环节。创设情境导入的主要方法：

①用多媒体画面创设情境导入；

②播放音乐创设情境导入；

③组织游戏创设情境导入；

④讲述故事创设情境导入；

⑤用角色表演创设情境导入；

⑥结合实际的生活情境导入；

⑦设置模拟的生活情境导入；

⑧运用实物演示情境导入。

4. 图画导入的模式

通过图画导入新课，可以增强直观教学效果，引起幼儿的学习兴趣，增强孩子对学习内容的感受力和领悟力。同时，还可以培养幼儿的观察力和想象力，为他们更好地感受音乐和表现音乐创造条件。

5. 谜语导入的模式

小朋友天性活泼、好动，大都喜欢猜谜语。用谜语导入新课，不但有利于引起孩子的浓厚兴趣，而且也锻炼了小朋友的思维能力，是幼儿喜闻乐见的一种导课形式。

这种导入方法适合中、大班幼儿，因为他们已初步具备了猜谜语的相关知识。

6. 节奏练习导入的模式

由节奏练习导入的音乐活动主要有以下几种：

①歌曲作品中的主要节奏型练习；

②声势的节奏活动；

③把音乐欣赏作品中的特定节奏提出来，进行节奏活动；

④词、词组、人名、童谣等的节奏组合练习；

⑤节奏结合音乐表现要素，如力度、拍子强弱的练习等；

⑥用节奏训练热身、集中孩子注意力的练习。

7. 歌词朗诵导入的模式

歌词朗诵导入，适用于一些歌词比较复杂的歌曲作品。在教学活动中，可将歌词单独分离出来用儿歌或诗歌的教学方法进行练习，分散词曲同时学习的难度。

如歌曲《蜜蜂做工》，可以从朗诵歌词开始："嗡嗡嗡嗡嗡嗡，大家一起齐做工。来匆匆，去匆匆，做工兴味浓。春暖花开不做工，将来哪里好过冬？嗡嗡嗡嗡嗡嗡，别做懒惰虫。"用这首歌曲进行相关教学，可以引领幼儿从学会朗诵歌词开始，鼓励孩子随着琴声吟诵歌词。

8. 动作创编导入的模式

教师依据音乐作品的歌词、旋律、节奏、风格特点，提出某种或几种形象与动作设计，指导幼儿运用动作模仿、律动、音乐游戏、歌表演、动作创编等进行表现。

9. 律动导入的模式

律动，是以有韵律的身体动作或姿态表达对音乐的感受。它是培养儿童感受音乐、理解音乐和创造性地表现音乐的良好途径。

①课前，老师带领幼儿在音乐伴奏下，表演律动进入活动室，同时用语言、动作提示幼儿随意坐下，为活动的开展创设宽松自由的空间，把孩子引入浓郁的音乐氛围中；

②在律动中培养幼儿的节奏感，激发快乐情绪；

③随着音乐体验音乐的韵律美；

④感受音乐的意境与风格特征；

⑤在律动中培养幼儿的想象与创造力；

⑥在律动中培养孩子的合作能力。

10. 歌词创编导入的模式

歌词创编导入，就是教师选择简单、重复、富有游戏性的语言内容，或者提供某种情境，引导幼儿用语言来描述这种情境，创编成歌词。形式有替换的、迁移的、联想的和创编的。运用这一模式的要点如下：

①选择简单的、重复的、适合幼儿创编的歌曲或者提供某种适合创编歌词的情境；

②只提供一段歌词作为创编的样板；

③取材要贴近生活，符合幼儿已有的经验，便于回忆；

④创设情境，环境感染；

⑤利用辅助材料，如图片、视频等；

⑥鼓励孩子大胆创作。

例如：

小鸡小鸡在哪里？叽叽叽叽在这里。

小鸭：

小狗：

小羊：

……

11. 游戏导入的模式

在教学新歌之前，运用儿童日常喜爱的游戏导入，能大大激发小朋友的学习兴趣。组织儿童玩音乐游戏，重点应放在游戏方式、游戏规则和人际关系的培养等方面。它包括竞技性游戏、相互逗乐游戏、动作表演游戏、音乐素养游戏、角色表演游戏、节奏游戏、主题游戏、情景表演游戏等。

12. 歌表演导入的模式

歌表演导入，大多是巩固复习活动内容。利用歌表演导入，可以让幼儿充分地听、唱、跳，把自己对音乐的体验、感受与形象思维融入音乐艺术的表演中，使孩子的聆听能力、演唱能力、表演能力得到一定程度的提高。

二、音乐教育活动的方法

1. 图画教学法

图画教学法，就是在音乐教育活动中运用图片、文字、图表、符号等图示手段，把知识结构、知识之间的联系和关系、活动内容、参与方法，简单、清晰、明了地表现出来，使幼儿便于理解、学习、参与，又利于记忆的一种教学方法。

幼儿对直观的图画很感兴趣，因此教师要充分利用图画来讲授内容。图画所依据的教育活动内容是多元的，它可以把抽象的文字语言化为形象的图示符号，因为幼儿对形象的事物记忆能力比对抽象事物的记忆能力要强得多。图片、文字、图表、符号等的准备，可以是教师的绘画，也可以是幼儿的参与，还可以利用计算机软件进行组合设计。活动导入、歌唱、韵律、音乐欣赏、打击乐演奏、音乐游戏等活动，通常会应用到这一教学手段。

图画教学法，对幼儿提高参与音乐教育活动的兴趣，理解教学活动的知识内容以及想象能力与创造能力的培养均作用显著。

使用图画教学法时，应该注意以下几个问题：

①在同一节课中，运用的图片不能过多。

②利用图片的时机应该恰当。教学活动中怎样利用、什么时候利用都应事先考虑周到。

③如果图片篇幅较小，教师可以拿着图片绕活动室一圈，使全体幼儿都能看清楚。

④部分特别有用的图片，还可以在活动室开辟一角予以张贴，以便于孩子们仔细观察、反复观看以加深印象。

⑤教师平时要做好积累图片的工作。

2. 讲授法

讲授法，是指教师通过语言描述、说明和解释，向幼儿传递信息，从而使幼儿获得音乐知识与技能的教学方法。这是一种古老而传统的教学法，虽然有种种不足，但至今仍是一种相当重要的教学方法。

讲授法包括讲述和讲解等教学方式。讲述，是教师用形象生动的语言描述或叙述学习内容；讲解，是对概念、原理等说明、分析和解释。讲授法除了能让幼儿迅速掌握知识外，很重要的一点是能培养他们的注意力。

教师运用讲授法的要领：

①讲述的时间不要过长。

②讲述的内容要适合幼儿的接受程度。

③教师要注意讲述时的动作、表情和语气。

④讲述时注意保持与幼儿的眼神交流。

⑤兼用图片、多媒体等配合讲述。

3. 演示法

演示法是教师展示实物、图片、教具，示范性演唱、演奏、表演动作，或采用现代化视听手段，指导幼儿获得知识的一种教学方法。演示法直观性强，能使幼儿获得具体、生动、真实的感性知识，对提高小朋友的学习兴趣，集中注意力，发展幼儿的观察力、想象力以及思维能力都具有重要作用。

运用演示法教学时，要照顾到全班幼儿都能够看到演示对象，尽可能地让幼儿运用各种感官，充分感知学习对象。

教师运用演示法的基本要求：

①演示的准备工作要充分。

②选择适当的时机进行演示。

③演示要和讲解有机地结合。

4. 游戏教学法

游戏是孩子们最为喜爱的一项活动。幼儿在娱乐和玩耍中进行音乐活动，在自然、轻松、有趣的游戏活动中获得情感体验的同时可获取知识技能。

游戏教学法，是通过游戏活动对幼儿进行相关教育，从而使幼儿形成技能技巧，发展智力的一种教学方法。而音乐游戏，则是采用游戏化的方式组织幼儿开展音乐活动时的一种教学方法。音乐游戏主要有模仿性音乐游戏、表演性音乐游戏、体育性音乐游戏和创造性音乐游戏。

幼儿园音乐教育游戏活动应用比较广泛，除单纯的音乐游戏外，在唱歌、节奏乐演奏、歌表演、舞蹈、韵律活动、音乐欣赏等教学活动中都可以运用游戏方式。同时，在幼儿音乐素质和音乐能力训练中，也可以结合游戏的方式开展教育教学活动，如节奏感、听觉、二声部的节奏朗诵训练等。

5. 探索教学法

探索，就是寻找问题和解决问题的过程。探索教学法是指在教师引导下，幼儿主动参与到发现问题、多方寻求答案的过程中，可以培养孩子解决问题能力的教学方法。运用这一教学方法，可以促使幼儿在音乐活动中经过思考获得知识。

探索教学法在开发幼儿智力，发挥小朋友的学习积极性，活跃活动气氛，师幼互动，以及培养孩子的创造能力与合作精神等方面作用显著。在音乐欣赏、表演动作设计、声音造型、音乐创造、节奏图谱设计等活动中应用较多。

6. 联想、想象教学法

联想是一种科学的、丰富的想象过程。联想是由某一人物、事物、概念而想起其他有关的人物、事物、概念的思维活动。想象，则是人脑对记忆的表象进行改造并创造新形象的过程。

利用联想思维进行创作的方法，即为联想法。当你创编某一作品的表演动作时，把曾经看到或表演过的动作联系起来并加以参考比较，从中受到启发，或者对某些动作进行模仿和借鉴，从而打开思路，创造出新的不同的动作来，这种创编的方法就是联想法。联想法自由、灵活、多样，富有启发意义，对幼儿认识问题、思考问题，特别是创造性地解决问题有着明显的积极作用。以下为音乐教育活动中培养幼儿的联想和想象力的几种方法：

①不断丰富表象，获得感性经验，为培养幼儿的想象力奠定基础。

②通过多种音乐教育创作活动，引导幼儿打开想象的大门。在唱歌活动中的表演动作创编，音乐欣赏中的线条、色彩、图形设计，音乐要素训练中的音高、音色、音强、节奏、速度、情绪的感受与体验等，音乐创作活动中的旋律创编、歌词创编，韵律动作创编，以及节奏创编等，都宜开展丰富幼儿联想的音乐教育创造活动。

③创设情境，为幼儿提供想象环境与表现的空间。采用故事、音乐、歌词、表演、挂图以及现实生活中的典型场景等，对儿童的感官加以刺激，使他们的心理、行为、情感发生变化，以最佳情绪有目的、有意识地展开想象，从而实现创造教育的目的。

④进行学科拓展、领域拓展，以及多元智能的培养，丰富幼儿的想象力。尝试将音乐活动与语言、美术视觉空间、科学、逻辑数学、自然观察、肢体动作、人际合作、内省等学科领域结合的、多元智能的培养，丰富幼儿的想象力。

⑤运用比较法，拓展幼儿的想象力。

⑥运用联想法，培养幼儿的想象力。在音乐教育活动中，教师要通过对幼儿的想象培养，使他们从无意想象到有意想象，再发展到再造想象与创造想象。

7. 表演教学法

表演教学法是根据音乐教育活动的内容，通过表演手法，激发幼儿的学习兴趣，调动他们的学习积极性，培养其团队合作精神，从而让孩子在愉快的情趣中学习，提高教学效率的一种教学方法。采用表演教学法时应注意的几个问题：

①选择适合的表演主题内容。

②创设情境。设计与表演主题相关的场景，借助各种手段模拟真实的情景，以及制作头饰、道具，选择相关的音乐等。

③分角色表演。师、幼、家长参与其中并表演相应的角色。

④表演形式多样。如儿童剧、童话故事表演、情景表演、表演游戏、模仿表演、小品、配乐朗诵，以及与音乐欣赏作品相关的表演，歌表演、韵律表演、舞蹈表演、生活主题表演、声势表演、声音造型表演、打击乐演奏表演等。

⑤鼓励幼儿进行表演动作的创编。

案例

合作表演——雾

教师朗诵一首小诗：“雾，慢慢落下，轻轻盖在猫咪爪子上。雾里，小河睡了，小桥睡了，小树睡了，小鸟睡了，教堂塔尖也睡了。雾，慢慢升起，轻轻离开教堂塔尖。阳光里小鸟醒了，小树醒了，小桥醒了，小河醒了，猫咪的爪子也醒了。”

一组幼儿随着教师的朗诵，尝试用钢片琴、碰铃、铃鼓等打击乐器，即兴创作背景音乐，表现自己心中的诗歌情景。

同时，另一组自由结伴表演的孩子想象自己是雾，在飘落，是小河、小桥、小树、小鸟等，在轻轻睡下或慢慢醒来时，按照自己的理解进行即兴表演。

教师还组织孩子们互换角色表演，相互观摩。

孩子们在活动中体验美、感受美、创造美，还慢慢学习人际交流与团队合作的方式方法。

8. 欣赏教学法

欣赏教学法，是让幼儿通过对音乐作品、自然界好听的有特点的声音的欣赏，获得美的感受，提高音乐表现能力和审美能力的一种教学方法。欣赏是一种心理的、情绪的反应，属于情感方面的活动。音乐欣赏教育活动，可以陶冶幼儿的情感，提高人生乐趣。美的欣赏最重要的成分乃是移情作用。在运用欣赏教学法时，教师应注意以下基本要求：

①让幼儿多接触大自然，感受和欣赏美丽的景色和好听的声音；让幼儿接触适宜的、各种形式的音乐作品，丰富幼儿对音乐的感受和体验。

②尊重幼儿对音乐作品的感受与反应。欣赏音乐作品是欣赏者再创造的过程。由于每个人经历不同，因此对音乐作品引起的联想也就不同，对作品的喜欢与否以及喜欢的程度也不相同。幼儿由于经验、认识能力有限，有些看法也许是十分可笑的。在活动中，教师应理解他们这类的行为。

③鼓励幼儿用多种方式大胆地表达自己对作品的感受。表达的过程是体验的过程，

也是进一步感受和理解音乐作品的过程。

④欣赏教学法的主要方法：边聆听音乐，边做身体动作；将聆听音乐的感受用语言、图画、肢体表演等表达出来；将聆听音乐与其他参与活动结合起来；结合聆听音乐，教师做适当的讲解等。

⑤音乐欣赏与节奏乐相结合的活动方案：

A. 探索：利用生活中的物品，探索敲打出不同的音色。

B. 引导：固定节奏型练习，根据老师的手势做不同的音响处理——快、慢、渐强、渐弱、休止。

C. 主题：引出欣赏的主题，边听音乐边思考刚才练习的节奏分别应该出现在哪个地方。

D. 创编：分组设计创编伴奏图谱，并进行伴奏表演。

9. 创造性教学法

创造性教学法，是指运用科学的教学方法和教学途径，在传授知识、发展智能的同时，训练幼儿的创造性思维能力，发展他们的创造性个性，培养创造精神的教学方法。在音乐创造性教学活动中，不仅需要具有一定的音乐表现力，还需要有丰富的想象力、灵敏的反应能力和创造能力。它体现了音乐教育对人类最高层次的贡献水平——创造性能力培养的作用。

音乐创造性教学的内容与方法：

①创造性演唱、演奏活动。主要有即兴创编歌词、创编旋律、创编歌表演动作、创编童谣等。

②节奏创编活动。主要有创编节奏型、打击乐即兴伴奏、即兴节奏问答等。

③音响探索活动。利用各种生活物品，自己动手制作模拟大千世界音响的“乐器”进行声音造型、人声造型等。

④韵律、舞蹈活动。即兴创编舞蹈动作，用肢体语言表现特定主题等。

⑤音乐欣赏中的创造活动。用故事或图画描绘音乐故事与内容，即兴旋律接龙，用节奏乐即兴伴奏等。

10. 情境教学法

情境教学法，是指在音乐教育活动中，教师根据教学内容的要求，创设生动形象的场景，使幼儿身临其境，如见其人，如闻其声，受到情绪的感染，引起感情上的共鸣，达到以情入理、情理交融的境界，从而促进与加深幼儿对学习内容理解的一种教学方法。情境教学法之所以能够产生良好的效果，是因为它可以唤起相应的情感，使学习活动变得主动、快乐。从教学形式来讲，情境教学法拓展了音乐教育活动的空间，把教学内容融入创设的具有美感的、情感的、场景化的情境之中，使幼儿感到既有审美快乐又具有想象创造的自由，从而促进了知识的学习和技能的掌握。

情境教学常见方法：

①音乐渲染情境。

②情境导入。

③情境音乐游戏。

④情景剧或情景表演。

⑤语言描绘情境。

⑥制作道具、实景、头饰、服装等展现情境。

⑦用图画再现音乐中所表现的情境。

⑧实物演示情境。

案例

《祝你生日快乐》——创设生日情境

设计意图：准备道具，创设情境，了解班内幼儿的生日情况，看看班级中哪个小朋友的生日碰巧在上这堂课那天。事先安排部分幼儿为他准备生日礼物。

活动情景：在生日蛋糕上点燃蜡烛，教师手持贺卡，声情并茂地表演《祝你生日快乐》，熟悉的情景、熟悉的歌声唤起小朋友强烈的情感共鸣，孩子们情不自禁地拍着手跟着老师唱起来，老师也拍着手鼓励学生用真挚的情感演唱这首歌。

11. 多媒体教学法

多媒体教学法，就是在教学过程中，根据教学内容和教学对象的特点，通过整体设计，以多种媒体信息作用于幼儿，形成合理的教学过程结构，达到最优化的教学效果的一种教学方法。由于计算机不仅具有多媒体演示功能，而且可以对数据、文字、图形、声音、图像等进行综合处理，具有人机交互功能，因此，计算机很快成为大家最为青睐的多媒体教学设备并得到广泛应用。

利用多媒体计算机进行教学演示，即教师将事先准备好的数据、文字、图形、音乐、视频等教学信息进行必要的处理后，通过显示器或大屏幕展示给幼儿进行相关教学的一种教学方法。

12. 图谱教学法

所谓图谱教学法，就是在教学活动中，用幼儿最容易明白，最简单的图画、图形、符号、线条等方式来记录音乐、表现音乐的一种教学方法。图谱教学，即是一种非语言展示。

音乐教育活动中运用图谱教学的主要方法：

①利用图形、图画、图谱，帮助幼儿理解歌词、掌握歌词。儿童歌曲中，有些歌曲的歌词含义比较深刻，比较难以理解和记忆，怎样帮助孩子理解歌词、有效识记歌词？而实际教学中的图谱运用解决了这一难题，它在诠释歌词上给孩子们提供了一定的帮助。

②利用线条表示旋律的走向。旋律走向有上行、下行和波浪形，这些形态都可以用相应的线条表示。

③运用图形符号或线条的粗细表示声音的强弱。

④在音乐欣赏活动中利用形象逼真的图谱可以帮助幼儿更好地理解作品。如欣赏《狮王进行曲》，除了设计整体的森林背景图，还可以根据乐曲内容、人物形象设计形象

逼真的特定图谱和音乐故事的情节图画。这些图谱符号对幼儿理解乐曲的特性起了极大的帮助与提示作用。

⑤利用图形、颜色表示乐曲的情绪。

⑥设计生动、形象的图形符号，替代节奏乐谱。

⑦通过图形符号设计，让幼儿以个性化的语言来表达他们对作品的体验与感受。

13. 节奏教学法

节奏教学法，就是以引导的方式，激发幼儿的节奏本能，运用身体动作、人声、节奏乐器去感知节奏、表现节奏、创造节奏的一种教学方法。

通过音乐节奏教育活动，可开发幼儿以下潜质：创造能力、想象力、自信、合作、身体感、空间感、音乐感、协调性、触觉、听觉、专注、放松、即兴发挥能力等。

14. 故事教学法

这是讲授法的一种。教师通过对故事生动形象的描绘，叙述事件发生、发展的过程，使幼儿从故事中领悟到蕴涵的道理，是一种深入浅出、化繁为简、喜闻乐见的教学方法。

运用故事教学法时应注意的几个问题：

①渲染气氛，抒发感情。用生动形象，富有艺术性的语言，绘声绘色地描绘故事，激发幼儿的学习兴趣。

②内容具有情节性、形象化。让幼儿听得懂、记得牢、印象深。

③表演故事。创设情境，制作道具、头饰，组织幼儿分角色表演。

④歌词内容故事化。根据幼儿喜欢听故事的特点，对歌词内容故事化。把歌曲内容编成故事，再加上动作表演，吸引幼儿注意力。这种教学方法能把抽象的歌曲变成拟人形象的故事，便于幼儿记忆、理解歌词内容，吸引幼儿认真学习歌曲。

15. 小组合作学习教学法

小组合作学习教学法，是以幼儿之间、师幼之间的互动合作为特征，以小组为主，围绕教学目标共同开展的协作学习活动的教学方法。它的优点是能够培养幼儿的合作意识与集体观念，提升幼儿的竞争意识，形成新型的师幼关系。

这一教学法在歌表演、节奏乐演奏、音乐游戏、音乐欣赏的参与、舞蹈以及童话表演等教学活动中应用较多。

教学中运用小组合作学习教学法时应注意以下几个问题：

①精心进行教学活动的设计。

②合理划分活动小组。

③明确成员分工和角色分工。

④实施小组合作学习。

⑤开展小组交流、竞赛活动。

⑥教师点评。

16. 听音乐说话教学法

听音乐说话教学法，是引导幼儿将聆听的音乐引发的联想与想象，用语言描述出来的一种教学方法。这一方法的价值在于帮助孩子对音乐的理解，促进形象思维能力和语言表达能力的发展。

教学活动中使用的音乐，应尽可能富有情节性与戏剧性，人物的音乐主题要形象鲜明，故事发展清晰，给幼儿一个完整的故事框架，便于细节想象，以编出生动的故事。如《龟兔赛跑》等。

17. 讨论教学法

讨论教学法，是指幼儿在教师的指导下，为认识、解决、探究某个问题而进行师幼之间或幼儿之间的讨论、分析与交流，通过讨论获得知识的教学方法。它可以提高孩子的创造性、语言表达能力、批评能力、思维能力、合作能力，有利于老师和幼儿新型关系的建立。

由于小龄幼儿生活经验较为缺乏，语言表达还不够流畅，分析能力较弱，思维方式是以具体形象思维为主，因此，这一教学法比较适合在大班幼儿中采用。

18. 听音乐作画教学法

听音乐作画教学法，就是在音乐教育活动中，教师引导幼儿把对音乐的感受与想象，用绘画的方式表现出来的教学方法。这一教学方法对于拓展幼儿的视觉空间智能、自然观察智能、逻辑数学智能以及想象能力与创造能力均有一定的帮助。

音乐教育活动中，运用听音乐作画教学的主要方法如下：

①把有代表特征的歌词画成美术作品。在唱歌活动中，引导幼儿把复杂的、有代表特征的歌词画成一幅幅美术作品。在组织幼儿绘画的过程中，教师可以反复哼唱、播放歌曲录音或弹奏旋律，或者哼唱有重复性、有特点的歌词与衬词。幼儿完成美术作品时，他们会在不经意间与无意注意中熟悉了相关歌曲。

②把每句歌词用简单的图画记录下来。在教师示范演唱时，鼓励幼儿把听到的每句歌词用简单的图画记录下来，有利于培养孩子的记忆力。

③用流动的建筑表示音乐的曲式结构。

④用图画绘出顺序记忆。如歌词中出现几种小动物，可以指导幼儿用图画绘出每一种小动物在歌曲中出现的顺序。

⑤用图画记录音乐故事。在欣赏音乐活动中，引导幼儿根据想象，用图画把音乐描绘的故事情节、人物以及场景等记录下来。

案例

教《粉刷匠》这首歌曲时，可以组织小朋友边听音乐边作画进行活动。

教师：“你们听了这首欢快的歌曲，打算怎样作画呢?”

幼儿回答：“我想象房子应该建在树上，粉刷匠正往上爬呢!”

另一幼儿说：“我想象粉刷匠右手拿着刷子，左手拎着油漆桶，站在架子上正在刷房子，刷的颜色是粉红色的。”

又一幼儿抢着说：“我画的房子是在大蘑菇上，还有好多好多漂亮的花点!”

大家你一言我一语说个不停，丰富的想象好像插上了翅膀在飞翔。

教师：“好，你们就按照自己的想法动手画吧!”

大家按小组分工边讨论边画画，有的画房子，有的画粉刷匠，有的画梯子，有的涂颜色。

小朋友们在欢乐的气氛中完成了美丽的图画，大家都沉浸在成功的愉悦之中。

通过边听音乐边作画，孩子们的想象力和创造力得到了充分发挥。他们不仅获得了情感体验，同时还培养和增强了实践能力与合作能力。

19. 声势教学法

声势教学法，是指用身体作为乐器，通过身体动作发出声响进行节奏训练，培养儿童的节奏感、听辨能力、反应能力、记忆能力以及创造能力的一种教学方法。对于儿童来说，通过动作来发展其对节奏的直接感受、体验与创造，这是最佳接受期。

（1）声势的基本形式

拍手：采用右手拇指外的四指击拍左手掌心，左手一般不动，主要以右手击掌，音量大小也由右手控制。拍手声音一般明亮、清脆，在声势合奏中，宜拍鲜明、节奏性比较强和比较复杂的节奏。

跺脚：分站姿与坐姿两类。以脚掌跺地，左右脚均可。跺脚的声音比较低沉，在声势合奏中，宜担任节拍重音的声部。注意不要过分用力跺脚跟。

拍腿：双手自然置于大腿靠膝部，双臂放松，双手拍腿，也可以单手拍腿。拍腿声音不够鲜明，因此在声势合奏中不宜单独在重拍使用，这样会使节拍重音不突出。

捻指：中指与拇指相捻发出响声。儿童一般很难做到，可用弹舌发声代替捻指发声。

（2）声势节奏训练的主要内容

①节奏模仿。

②节奏接龙、卡农。

③节奏造句。

④固定音型的节奏伴奏。

20. 快乐教学法

快乐教学法，就是教师针对小朋友天真活泼、好唱好跳的特点，注重挖掘教材蕴涵的快乐元素，把教学内容进一步生活化、游戏化、情境化，通过有趣的语言、动作手势、示范表演以及图画等形式，为儿童创设轻松愉快的学习气氛，使他们饱尝快乐的感情体验，从而乐于学习、乐于练习、乐于记忆的一种教学方法。快乐教学法有利于激发孩子的学习兴趣，调动其学习积极性，从而开发智力、培养能力，提高教学效率等。

快乐教学法的具体做法是：

①围绕教学内容，挖掘快乐元素。

②结合教学内容，通过音乐、美术、视频、语言、表演、游戏、实物道具等，创设情景气氛，激发幼儿的兴趣。

③开展游戏活动，组织各种竞赛。

④引导孩子快乐参与，乐唱、乐跳、乐奏、乐创。

⑤课堂内外相结合，走向自然，走向社会。

第二节　幼儿园美术教育的方法

幼儿园美术教育的方法是幼儿园教师和幼儿在共同活动过程中为了达到美术教育活动目标和完成教学活动任务所采用的教学方法，它包含了教师教的方法、幼儿学的方法以及教师和幼儿行为活动的顺序。幼儿园美术教育活动的进行、美术教育原则的贯彻、美术教育目标的实现等，都离不开美术教育的方法。它是美术教育活动过程中一切活动方式的总和，是教学中教师与幼儿双方有计划的外部行为和操作体系。

在幼儿园美术活动中采用自主学习、探究学习和合作学习的方法能够促进幼儿精神的唤醒、内心的敞亮、独特性的彰显与主体性的弘扬，能够满足幼儿探究的需要，获得新体验的需要，形成健康的态度和价值观，以及培养对他人和社会的责任意识和责任能力。同时还可以激活与提升幼儿已有的经验，使幼儿掌握及巩固已有的技能。为了更好地落实幼儿自主性、探究性、合作性学习观，现从活动导入和活动新授两个方面来介绍幼儿园美术教育的方法，可灵活运用。

一、活动导入

幼儿园教育活动导入是指在幼儿园教育活动开始3～5分钟内教师和幼儿所有教学活动的通称，也就是教师在进入新课题时，通过各种手法引出所需要讲述的内容，引起幼儿注意，激发其学习兴趣、学习动机，使幼儿明确学习目标和建立知识间联系的一种教学行为。因此，设计精巧的活动导入，能唤起幼儿强烈的求知欲望，燃起智慧之火，牢牢地抓住幼儿的注意力和好奇心，否则会使幼儿产生厌烦心理，注意力不集中，学习不主动，也会使教师情绪低落，继而进入恶性循环。常言道：“良好的开头是成功的一半。”幼儿园教育活动的导入是一种技巧，导入的形式很多。在幼儿美术教育活动中常用的导入法有下列几种：

1. 猜谜语、儿歌导入法

用猜谜语念儿歌的方法来揭示新的活动内容是极具情趣的。这种具有趣味性的导入可以激发幼儿的学习兴趣，调剂美术教育活动课堂的气氛和节奏，是幼儿园美术教育活动经常采用的导入形式。例如在中班教幼儿绘画《鹅》一课时就可以先让幼儿猜谜语：“身穿白袍子，头戴红帽子，走路像公子，说话高调子。”幼儿展开想象：是大公鸡？是鸭子？……老师边说边表演，因其有趣、简洁而富有启发性，一下子就激发了幼儿的学习兴趣，让幼儿乐意了解鹅的主要特征。

2. 游戏导入法

根据幼儿园美术教育活动内容的特点与需要，采用游戏活动导入新课是一种有效的导入方法，它能增强美术教育活动课堂的趣味性，吸引幼儿。让幼儿在教师的引导下，在积极主动地参与美术活动的过程中不知不觉完成学习任务，从而获得艺术审美的愉悦体验。例如在小班教印章画《小鱼吐泡泡》一课时，就可以先让幼儿玩一玩吹泡泡的游戏，然后再根据幼儿个人感受来理解小鱼吐的泡泡的形状和色彩。创作这次印章画作品，一定会使幼儿产生轻松、愉快的创作思维。

3. 故事导入法

把幼儿园美术教育活动开展得生动形象、深入浅出，始终是衡量教师教育教学艺术水平的标准之一。而采取寓意深刻而又幽默轻松的故事导入新课，教师的教学语言铺陈渲染得绘声绘色，则是为幼儿所喜闻乐见的导课形式。例如在上大班绘画活动《美丽的刮画》一课时教师就可以通过讲《变色鸟》的故事导入新课：灰色的天空上有白云，灰色的大地上有树林，一只白鸟向前飞啊飞！白鸟落在树枝上，吃了红果子，好香好甜啊！白鸟长出了一些红羽毛。又去吃了黄果子，好甜好脆啊！白鸟长出了红羽毛、黄羽毛。又去吃了蓝果子……白鸟吃多了，变成了变色鸟，身上的羽毛除了红的、黄的、蓝的，还加上了橘色、绿色和紫色。变色鸟吃个不停，什么颜色的果子都吃！变色鸟吃了各种颜色的果子，最后变成了一只黑鸟。灰色的天空上有白云，灰色的大地上有树林，黑鸟向前飞呀飞！黑鸟在空中唱歌，唱出彩色的音符，红橙黄绿青蓝紫，好漂亮的一首彩虹曲。黑鸟在树枝上唱歌，红色的音符让大地开了许多红花，黄色的音符给大地带来了许多黄花，蓝色的音符把天空染成了蓝色。蓝天下的大地，有红花，有黄花，有绿绿的树林，有彩色的远山，看起来比什么都美丽。教师讲述故事《变色鸟》，并在讲述过程中随着故事情节的变化展现各种颜色，培养幼儿对色彩的关注力，激发幼儿根据画面的需要大胆地用色彩表现自然的情感。

故事导入这种形式，尤其适合幼儿园教学。幼儿这一时期的心理特点是以形象思维为主，而那饶有兴趣的故事情节，可以引导幼儿进入生动有趣的意境之中，唤起幼儿的情感，使其在头脑中浮现图像，激发幼儿的思维想象，他们很快就会参与其中，进行美术创作。

4. 提问导入法

实践证明，疑问、矛盾、问题是思维的“启发剂”，它能使幼儿的求知欲由潜伏状态转入活跃状态，有力地调动幼儿思维的积极性和主动性，是开启幼儿思维器官的钥匙。有经验的教师都很注意设疑提问这种启发思维的导入新课方式，在导入新课时精心设计，以调动幼儿的积极思维。例如在教小班的泥工活动“一串糖葫芦”时，教师可以提问导入。

师：小朋友，你们认识这是什么吗？红红的小果子，上面有甜甜的冰糖，一串一串的。（幼儿：糖葫芦）

师：小朋友，你们数数糖葫芦有几个？看看是什么形状呢？（幼儿：有四个，是圆的。）

师：因为糖葫芦一般是用圆圆的山楂做的，那它是什么颜色的呢？（幼儿：红色）

师：因为山楂成熟后就是红色，红色给人感觉是甜的，你吃过糖葫芦吗？（幼儿：吃过，甜甜的、酸酸的）

师：对了，酸酸甜甜的很好吃哟。那么，今天我们用橡皮泥也来做一串糖葫芦吧！

教师通过提问导入，顺理成章地把幼儿带进了活动新课。但要注意的是，提问一定要为活动新授做铺垫。就拿这个案例来说，提问不仅能调动幼儿积极思考，还为活动新授中学习分泥、团圆的技能技巧做好了铺垫。

5. 复习导入法

巴甫洛夫指出："任何一个新的问题的解决都是利用主题经验中已有的旧工具实现的。"也就是说，各种新知识都是从旧知识中发展而来的。复习导入是一种传统的导入新课形式。从复习前一课的知识入手，利用知识的连续关系引出新课的学习，自然过渡，导入新课。这种导入法适用于知识技能性较强的课。它从幼儿接受能力及水平出发，循序渐进。例如上大班折纸活动"小鸟"一课时，可以先引导幼儿复习对边折、对角折、四角向中心折等基本折法以及折纸的基本规则（对齐、抹平），再引导幼儿学习折纸小鸟的方法。

6. 实验操作导入法

实验操作导入法特别适用于有色彩调和、变化的美术活动，也适用于幼儿园的国画教学。幼儿通过实验、探索，寻找和发现色彩调配的规律，可以直观感受色彩相互渗透、晕染的变化效果，激发幼儿对美术活动的兴趣和爱好。例如大班染纸活动"美丽的手帕"，在活动开始时，教师先将餐巾纸对折两次后用毛笔蘸黄颜料点在纸的中间，又蘸红颜料点在旁边，再将纸打开后，幼儿会惊奇地发现：餐巾纸上出现了四个慢慢散开、对称的红色圆和黄色圆，交接的地方居然变成了橙色。幼儿惊叹不已，跃跃欲试，都想自己动手亲身体验餐巾纸染色的过程以及色彩混合的变化。

7. 唱歌导入法

维果茨基提出："教育的影响是通过学生心理特点的中介或折射而发生作用的。""中介"就是学生当时的内心体验。这种内心体验好像一个三棱镜。教育的影响只有通过它的折射才能对学生的心理产生作用。幼儿园教师在活动导入时可以根据教材特点，利用唱歌这一形式来创设一定的情境，渲染课堂气氛，让幼儿置身于特定的情境之中，深入体验教材的内涵。例如上剪纸活动"小星星"一课时，教师和幼儿一起唱儿歌《小星星》来导入新课，一定能马上使幼儿获得强烈的情感体验。

8. 多媒体导入法

多媒体技术在课堂教学活动中的应用是现代科技与现代教学理论相结合的成功范例。借助播放录像或 VCD、DVD 片断，动画或互动课件等多媒体手段导入新课，是幼儿最感兴趣的教学手段之一。多媒体集形、声于一体，容易使幼儿身临其境，增强幼儿的感官刺激，优化教学效果。根据教学内容，课前将需要的音频、视频准备好，上课时放给幼儿听和看，引起幼儿情感上的共鸣，然后提问幼儿，幼儿一一作答，课堂气氛顿时活跃起来，幼儿以积极的态度开始美术活动。例如上大班欣赏水墨画《奔马》一课时，教师可以播放马奔跑时的声音、"赛马"的音乐及影像导入活动，激发幼儿的审美情趣。多媒体导入法主要利用人的视觉、听觉引起兴趣，产生联想，同时使幼儿生动活泼的天性在美术教学活动中充分体现出来。

教师在运用活动导入法时应注意以下事项：

①活动导入的目的是为教师讲授新课做好铺垫，为幼儿学习新知识做好心理准备。因此，活动导入要针对不同的教学内容和教学对象，确定不同的导入方法。但是，其前

提是必须引起幼儿的注意，明确课堂教学活动目标，能够有效地揭示课题，保证顺利转入新课的学习。所以，导入要做到内容精练、讲解精彩、抓住关键、干脆利落、点到为止。时间以3～5分钟为宜。

②活动导入旨在一个“导”字，“导”向何方，又如何来“导”呢？不管你采用何种课堂活动导入法，都必须考虑教学活动内容的类型和特点、幼儿的年龄和心理状况，力求导出情趣、导出重点、导出新意，起到思维定向、内容定旨、情感定调的作用，以实现教学活动效果的最优化。

二、活动新授

活动新授是教师向幼儿传授美术知识和技能，进行审美教育的关键，也是幼儿形成美术概念和审美观念的主要途径。在幼儿园美术教育活动中常用的教学方法有观察欣赏法、讲解演示法、游戏练习法、启发探索法、图式预知法、情境激励法、丰富联想法等。

（一）观察欣赏法

观察欣赏法是在教师的指引下，幼儿有意识、有目的地感知和欣赏周围生活、美术作品和大自然中美的人、物、事，并用头脑进行思考和比较的方法。利用观察欣赏法引导幼儿观察欣赏物象的形状、颜色、结构、形态等主要特征，以及该物象与周围事物之间的关系，了解对称美、均衡美，感受其形式美和内容美，从而丰富幼儿的审美经验，培养幼儿的审美情感和评价能力。如观察欣赏汽车时，不仅要引导幼儿观察汽车由车头、车身、车尾和车轮四个部分组成，而且要引导幼儿用从局部到整体，再从整体到局部的观察方法，观察欣赏汽车的整体及各部分的形状、颜色、结构特点，欣赏不同汽车的造型美。

在幼儿美术活动中，美术观察和美术欣赏是分不开的。幼儿在观察时首先要运用多种感觉器官去感知。如用手摸，用嘴尝，用鼻子闻，用动作模仿观察对象的形态、神情等，再将自己所获得的资料与以往的经验结合起来进行理解，才能在下一步的操作中融入自己的想象。例如画小草，就可以带幼儿来到室外草坪和小草做朋友，让他们看一看、摸一摸、闻一闻，孩子们就会说“小草是密密的、短短的”，“小草是尖尖的，都扎手了”，“小草上面有只小蜗牛”……这些都是幼儿在观察过程中感知和发现的，然后让他们画小草，画面感觉就丰富了，小草就更形象了。

美术活动的观察欣赏可分一般性观察欣赏和专题性观察欣赏。

一般性观察欣赏，是平日引导幼儿进行的观察欣赏。从美术的角度去观察，要求教师选择的观察对象是具有美感的。如引导幼儿从不同角度观察和欣赏花草树木、日月星空等大自然中美的事物，欣赏自然界和生活环境中美的事物，关注其色彩、形态等特征，使幼儿自然而然地在大脑中留下美的图式，为幼儿的美术创作提供了丰富的题材内容，同时实现对美的事物的认识、评价和判断。

专题性观察欣赏，指的是在描绘某一物象之前，为了加深对这一物象的认识，教师在课前或课内专门组织幼儿观察某一物象的特征。由于季节和条件的限制，观察实物一时做不到，教师可以选择符合教学活动要求的玩具、模型、图片或绘制范例等，也可以运用多媒体手段，播放符合教学活动要求的影像、图片资料，供幼儿分析、比较所要描绘物象的基本特征。

教师在运用观察欣赏法时要注意以下几点：

1. 要培养幼儿观察欣赏的兴趣，养成观察欣赏的习惯

教师应提出观察欣赏的要求，逐渐让幼儿产生观察欣赏的意识，注意到周围生活和自然界中一些值得他们留意的地方，让幼儿对司空见惯的物象有新的发现、新的感受、新的理解，从而产生创作的愿望。小班幼儿进行观察欣赏活动时容易从兴趣出发，往往不持久，观察时不能按次序进行，并带有很大的片面性。教师应采取有趣的游戏形式组织他们观察。教师首先要以饱满的情绪感染他们，吸引他们的注意力，说明观察的目的，然后帮助他们按顺序观察物象的轮廓、颜色、结构特点等。

2. 观察欣赏中利用巧妙提问开展活动

教师巧妙的提问可以使幼儿将旧的知识与新的经验加以融合，在大脑中产生新的图式。例如面对一盆盆五颜六色、千姿百态的菊花，教师引导幼儿观察和比较："这些菊花有哪些地方不同?"孩子们很快发现："菊花有红的、黄的、紫的、白的，颜色不一样；菊花有的是球形，有的是扁圆形，形状不一样。""那么菊花的花瓣有什么不同?"教师进一步引导，幼儿仔细观察后说："菊花的花瓣有的宽，有的细，有的扁，有的厚，有的带钩，有的直直的……"在观察欣赏的基础上，利用巧妙提问让幼儿获得大量直观的表象材料，可促使幼儿对事物形成多方面、多角度的感性认识，在大脑中形成图式，为幼儿的绘画活动提供素材，丰富感性经验。

3. 注意观察欣赏顺序

一定要有规律可循，要有重点、有系统，由简到繁、由易到难，由整体到局部或由局部到整体，从观察欣赏静止的物象到运动变化的物象等。同时对观察对象的形的特点、色的特点和运动变化的特点需要重点加以观察欣赏。

中、大班幼儿观察能力有所提高，但是其知识、经验都很不足，抽象思维能力差，他们在观察时，不能进行分析、比较，更不能区别事物的细小差别和复杂的空间关系。因此，教师应教给他们从整体到局部的观察方法，分析事物的主次，观察物象的比例、结构、动态、大小及空间位置等，使他们的观察能够逐步深入。

组织幼儿进行观察欣赏的方法是多种多样的。有时可以先讲解后观察，有时可以先观察后讲解，有时也可以边观察边讲解边组织幼儿实践。例如画大公鸡，教师可以在课堂里先讲解大公鸡的头、身子、翅膀、尾巴、爪子的特点及羽毛的色彩变化，再引导幼儿观察大公鸡的鸡冠形状、尾羽的形状和羽毛的色彩等形象特征，以及打鸣时的姿态，最后让幼儿根据自己的感受和理解画出大公鸡。

（二）讲解演示法

讲解演示法，是实际示范操作与语言解释的有机结合，即把事物的发展变化显示出来，使幼儿了解与掌握物象的形状、颜色、结构、特征以及操作过程和方法。这种方法对幼儿掌握美术活动的技能技巧具有十分重要的意义。

讲解演示法在教学活动中主要有三种情况：

1. 结合实物讲解

实物讲解多在教画具体形象时采用。为了丰富幼儿的感知和情感体验，教师运用实物进行演示讲解，以便更加直观地让幼儿明确其形状、颜色、结构、大小等基本特征。例如在教幼儿画“美丽的彩陶罐”时，边引导幼儿观察实物彩陶罐，边用语言分析其特征：“这是一个多么美丽的彩陶罐，它为什么美丽呢？是因为它的形状、颜色和图案。你们看彩陶罐的图案纹样是什么形状、什么颜色？画在什么位置？”随后，还可以引导他们观察彩陶罐的形状，罐口和罐底谁大谁小，图案纹样哪一部分明显些，它们是如何组织在一起才形成漂亮的图案等。

2. 结合范例讲解

幼儿美术活动中的范例是指为了便于幼儿掌握某项美术活动的技能或方法而专门提供的相关样式，这种样式是多样化的，只要能够反映表现对象的形状、颜色、结构，都可以作为幼儿美术活动的范例。用来作为范例的材料必须具备三个条件：一是形象美观、色彩鲜艳、线条清晰、大小适宜，能反映物象的基本特征；二是具有一定的艺术水准，富于美感，能激发幼儿的情感和兴趣，拙劣的、毛糙的、类似简笔画的作品不宜作为范例；三是具有较强的视觉冲击力，符合幼儿的年龄特点，内容应该是幼儿能够理解和接受的，表现的难易程度必须是为多数幼儿经过努力可以画好的。

但范例对幼儿的艺术创作同时存在着正效应和负效应，它一方面可以开阔幼儿的视野，另一方面也会限制幼儿的想象和创作思路，所以在幼儿美术教育中，教师要谨慎、有条件地使用范例。因此，运用范例时，应该注意以下三个方面：

（1）运用范例要恰到好处

在美术活动中是否需要运用范例，范例应该在什么时候运用，这需要根据教材的难易程度，根据幼儿对教材的熟悉情况，根据教师所采用的美术教育活动方法的需要而定。一般来说，教材具有一定的难度，单纯用语言讲解幼儿并不能充分理解和掌握其中要领，则需要运用范例；幼儿对教材很陌生，或者不够熟悉，则需要运用范例；教学活动刚刚开始，需要幼儿对物象有个总体印象，或者幼儿急于看范例，或者需要集中幼儿的注意力，引起其兴趣时，应及时出示范例；在作业过程中，如果幼儿对物象印象模糊了，不能顺利进行创作，或者教师需要就某一问题提醒幼儿，加以点拨时，应及时出示范例。总之，在某一教育活动中是否需要运用范例，何时运用为宜，都需要经过周密思考，审慎敲定。运用范例的时机要恰当，就是要求做到当用则用，不当用则不用，用则用得灵活而恰当，否则会分散幼儿的注意力，或者影响幼儿的独立思考和理解能力，或者容易造成幼儿机械地进行临摹，形成思维定式，扼杀儿童的创新能力。那么，错误时机包括活动前就把教具放在讲桌上，幼儿由起先的好奇变为后来教师使用教具进行讲解时的麻木；或讲完内容后，才让幼儿观察教具；或教师在讲完后没有及时将教具收存起来；或教师不分场合地示范；低水平示范或示范不规范等。

（2）将运用范例与讲解有机结合

在美术活动过程中，教师要在恰当运用范例的基础上，引导幼儿认真观察，并且要配以适当的提示或讲解，使二者有机结合。在讲解时语言应力求通俗易懂、简洁生动、富有启发性，能够引起幼儿朝着预定的目标进行积极思考，找到解决问题的途径，但要避免简单地一问一答，或者将解决问题的答案直接告诉幼儿。这样，既能引导幼儿掌握操作方法，抓住所表现物体的基本部分和主要特征，又能启发幼儿积极进行形象思维和扩大联想范围。

（3）将运用范例与演示有机配合

演示是教师在传递信息过程中，向幼儿展示直观教具，示范绘画、制作等过程，以使幼儿获得对事物现象的感性认识的一种教学方法。演示用的教学媒体有实物、标本、挂图、投影、录像、计算机大屏幕等。范例与演示密切配合，会使幼儿通过直观感知对所表现的物象的特征与其绘制方法、步骤、过程等形成深刻印象，在绘制中就会做到心中有数。在演示的同时，教师还可配以优美的肢体动作、丰富的表情、生动的语言进行讲解，让幼儿在一目了然的情景中接受新的知识和技能。演示过程对于幼儿来说具有很大的吸引力，可以激发其学习兴趣。根据不同的美术活动的需要，演示可在全班或小组进行，也可以个别进行，可以全过程演示，也可以局部演示，可以有准备演示，也可以即兴演示。教师的演示应当动作熟练连贯，节奏速度适中，线条清晰流畅，形象准确优美，色彩鲜艳明快，画幅大小适当（四开纸大小），让每个幼儿都能看得清楚、看得明白。

演示画法大致可以分为以下三种：

（1）归类法

归类法（图 4-1）就是引导幼儿观察所要表现的物象是由哪些基本形状构成的，并加以归类。为了突出物象的基本部分和主要特征，往往采用基本线条和几何图形归纳物象的方法，这有助于使幼儿认识到每一种物象都是由不同形状的几何图形构成的，引导他们用基本线条和几何图形等简洁手段，概括出物象的外形特征，但应注意，不要让幼儿把生动的形象表现成呆板的几何形。

图 4-1　归类法

（2）分解法

分解法（图 4-2）就是将要表现的形象分解成几个基本部分，分别显示其各自的基本特征和操作表现方法，使幼儿从局部到整体逐步掌握其方法。在实践操作过程中，我们发现幼儿画图形有时也是从整体去画，再画细节；有时从上向下画，有时从下向上画。教师可以根据幼儿的实际情况而采取不同的方法。

图 4-2 分解法

(3) 添加法

添加法（图 4-3）就是教师引导幼儿在准备好的操作材料上进行联想和想象，添画出或制作出各种物体或情节。这种方法有利于发展幼儿的发散思维，使其思维活跃，反应敏捷。

图 4-3 添加法

3. 启发性讲解

讲解的主要特点是教师运用口头语言作为传递知识信息的媒介，主要是通过教师讲、幼儿听的方式向幼儿传递信息。教师易于把控自己所讲的内容，不会偏题、离题，但却会因此而经常使幼儿处于被动接受的地位。若教师运用不得法，讲解过程中幼儿容易产生疲倦感，影响学习效果。因此，教师要讲究语言艺术，注重情感，善于运用生动且富有感情的语言来启发幼儿思维。启发性讲解多在意愿美术活动中使用。幼儿在意愿画中所描绘的内容，大多是不同的物象和不同的情节，往往需要教师进行多方面的启发和引导，才能进行积极思维、展开想象，进而确定自己所要描述的内容。当教师的命题范围概括、表现的内容过于广泛，幼儿不能立即确定画什么的时候，教师就要进行启发式的讲解，引导和帮助幼儿尽快确定主题，有信心地去作画。例如，让幼儿画一幅“快乐的节日”的画，教师就可以启发幼儿“快乐的节日有哪些”（可以是儿童节、国庆节、春节，也可以是自己的生日等）。幼儿一经启发，兴趣就随之而生。若幼儿确定了内容而画不出来时，教师可在别的纸上画个样子作为参考，并激励其完成创作，提高自信心。

（三）游戏练习法

游戏是幼儿的基本活动，是幼儿园的重要教育手段。我国幼儿教育家陈鹤琴指出：“游戏从心理方面来说是儿童的第二生命……游戏从教育方面来说是儿童的优良教师，他从游戏中认识环境，了解物性，他从游戏中强健身体，活泼动作，他从游戏中锻炼思想，学习做人。游戏实是儿童的良师。”

游戏练习法是在娱乐和玩耍中进行美术活动，使幼儿在自然、轻松、愉快的环境中饶有兴致地习得相关知识，在获得情感体验的同时获取知识技能。美术活动是幼儿手、眼、脑并用，自我构建知识的实践操作活动，无论是手部肌肉的发育、手的动作的灵活性，还是视觉记忆与视觉思维的发展，都需要一个逐步进步的过程。

美术活动中的游戏练习与单纯的游戏是不同的。美术活动中的游戏是实现美术活动的手段，其本质是教育活动，是教学活动游戏化，使美术教育活动的过程具有游戏性质和趣味，淡化目的，强化手段，即重过程、轻结果，寓教于乐，让幼儿感到其中有许多奥秘和乐趣，激发他们的好奇心，让美术活动成为幼儿自愿尝试的一种活动。

在幼儿美术活动过程中，游戏练习法大致可以分为以下四种：

1. *添画游戏练习*

添画游戏练习是教师画出主要形象，然后让幼儿添画。例如在小班教幼儿画线条，老师可以先在纸上画一个很快乐的小男孩撑着一把小伞，让幼儿添画一些很短的线条代表“下小雨”的情景；为了表现“下大雨”的情景，让幼儿添画一些稍长的线条。假如为了表现“刮风下雨”的情景，启发幼儿用短的斜线和小的螺旋形线条表现下雨情景，幼儿在游戏中不仅练习了画各种线条，而且能感受到线条的形态和变化（图 4-4）。

图 4-4　《下雨了》

2. 涂色游戏练习

涂色游戏练习就是教师先画好物象的轮廓，然后引导幼儿在轮廓线内涂颜色，激发幼儿对色彩美的感受能力。例如在中班教师教幼儿认识色彩、表现色彩，就在方形纸上随意画出若干不规则的图形，然后启发幼儿以“春天”为主题在图形内用油画棒涂色，让幼儿在感受春天的色彩后用游戏涂色的方式表现春天的美（图 4-5）。

图 4-5 《春天》

3. 构图游戏练习

构图游戏练习就是教师为幼儿提供有关物象形象，如蘑菇房、栅栏、树木、太阳等，启发幼儿将这些形象“搬”到纸上去，组成一幅漂亮的图画——《蘑菇家园》（图 4-6），幼儿在“搬运物象”游戏中进行了构图练习。在构图游戏中，关键是引导幼儿处理画面的主次关系，合理安排画面，突出主题意愿。

图 4-6 《蘑菇家园》

4. 智力游戏练习

智力游戏练习指的是通过视觉观察找出物象中的异同，进行“找茬”或拼图，从而提高幼儿观察力。这样的智力游戏练习，会使幼儿开动脑筋探索奥秘，培养他们观察、分析、比较、综合、判断及形象思维等方面的能力。

（四）启发探索法

幼儿园美术活动均有一定的创造性，所谓创造性的美术活动，是指启发幼儿运用发散的方式进行思维，以训练和诱发幼儿的创造力为主要目的的美术活动。在开展创造性的美术活动中最重要的方法就是启发探索法、图式预知法、情景激励法和丰富联想法，它们是开发幼儿处于萌发状态的创造力的卓有成效的方法与途径。

启发探索法是教师在活动中依靠幼儿已有的知识经验，启发他们去探索并获得新的知识和操作经验的方法。启发探索法最大的优点是能激发幼儿操作的主动性，独立探索并获得成功体验。

在幼儿园美术教育活动过程中，有意识地创设一些对幼儿来说需要开辟新路径以消除困惑的问题情境，让幼儿针对这些问题去发现、去讨论、去解决，对于提高幼儿的创新能力是十分有益的。美术活动的探索本身比其结果如成功或失败更为重要。在活动中，幼儿欣赏与创造相结合，体验与制作相联系，探索成了幼儿全身心活动的一部分，他们的感知、思维、情绪、身体处于协调统一的状态，主动地进行着各种尝试。如在幼儿泥工活动中，幼儿掌握了团圆、搓长、压扁、捏的基本技能后，教师可以引导幼儿综合运用这些技能，结合各自的生活经验和认知水平，自己探索出各种物品的塑捏方法。当幼儿用团圆和搓长的技能塑出胡萝卜造型后，教师可以引导幼儿观察分析胡萝卜和鸭子之间的关系，探索出利用胡萝卜改捏鸭子的方法：粗的一头可塑成鸭子身体，细的一头塑成脖子，脖子前端捏出嘴巴，身体后面捏出尾巴。之后，再引导幼儿根据鸭脖子的可变性，自己再试着捏出唱歌的鸭子、喝水的鸭子、理羽毛的鸭子、回头打招呼的鸭子等。

运用启发探索法应注意以下几点：

1. 创设“待解决问题”的情境

美术活动中“待解决问题”的情境创设，一要注意培养幼儿的问题意识，引导幼儿不断地发现问题、提出问题；二要鼓励幼儿能直面问题，探索解决问题的方法和路子，让幼儿在探索过程中受到创新思维方法的启迪，从而增进创新技能。

在美术活动问题情境的探索中，幼儿往往只注意表现事物的明显特征，或自己感兴趣的部分，教师可以通过观察欣赏、讨论提问、角落延伸等，让幼儿自己发现问题，找到解决问题的办法，实现自己的设想。在探索行为发展过程中，幼儿在心理上经历了这样一个过程：兴趣的激活→产生探索愿望→自我探索→产生积极愉快情绪→产生积极的探索行为→产生更大的情绪体验。这是一个循环往复的过程，在每一次体验过程中，幼儿的探索精神都将得到进一步强化。如在捏鸭子的探索过程中，首先由于泥的可塑性激发了幼儿探索的愿望。幼儿掌握了泥塑的基本方法后，为探索各种鸭子的塑捏方法提供了可能性。当幼儿通过自己的努力探索捏出神态各异的鸭子后，他们为自己的成功感到兴奋，就会产生进一步探索的愿望，这种愿望可以在美术泥工区的延伸活动中得到满足和发展。他们在进一步探索中发现，只要在鸭子的头上捏出一个小小的瘤，鸭子就变成了鹅。这种良性探索活动又强化了幼儿进行下一步新的探索的愿望和行为。

2. 启发探索法的提问技巧

在启发探索法的运用中，提问的技巧具有重要作用。教师善于引导，善于提问，是启发探索法的关键。所提问题必须围绕活动内容和目标来进行，问题要明确、清楚、具体、有启发性，要能引起幼儿的积极思考。教师在陈述问题时要表达清楚，在口头提问时应注意声音的音质、音调和讲话速度的变化；通过多媒体展示问题时应该突出问题的关键所在，使幼儿能够迅速理解题意，明确回答要点，积极参与思考。因此，教师要多提开放性问题，少提封闭性问题，如“是不是”“好看不好看”等，避免提出幼儿不假思考就可齐声回答的问题。提问只有问到点子上，才能使所提的问题起到引导探索方向的作用。教师提问的角度是多样的，如假设提问：“假如你是设计师，你会设计什么样的汽车?”比较式提问：“大公鸡和母鸡什么地方是一样的？什么地方不一样?”（图 4-7）替代式提问：“如果没有带画笔，那怎么办呢?”想象式提问：“你想月亮上面的房子是什么样子的?”……教师的提问设计应根据幼儿的活动目标、要求、内容及活动状态来设定。

图 4-7　启发探索法参考图

启发探索的策略很多，重要的是教师的观念要新，应善加利用发问的技巧，随时、随地、随机对幼儿进行启发教育。在问完启发性的问题以后，要让幼儿有思考和想象的时间，然后鼓励幼儿用不同的方式操作和表现。教师要采纳幼儿的合理意见，尊重幼儿的创意。

（五）图式预知法

图式预知法（图 4-8）是通过各种方法和手段，帮助幼儿在头脑里对物象形成鲜明的、深刻的图式，以便引导幼儿在创作中形成对图式的分化能力、联想能力，以及对图式的组合能力，为幼儿的创作积累经验。

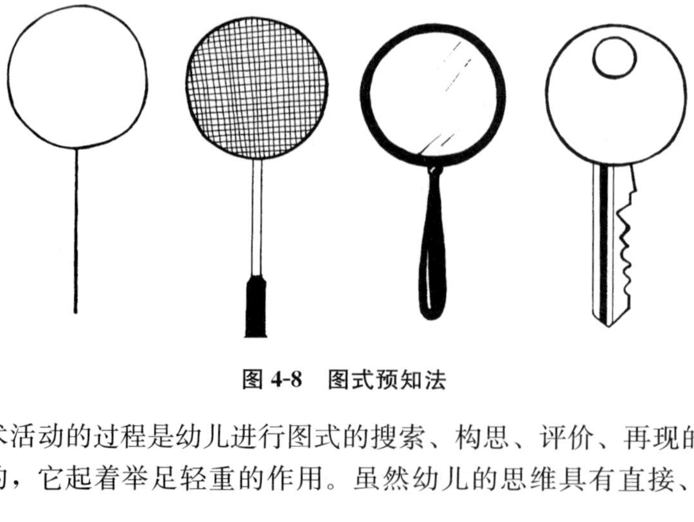

图 4-8　图式预知法

创造性美术活动的过程是幼儿进行图式的搜索、构思、评价、再现的过程，构思是以图式为基础的，它起着举足轻重的作用。虽然幼儿的思维具有直接、缺少逻辑的特点，而很少出现“胸有成竹”和“意在笔先”的状况，但能在头脑里对所要表现的物象进行思考与计划，幼儿的“借形造像”思维方式还占有相当重要的地位。例如老师画一个圆形图，让幼儿猜想，这是什么。有的说“苹果”，有的说“皮球”，有的说“饼干”等，举出了许许多多与圆形有关的物象。其实，我们可以引导幼儿在观察圆形图的时候知道会有三种最基本图形：第一种是圆圈，如面包圈、游泳圈、手镯等；第二种是圆面，如圆形饼干、纽扣、硬币等；第三种是圆球，如气球、足球、蛋等。通过这种“借形造像”思维方式练习，可以丰富幼儿对物象的图式积累，提高创造能力。

运用图式预知法的注意点：图式预知可以通过美术操作前的感知、观察、欣赏来获得。幼儿的生活是多姿多彩的，教师要注意在平时的参观、散步、游戏、节日活动、环境创设及其他活动中有意识地引导幼儿去感知、体会、理解生活中美的人、事、物，以积累图式，产生经验的迁移、激活、联想和想象。例如幼儿在室外活动时发现一只漂亮的蝴蝶，会感到很惊奇。这时教师可以运用观察欣赏法引导幼儿观察蝴蝶的形状、颜色、图案、结构等特征，让蝴蝶的形象在幼儿大脑中留下印象。这样，当美术活动中需要表现蝴蝶时，幼儿的大脑中就会出现蝴蝶的表象，他们会把蝴蝶的形象运用到美术创作中。如命题画《放风筝》（图 4-9），幼儿就可以通过联想画出各种不同形态、不同色彩的蝴蝶风筝。

图 4-9　《放风筝》

（六）情景激励法

情景激励法是教师为幼儿精心选择和设计充满情感色彩的情景或者环境，以激励幼儿操作、表现和创造的方法。

美术活动是一种艺术活动，艺术活动是一种情感活动。幼儿阶段是一个人艺术和情感萌发的重要阶段。幼儿对美术活动往往具有很大的热情，表现出一定的创造性。但是这种热情与创造性并不会自发地凭空产生。只有把大千世界中丰富多彩的美展现在他们的面前，使之感到好奇、惊喜、心旷神怡，他们才会产生巨大的热情，展开想象的翅膀，并在美术活动中以热情和想象表现出创造性。因此，在美术活动中教师应努力为幼儿创设一个美妙的、能引起幼儿情绪激动的情境，使之在身临其境中产生追求美与表现美的欲望和热情，积极主动地去观察、去想象、去创造。

情景激励法包括情感激励和语言激励。

1. 情感激励

情感激励可以采用循环激励、交互激励和递进激励的手段。

循环激励是引导幼儿在“感受—表达—感受—表达”的循环过程中层层激励，从而不断产生新的感受和新的表达。交互激励是引导幼儿在“感受—表达—反思—表达”的过程中波浪式激励，取长补短，在审美情感和审美能力上不断有所提高。递进激励是引导幼儿在“感受—联想—迁移—表达”的过程中分层激励，从而有效地控制自己的情绪，并以良好的方式进行表达的教育方法。例如在大班教师指导绘画活动“海洋世界”时，教师引导幼儿欣赏《动物世界》热带海洋鱼类部分，幼儿根据自己对“海洋世界”的认识和感受，用绘画的方式表达出来。这种感受和表达可以采用多种激励方法进行。如果教师先引导幼儿欣赏、交谈、讨论后用绘画进行表达，然后由教师和幼儿共同对作品进行评价，再重新让幼儿欣赏和感受《动物世界》热带海洋鱼类部分，再进行创作，即为循环激励法。如果教师在引导幼儿欣赏、交谈、讨论、用绘画进行表达后，根据幼儿的表达需要重新让幼儿欣赏和感受《动物世界》热带海洋鱼类部分，再让幼儿根据自己新的感受对前面表达的内容进行补充或修改，使画面不断完善，即为交互激励。如果教师在引导幼儿欣赏、交谈、启发、讨论后用绘画进行表达，幼儿可以根据自己对海洋世界的认识和感受进行联想，画出海面上的船、天空或海洋里的潜水员、科考船或海底的珊瑚、海葵、海螺等，画面表达就逐步丰富起来了，即为递进激励的方法。

2. 语言激励

这里的语言指形象化的文学语言，文学语言与画面形象具有互通性，它们拥有共同的情感特质，它们能相互融合、相互激发，能唤起幼儿对表象丰富的情感。美术活动本身就是一个感受美、体验美的过程。教师带有激情的启发性描述、提问，能更好地激发幼儿丰富的联想。教师运用艺术语言讲故事、念儿歌，或者播放歌曲、乐曲等，或者让不同幼儿扮演不同的角色，在故事情境中解决问题，这样更能引起幼儿对过去形成的联系产生强烈的兴奋感。这种联系不仅是幼儿美术活动构思的基础，也是他们情感表达的基础。例如在大班，教师给幼儿讲一个《猴子捞月》的童话故事。故事说的是一群猴子发现月亮掉进水里了，就想办法去水里捞月亮，可是总捞不着。教师启发小朋友想一想办法，猴子们要怎样做才能在水中成功地捞着月亮。结果幼儿在教师创设的情境里开动脑筋，展开想象的翅膀，寻求解决的办法，大胆地进行绘画创作。

奥地利著名美术教育家西泽克最善于运用该活动方法，他常用自由联想法与童话故事启迪儿童的想象力，给他们提供大量的材料，激发其表现欲望，鼓励儿童用视觉形式表达他们对生活中的事物和所发生的事件的感受。孩子们所创作的美术作品想象丰富、用色大胆，各具特色、富有生气，最具儿童画所特有的魅力。

教师运用情景激励法的基本要求是：

第一，创设的情境要符合幼儿的生活经验。虽然故事是教师常用的情境，但并非唯一题材。教师要深入幼儿生活，从他们的生活、学习、活动中选取有趣的题材，并对这些题材进行筛选，根据幼儿的特点进行加工提炼，创设不同的情境。

第二，教师在活动过程中不能游离于情境之外。许多教师在活动开始时为幼儿创设了一个十分富有情趣的环境，把幼儿带入动人的情境世界，但在接下来的观察、演示等环境中又突然游离于情境之外，甚至在以后的环节中完全不见了这一踪影。因此，教师要将有关美术技能的学习融入情境中，让幼儿在情境中以角色身份进行思考，这样将会促使幼儿提高成就感与责任感，激发学习兴趣，从而更好地投入活动中去。

（七）丰富联想法

丰富联想法是教师在幼儿的美术活动中引导他们以感知事物为基础，根据自己的所见、所闻、所想，围绕着活动主题回忆、联想与之有关的人、事、物，不断丰富自己作品内容的方法。运用该方法能启发幼儿的发散思维能力，引导幼儿多联想，对幼儿的美术构思、构图，不断丰富作品内容具有重要作用。例如大班美术活动以树为主题进行绘画创作，教师要利用幼儿对树的认识和喜爱，启发幼儿从不同季节表现树的形状和色彩的变化，还可从地上、地下、空中等不同角度联想树的样子以及与树有关的情景和物体。如地上的树有树干、树枝、树叶，也会有果实、鸟巢、小动物等；地下的树根纵横交错，分布主次明确，犹如倒着长的树，也会有昆虫、小动物及它们的洞穴等；天空中有飞翔的小鸟，漂浮的云彩，灿烂的阳光等；在树下会有玩耍的小朋友、小动物等。通过教师的不断启发，幼儿的联想就会越来越丰富，画面越来越生动活泼。这也是促进幼儿增强记忆效果的一种有效方法（图 4-10）。

图 4-10　丰富联想法参考图

美国学者 G. O. 格罗认为，成功的教学方法不止一种，所有良好的教学均是情境性的，应视学生的不同而异。所以，在幼儿园美术教育活动中，以上活动方法往往需要综合运用。由于活动方法的运用受到美术活动目标和内容的限制，因此教师要根据实际情况合理、灵活和选择运用，并在活动中不断总结出更好的经验，生成新的、行之有效的好方法。教学要有法，教时无定法，贵在能得法。

【思考与练习】

一、为下面的教学内容设计活动导入详细情景，并分组进行模拟试教：

①小红帽　②拔萝卜　③好妈妈　④健康歌

二、收集 1～2 个音乐活动经典案例，阅读分析，说说都采用了哪些教学方法。

三、自定题材，进行音乐活动教案设计，并标出拟采用哪些教学方法。

四、情境表演——雾。(见本章“7. 表演教学法”)

把全班分成两大组，播放背景音乐，安排一个朗诵、两个导演，按照文章描写的内容进行表演。然后再安排两组进行交流表演。在本活动的基础上，下一周可以还组织一次形式相似的情境表演活动。方法相同，主题、音乐等全部由各组自定。

五、音乐活动导入训练。

把全班分成若干小组（4 人 1 组），每组由 1 人扮教师，其余 3 人扮幼儿。自定活动内容，选择较佳的导入方法。集体讨论活动导入的设计，并进行多次试教。然后安排主持人 1 名，评委 4 人，把各组作品集中进行展示与交流。

六、幼儿园美术教育的方法有哪些?

七、运用螺旋形图式画出六个不同的物体形象。要求：越简单、越形象、越独特为优。

第五章

幼儿园艺术教育活动的途径及组织实施

第一节　幼儿园音乐教育活动的途径及组织实施

一、幼儿音乐教育的途径

幼儿音乐教育的途径是指实施音乐教育的具体活动组织形式。幼儿的年龄特点决定了幼儿音乐教育的途径必然是灵活而多样化的。概括起来，幼儿音乐教育的途径主要包括幼儿园的音乐教育活动、家庭中的音乐教育及社会的音乐教育。

（一）幼儿园的音乐教育活动

1. 幼儿园音乐教育活动的含义

幼儿园的音乐教育活动是指以儿童为主体，以适应儿童的音乐需要为客体，通过教师设计和组织的多种形式的音乐活动，使主体和客体相互作用，以培养和发展儿童的音乐能力，促进儿童身心全面发展的教育活动。

从幼儿园的音乐教育活动的含义可以看出，一方面，幼儿作为一个独立发展的个体，幼儿园的音乐活动必须充分尊重幼儿的主体性。因而在活动过程中，教师应引导幼儿主动、积极地感受和体验音乐，使其获得丰富的经验，享受音乐带来的快乐。当然，音乐也是个体发展的一种表现，每个幼儿对音乐的感受和理解是不一样的。在音乐活动中还应考虑幼儿的个体差异性，保证每个幼儿都能够作为一个主动的参与者进行音乐的感知、理解、再现、想象和创造，从而唤醒幼儿的主体意识，促进幼儿主体性的发展。另一方面，《幼儿园教育指导纲要（试行）》要求教师应成为幼儿学习活动的合作者、引导者，也就是说，在幼儿音乐教育活动中教师是连接活动主体和客体的纽带，教师是幼儿音乐活动的设计者和引导者。这就要求教师应善于综合利用幼儿园的各种活动和环节为幼儿创设有效的音乐教育环境，以关怀、接纳、尊重的态度与幼儿交往，耐心倾听、努力理解幼儿的想法和感受，把握时机，积极引导、支持、鼓励他们大胆探索与表达，努力使每一个幼儿都能获得满足和成功。

总之，幼儿园的音乐教育活动是以审美教育为核心的活动，培养幼儿的音乐审美感受能力、审美表现能力和审美创造能力，同时强调幼儿整体素质的培养。

2. 幼儿园音乐教育活动的类型

关于幼儿园音乐教育活动类型的划分，不同的研究者有着不同的分类描述。一般说来，可以将幼儿园的音乐教育活动分为专门的音乐教育活动和渗透性的音乐教育活动两大类。

（1）专门的音乐教育活动

所谓专门的音乐教育活动，是指由教师根据幼儿音乐教育的目标有目的、有计划地设计和组织的音乐教育活动。这类活动按音乐教育内容的不同，可以分为倾听声音及音乐欣赏活动、歌唱活动、韵律活动、节奏活动、音乐游戏活动等。这类活动由于是由教师专门设计和组织，因而能为幼儿提供比较系统的音乐教育，并能为幼儿提供机会，对他们在日常生活中获得的音乐知识和经验进行提炼和深化。此类活动可以是单独的一个音乐教育活动，也可以是围绕某一个主题而展开的系列音乐教育活动。如围绕音乐作品《数鸭子》展开的活动，既可以包含歌唱、韵律活动，又可以包含音乐欣赏和音乐游戏的内容。

（2）渗透性音乐教育活动

所谓渗透性音乐教育活动，是指各种应用了音乐又并非以音乐为主要教育内容的其他教育活动。也即除专门的音乐教育活动以外，随机、灵活地蕴涵、渗透在幼儿一日生活及其他教育活动之中的丰富而多彩的“隐性”教育活动。

渗透的音乐教育活动大致可分为以下几类：

一是日常生活中的音乐活动。在幼儿园，幼儿每天都要进餐、睡眠、盥洗、如厕、散步、早操……这可以说是幼儿必不可少的生活内容。在这些活动中，教师可以随机、灵活地安排与音乐相关的内容，如在早操中使用音乐伴奏，散步时唱歌，进餐及午睡前后播放背景音乐等。

二是其他领域活动中的音乐活动。学前教育机构的教育活动是以多种形式有目的、有计划地引导幼儿生动活泼地主动活动的教育过程。各领域的内容是相互影响、相互渗透的。在语言教育中，对幼儿进行节奏、重音、重复及音韵的教育，在发展幼儿口头表达能力的同时，很自然地将音乐的某些要素进行了融合；在美术、体育活动中，为了增强幼儿参与活动的兴趣及积极性，也会使用音乐参与教学。

三是游戏活动中的音乐活动。游戏是幼儿的基本活动，是幼儿园最主要的活动形式之一。幼儿园的游戏形式多样，在各类游戏中可以有机地渗透音乐教育内容，如角色游戏、表演游戏、体育游戏、玩沙、玩水等。因此，教师应为幼儿创设各种区域游戏环境，准备丰富的活动材料，使其在愉快的氛围中获得发展。

四是节日活动中的音乐活动。节日活动中的音乐活动是指为庆祝某一节日而组织的各类音乐表演或娱乐性活动。在幼儿园，这类活动很多，如庆祝六一儿童节等，幼儿通过进行音乐演出或联欢活动，体验音乐带来的快乐，从而增强对音乐的兴趣和爱好。

从以上分析可以看出，幼儿园专门的音乐教育活动比较侧重于音乐的掌握，渗透性音乐教育活动可以说比较侧重于音乐的应用，二者对幼儿的发展发挥着不同作用。但在现实教育实践中，专门的音乐教育活动在幼儿园一直普遍受到重视，而渗透性音乐教育活动由于其“隐性”原因而很容易被大家忽视。因此，教师必须转变观念，充分发挥渗透性音乐教育活动对幼儿的影响。

（二）家庭中的音乐教育

家庭是社会构成最基本的细胞，是组成社会的最基本单位。自降生起，家庭就是人类个体第一个归属群体。父母就是直接学习的对象，是孩子终生学习的老师。对于幼儿来说，家庭具有其他教育所无法代替的作用。音乐教育也同样如此，家庭为幼儿提供了最早的音乐教育环境，母亲就成了幼儿的第一任音乐教师，甚至这种音乐教育可以提前到胎教。因此，家庭音乐教育对幼儿的成长和发展起着启蒙、奠基的作用。

1. 家庭音乐教育的意义

①家庭音乐教育可以促进幼儿生理的健康发展。音乐教育在开发学龄前儿童大脑右半球能力的过程中，发挥着极其重要的作用。如果让幼儿在家庭中经常接触音乐，或者

带他们参与各种适宜的音乐活动，其大脑的右半球就会时时处于积极活动的状态，从而获得良好发展。

家庭音乐教育同时也可以被看作是学龄前儿童身心锻炼的一种健康方式。孩子们参与唱歌、跳舞、弹琴、音乐游戏等活动，能促进血液循环，提高心肺活量，使四肢得到匀称发育，这一切都直接有利于他们身体的健康发育。

②家庭音乐教育可以促进幼儿心理的健康发展。音乐是一门艺术，音乐的魅力在于审美。丰富多彩的音乐有助于幼儿抽象逻辑思维、记忆力、想象力、创造力的开发，它能直接作用于学龄前儿童的心理，影响他们的情感，可以激发他们对美的爱好和追求，对他们性格、情操及良好个性品质的形成产生积极的影响。

③家庭音乐教育是幼儿园音乐教育的基础和补充。家庭音乐教育是人生最早的启蒙教育，从胎儿期就已开始。幼儿的音乐教育远远早于幼儿园和社区的音乐教育，而且产生的影响也比幼儿园、社区更加持续、长久。另外，相对于幼儿园音乐教育来说，家庭音乐教育具有个性化的特点，更能体现一定的优势，它和幼儿的家庭生活紧密联系在一起，是一种长期教育和终身教育。

2. 家庭音乐教育的指导

①确立科学的儿童音乐教育观。对学龄前儿童实施的家庭音乐教育，家长的动机直接影响了幼儿学习的目的性和积极性。家庭音乐教育如果过于强烈地追求功利，必将适得其反。家长应该从素质教育的角度看待幼儿家庭音乐教育，从生理、智力、心理等多重角度考虑问题，注重孩子身心的全面发展，要尽量避免拔苗助长的不良后果，使家庭中的音乐教育成为孩子喜欢的快乐的活动。

②以热爱音乐为幼儿音乐教育的核心。幼儿音乐教育的首要任务就是培养孩子对音乐的兴趣，要让生活中充满音乐。因此，激发孩子对音乐的兴趣，逐步培养其对音乐的感情，是音乐教育的重要任务。在学龄前儿童家庭音乐教育中一定要多为孩子创设激发其音乐兴趣的音乐环境，家庭成员要喜爱音乐，并让幼儿在不知不觉中受到感染，让幼儿在童年阶段真正热爱上音乐。

③处理好技能传授与创造潜能开发的问题。有的家长对学龄前儿童家庭音乐教育的理解十分狭窄，认为学习音乐就是掌握某种音乐演奏技能，如弹钢琴、拉提琴、吹管笛等，这样的教育方式可以称之为本末倒置。幼儿学习某种音乐演奏技能是可以的，但同时还要挖掘幼儿情感和智力方面的创造潜能，这样才有利于幼儿身心的健康发展。如果学龄前儿童音乐教育长期置幼儿的潜能发展于不顾，把孩子封闭在狭窄的生活空间里或机械的演奏技能训练上，孩子没有自由的时间去进行其他创造性的活动，就会恐惧音乐学习，而且其童年、童真、童心也会随之丧失，这样不仅音乐没有学好，其创造潜能也得不到很好开发。

（三）社会的音乐教育

社会的音乐教育是指除了幼儿园和家庭以外的社会其他机构和场所提供的早期儿童音乐教育形式。它可以是由国家或社会团体举办的各种音乐培训班、儿童音乐表演团体、儿童音乐技能大赛等多种音乐教育形式，也可以是诸如广播、电视、电影等音乐节目及音乐会等所带来的一定的音乐教育形式。

社会音乐教育是幼儿园和家庭音乐教育的一种补充，内容灵活，形式多样，能大大丰富幼儿的音乐生活。在社会音乐教育环境中，幼儿可以亲临现场，有利于开阔音乐视野。每个幼儿都享有接触音乐、亲近音乐和了解音乐的机会和权利，不同的幼儿在音乐教育环境中的合作、交流等可以发展幼儿的社会交往能力。总之，社会音乐教育能达到家庭和幼儿园音乐教育所达不到的效果。

但同时我们也应看到，社会音乐教育的发展给幼儿的音乐成长带来了一些不利影响，特别是某些媒体传播不利于幼儿成长的生活态度和行为方式的音乐活动，将对幼儿产生消极的影响甚至伤害。因此，幼儿教育工作者及专业幼儿教师，应尽自己所能创造或扩大社会音乐对幼儿的积极影响。

二、幼儿音乐教育活动的组织

幼儿音乐教育活动的组织类型有：①管理型组织。管理型组织是指在音乐活动教育过程中，教师为保证活动顺利进行而对秩序进行有效管理，使幼儿遵守活动常规。这类管理可包括集体活动管理、小组活动管理和个别幼儿管理。一个好的音乐活动，管理性组织应尽量少用，管理性组织运用太多，说明存在班级常规建立得不到位、活动设计的问题很大、教师组织活动能力有限等较多问题。②指导性组织。指导性组织是指音乐教育活动过程中，教师提出活动要求、引导活动方向、分析操作材料、点拨操作过程、提供练习范式等行为。③诱导性组织。诱导性组织是指音乐教育活动过程中，教师用富有启发、诱导性的语言或行为，鼓励幼儿主动参与、积极思考、大胆表述、勇于探索和创造。教师主要的语言和行为方式包括鼓励和设疑。其中鼓励是教师用热情的态度、亲切的语言和行为排解幼儿的胆怯、畏难心理，以欣赏、赞美的态度对待幼儿的尝试和进步，与幼儿共享成功的喜悦。设疑是教师精心设计疑问，把适当的活动障碍摆在幼儿面前，点拨幼儿思路，诱发其好奇心，通过参与、操作、探索、创造解决问题。

三、幼儿音乐教育活动的指导

在幼儿音乐教育活动中首先要在活动层面体现音乐之美，提高幼儿的审美情趣。音乐教育是美育的重要途径之一，教师应以美的形式和方法，带领幼儿体验美的内容，收获美的感受，表达美的情感，赋予幼儿审美的态度、眼光和情怀。

其次，要建立合理的活动常规，带领幼儿玩音乐。集体教学中的玩如果没有规则，很可能成为杂乱无章的喧嚣，音乐活动更是如此。要玩起来，玩出效果，就要有一定的常规要求。规则的建立应完全为了保障“玩音乐”，而不是控制幼儿。

再次，要调动幼儿全员参与，关注个体差异。全体幼儿均有兴致参与活动是活动组织过程中重要的评价指标，而幼儿个体之间的兴趣与能力水平有着很大差异。怎样实现全员参与并照顾差异呢？活动中教师要告诉幼儿做得好不好不重要，做不做才是关键。鼓励幼儿参与活动，发现每个孩子的闪光点并加以鼓励，有区别地对待幼儿的能力水平。

此外，要注重幼儿的音乐体验，启发幼儿主动表现与创造。幼儿音乐教学活动组织管理中往往是放开则混乱，控制则呆板，其中的度不好把握。教师如果主导过多，幼儿的自主性则不够。因此应注重为幼儿提供亲身经历的音乐体验机会，引发幼儿主动地、创造性地表达与表现。

然后，要把握活动节奏，活动环节要步步深入。活动节奏是指活动过程中的轻重缓急，突破重点、难点的环节要做细做透，复习或唤醒、过渡环节不要拖沓，整个活动张弛有度，孩子始终保持饱满的情绪参与活动。

最后，要随时观察幼儿在活动中的表现，即兴调整预设计划。预设的活动计划对音乐活动的顺利进行有着很大的保障作用，但设计中未考虑到的因素和活动过程中出现的临时性问题，均需要现场灵活调整，或适时改变预设的活动计划。活动现场的灵活变通真正体现了教师的教学经验、组织水平和教育智慧。

四、幼儿音乐教育活动应该注意的问题

1. 幼儿音乐教育活动的反思

养成反思的习惯，教师在反思中实现专业成长。再周密的教育活动设计，通过活动实施的检验，也会从中发现有瑕疵和遗憾的地方，活动过后马上反思是现代教师专业化程度的一个标志。教师在每次音乐活动后都应根据幼儿参与活动的情况对活动过程进行细致回顾，对自身的教育行为进行分析思考，总结自己在组织教育活动中获得的体验有哪些。如在活动时哪些地方觉得不顺畅；哪些地方幼儿参与没兴趣、不适应；哪个环节需要简略；哪个环节需要翔实；哪个提问不准确；哪些材料没有充分利用等。然后把反思结果及时写成独立的反思笔记，或记载在活动设计中，用于调整、修订已有的活动设计。

2. 幼儿音乐教育活动的调整

调整原有活动设计是教师反思后的必然行为，否则反思就只是停留在头脑中或一闪而过，不能落实在行动中。教师为幼儿发展而设计的教育活动，应该体现为“设计—实施—调整—再实施……”的循环往复过程，逐步实现幼儿全员参与音乐教育活动，从中体验到快乐，得到最优发展。

第二节　幼儿园美术教育活动的途径及组织实施

幼儿美术活动是幼儿艺术活动中的一部分，是培养幼儿观察能力、思维能力、想象力、审美力以及创造性思维的重要手段。幼儿美术活动的有效实施，需要运用各种途径，灵活多样地组织各种教学并正确给予指导，才能实现。

一、幼儿园美术教育活动的途径

（一）集体美术教学活动

集体美术教学活动是一种幼儿园常见的教学方式，是教师有目的、有计划、有组织地对幼儿进行美术教育的一种活动形式，对培养幼儿有组织的行为、学会遵从集体规则和发展幼儿认知能力等起着良好作用。

集体美术教学活动可以在常规活动室进行，也可以在专业的美术室进行。通常有足够的建筑活动空间的幼儿园才可能设置美术室。幼儿园可根据幼儿的兴趣和活动需要把美术室设置成专门的绘画室，把它分割成印章区、国画区、水粉画区、版画区等；也可设置成专门的手工活动室，将手工室分割成泥塑区、折纸区、粘贴区、染纸区、剪纸区、玩具制作区；还可设置成综合美术室，再将其分割成欣赏区、意愿绘画区、意愿手工区等。根据幼儿不同年龄段和美术水平，由专业老师或带班老师配备相应的工具和材料、储藏柜和墙面，并由他们进行指导与管理。

集体美术教学活动可以在全班进行，也可以分成若干小组进行，幼儿园规程也明确提出，教育活动应灵活运用集体和个别活动的形式，为幼儿提供充分活动的机会，注重活动的过程，促进幼儿在不同水平上提高。

1. 在集体活动中贯穿分组教学

集体活动的优点是幼儿要学会倾听、并大胆表达自己的看法，要学会遵守活动规则，并学会自律，要集中学习某方面的知识技能，这对幼儿社会性的发展和知识的获得有帮助。集体活动的不足在于，同一时间内全班幼儿以同样速度学习相同内容，教师难以关注幼儿的个体差异，因为每个幼儿的发展水平是不一样的。而小组教育活动恰恰弥补了这一不足：小组活动能有效解决班级幼儿人数多这一难题，将一个班级的幼儿分为几个小组，开展不同内容的教学活动，活动结束后，各小组再交换，使教师能更好地关注每个幼儿。小组活动事实上就是小型化的集体活动。

2. 注重个体差异，选择不同内容进行教学

个体差异在任何教育活动中都存在，美术活动更不例外。小班孩子年龄小，自控能力差，美术水平不在同一条水平线上，有的孩子思维灵活，有的思维较呆板，作品创作也就千姿百态。在组织活动时作为教师要善于考虑到每个孩子的能力不同，选择不同的内容，确定不同的目标，给予正确的评价，促进幼儿整体水平的提高。可选择目标要求不同、同一主题的教学内容。如一组在画春天，其他两组分别进行与春天有关的粘贴装饰画和涂色添画活动。实际上，这两组是在为本组下次开展同一主题活动做准备，或是巩固练习上次活动中还没有掌握的内容；还可选择同一领域、不同主题的教学内容，以分别巩固掌握不同的技法技能；还可选择不同领域、不同主题的教学内容，侧重于指导某组幼儿掌握新的技法技能。如在“炎热的夏季”主题活动中，幼儿通过观察对人的服装发生了兴趣，于是可组织一次美术绘画活动——装饰美丽的衣服。在设计活动时，根据幼儿的能力差异，提供几种衣服款式：一种是只有简单的衣服轮廓，让幼儿大胆尝试画，满足孩子的创作欲望，使他们在绘画活动中插上想象的翅膀，将童心、童趣从笔尖

表露出来；另一种是画有花纹的衣服款式，让思维较差的幼儿去自由填色，完成自己心中的美好愿望，增强幼儿的自信。

3. 运用多样化教学方法、形式调动幼儿积极性进行教学

教师应当利用恰当机会组织幼儿观察欣赏，加深幼儿对活动中将要描述和制作的事物的印象，以丰富知识，提高幼儿对活动的认识和情感上的理解。针对能力强那组的幼儿，教师多采用启发、引导，吸引幼儿主动参与等方法，让幼儿在自己观察、发现后用语言讲述范例，师幼共同讨论绘画的步骤及方法；针对能力中等那组的幼儿，在采用以上方法的同时，老师示范讲解要多点，幼儿在跟老师练几次掌握技能后，进一步启发幼儿想象、自己动手；针对能力弱的那组幼儿，以调动幼儿美术活动兴趣为主，教师与幼儿同做、手把手教，指导幼儿反复练习，使他们逐步有所提高。如画“动物园”，对能力强的幼儿要求多画几种动物，并画出动物的不同姿态，对能力较差的幼儿只要求画最简单的动物。孩子都沉浸在自己的绘画创造中，将使幼儿的绘画才能都得到发展，每个幼儿绘画的自信心都得到提高。

同一主题的系列教学活动，如金色的秋天主题活动，可以分成泥工组、绘画组、剪纸粘贴组、涂色添画组、装饰画组等，用丰富的美术表现形式，围绕主题来开展小组活动。要确保小组活动时每个幼儿都能获得同等的学习机会。在这种活动中，主要是发挥幼儿互动的作用，每组幼儿推荐或指定能力强的幼儿担任组长，以强带弱，在互动中强项幼儿会主动或自然而然地帮助弱项幼儿，使弱项幼儿在其带动下逐渐提高技能。我们发现，有时幼儿代师而教，幼儿更乐于接受，同伴之间交流、帮助，教学效果会明显提高。

先集体后小组的教学活动。如佳作欣赏、想象画、命题画等教学中，针对幼儿发展水平的差异，准备深浅不一的问题与绘画材料，先集体欣赏、讨论，获得初步经验，然后对每组提出不同的活动要求，引导幼儿自己选择小组活动，教师巡回指导。如在组织幼儿剪贴“欢乐的鱼儿”时，如果用传统模式，幼儿就有可能简单地剪贴几条鱼粘贴在纸上，作品出现模式画倾向，内容贫乏。而能力差的幼儿更是不能顺利完成，造成情绪低落。为了让幼儿快乐地活动，在活动前通过图片、视频让他们观察各种各样的鱼的外形特征和生活习性，并创设多种供幼儿操作的环境材料（如大的鱼缸、海底世界等）。活动开始先组织幼儿集体讨论，鼓励幼儿大胆用自己的语言描绘鱼的特征，使幼儿把自己所获得的知识和经验传递给同伴，教师再加以提炼、总结。然后让幼儿自己选择活动区域，在和同伴一起剪贴过程中，幼儿之间也在不断地交流。这不仅丰富了幼儿的感性经验，同时也增强了幼儿的创造能力。

4. 合理分配教学时间

幼儿园集体美术教学活动有一定的时间规定，一般来说，小班以 15～20 分钟为宜，中班以 20～25 分钟为宜，大班以 30 分钟为宜。在具体活动中，教师也可根据幼儿的能力合理调整时间。如中班美术教学活动的安排可以这样进行：能力强组的幼儿，教师的引导、讲解时间占 5 分钟，幼儿的练习时间占 20 分钟；能力中组的幼儿，教师的引导、讲解时间占 7～9 分钟，幼儿的练习时间为 18～19 分钟；能力弱组的幼儿，教师示范讲解、手把手辅导的时间占 15～17 分钟，幼儿练习的时间为 10～18 分钟。但有些美术活

动的操作时间较长，教师可根据幼儿的兴趣和需要，适当延长活动时间。

如开展“装饰美丽的衣服”这一活动时，由于受时间限制，有的幼儿不能及时完成任务，更多的幼儿则有继续活动的愿望。如果马上结束这次活动，幼儿就会产生消极、被动、乏味的情绪，从而阻碍他们的思维和想象力的发展，扼杀他们潜在的创作意识。怎样处理幼儿行为与活动之间的矛盾呢？可以将活动延伸到区角活动内，结合这个主题活动，布置一个“小小服饰展”，让幼儿在情境创设中继续完成自己的创作。当幼儿看到自己的成果能展示在大家面前，得到大家的欣赏，其绘画兴趣和技能就会全面提升。

5. 充分准备范例、工具与材料

范例的欣赏能有效激发幼儿兴趣，起到直观性认识的作用，但在设计、安排中也要恰当。能力强组、中组的幼儿欣赏的范例应有丰富的色彩、生动的内容，画面上有色彩对比和大小对比；能力弱组的幼儿欣赏的范例内容较简单，以引起幼儿兴趣为主。

教师要将在活动中所用到的教具和幼儿进行活动时所需要的工具、材料充分准备好。

（二）区角美术活动

区角活动作为一种开放性的教育活动，备受孩子们的欢迎，是幼儿园美术教育活动的新形式，为幼儿的感知、操作、学习提供了更广阔的天地。在区角活动中，老师为幼儿提供了丰富的材料、合理的空间和充足的时间，营造出宽松和谐的氛围，为幼儿的主动学习和探索创造了条件。老师的作用是在观察、了解幼儿的基础上给予适时的帮助、鼓励与指导。这样孩子们就会学得轻松，没有任何压力，无论是能力强的还是能力弱的幼儿都表现出相当高的热情。孩子们通过这样的主动活动，获得了许多经验和知识。因此，我们应根据每个幼儿的兴趣、需要及水平，因材施教，让他们自主选择自己喜爱的美术活动内容和形式，大胆表达自己的情感和认识，更自由、更主动地学习与创作。

1. 材料的投放

活动区的教育价值主要体现在幼儿与材料之间的交互作用中，活动区材料的提供直接影响着幼儿的发展。但材料投放要适宜、多样。可以根据各班幼儿的年龄特点与已有的生活经验、活动兴趣与能力提供多种材料，教师、家长与幼儿一起准备足够的材料和创作工具，从专业作画工具油画棒、水粉颜料、毛笔、彩色笔、滚筒，到蛋壳、毛线、旧布、旧瓶、瓜子壳、树叶、胡萝卜、黄瓜等材料，只要幼儿需要，都可成为创作材料，以满足不同年龄层次孩子的需要。

2. 美术区角形式

根据幼儿美术内容，把区角美术活动进一步区分为作品欣赏、意愿绘画、意愿手工三种形式。

（1）作品欣赏

在作品欣赏区角中，可以提供美观、健康向上的成人美术作品、工艺美术品、少儿影视或出版物中形象美观和色彩艳丽的玩具、有感染力的雕塑作品、儿童美术作品等，让幼儿欣赏和感受其形式美和内容美，从而丰富幼儿的美感经验，培养其审美情感和评价能力。

（2）意愿绘画

在意愿绘画区中可以投放多种绘画工具和材料，尤其是集体美术活动接触比较少的，都可通过美术区角提供，如蜡笔、油画棒、水彩笔、彩色粉笔、水粉笔、毛笔、排笔、水粉颜料、各种色纸、辅助绘画工具（印章、牙刷、吸管、硬币、树叶、纸片、线绳、钢丝网等），让幼儿进行各种绘画活动，感受不同工具材料所带来的操作快乐和惊喜（如油画棒的油性，水粉颜料的水性，宣纸的渗透性等）。同时以游戏为基本活动形式，促进每个幼儿的个性发展。如“泡泡画”比赛、滚珠画比赛等活动，幼儿可以自由选择笔、纸等绘画工具材料，运用线条、形状、色彩、构图等艺术语言创造出可视的、有空间感的艺术形象，培养幼儿的审美创造能力。

（3）意愿手工

手工区中可以投放的材料也很丰富，有各种各样的点状材料、线状材料、面状材料、块状材料。区角手工活动主要是幼儿根据自己的兴趣，自由使用不同的手工工具和手工材料，运用粘贴、编织、撕、剪、折、塑、捏、刻、卷、插接、组合等手段技巧，制作平面、立体、半立体等形态的物体形象，培养幼儿的动手能力和审美创造能力。

美术活动往往是综合性的活动，手工、绘画、欣赏三者合一，或自由选择，更能锻炼幼儿的美术水平，允许幼儿自主选择自己偏爱的表现方法，使每个幼儿都能充分发挥自己的特长，体现自身的价值。例如，在“美丽的颜色”主题活动中，在班上的墙壁上贴一张白纸，绘画工具有粗棉棒、小毛笔、颜色盒，启发幼儿运用提供的绘画工具可在白纸上随意涂抹，从颜色的变化和自己的“创作”中感受到无限乐趣；在区域活动时，还可设立几个玩色区域，如纸放在颜色盒里染纸，晒干后可以折纸、粘贴、装饰，做成蝴蝶、衣服、帽子、裙子等送到娃娃家，而滚珠画、拉线画、吹颜色、印章画、手指点画、纸团印画都是可供幼儿选择的玩色活动，再结合手工、撕纸、折纸、粘贴等形式，在玩玩做做中，孩子更有兴趣了。有时，也提供剪刀、色纸来进行剪纸活动，还尝试泥塑，甚至利用各种废旧物品制作，这些都是孩子创作的源泉，能满足不同层面的幼儿需要，使美术区角具有挑战性。

（三）环境创设中的美术活动

环境是重要的教育资源，是教育中不可或缺的元素。在幼儿美术教育中，一个丰富的、富有美感的环境能给予幼儿启发，激发幼儿的想象力和创造欲望。幼儿园环境创设是幼儿美术活动与美好环境有机结合的日常美术活动，幼儿在参与环境布置的过程中体验到参与的快乐、美感和成就感，会加倍爱护和珍惜自己的作品，更有利于培养幼儿的主人公意识。在环境创设中，主要存在两种形式。

1. 主题环境创设中的美术活动

幼儿园教学活动大多以主题活动进行，结合不同阶段的主题活动，教师有目的地组织幼儿创作相应的美术作品进行环境装饰。包括主题墙饰的制作，活动区角、门厅和走廊的布置，户外环境的绿化等。在幼儿参与环境创设的美术活动中，教师要尽量避免“幼儿作品粗糙、幼稚、不精致、不美观”等字眼，以及认为幼儿参与环境创设是“帮倒忙”的想法，而应鼓励幼儿积极发挥自主性和创造性，美化自己的生活环境和游戏环境。

例如在大班开展“春天”的主题活动中，带着幼儿到公园、花市欣赏美丽的花朵，并用鲜花来装扮活动室。在美术活动中，选择美国现代画家欧基芙的作品让幼儿欣赏。欧基芙喜欢画放大了的花，他的画极具视觉冲击力，很适合幼儿欣赏。为了配合美术欣赏活动，可以特别设计一组墙饰。在活动室墙壁上，选用粉绿、橘红和黑色为背景色，制作有层次、不规则的墙饰衬底。粉绿在上，象征着勃勃生机；黑色在下，象征着黑土地。这样从上到下由浅变深，使墙饰显得美观庄重。在深色背景上，选择欧基芙的浅色系的画；在浅色背景上，选择深色背景的花卉照片，有意识地形成色彩对比，以凸显画面的整体美。同时，将仿真的马蹄莲、天堂鸟、红掌、百合与这些图片一起错落有致地布置在同一墙饰中，富有立体感的仿真花顿时让墙饰充满生气，大大丰富了幼儿的视觉感受，使幼儿在美的环境中迸发出创作热情。

在引导幼儿欣赏和理解欧基芙笔下的花时，让幼儿把自己想象成一只小蜜蜂，近距离地欣赏每一朵花，就像把每一朵花都放到放大镜下来观察。接着，鼓励幼儿学着欧基芙的手法写生仿真花。幼儿体验着画家的情怀，欣赏和临摹早已熟悉的马蹄莲、天堂鸟、百合花，就像在跟这些花朋友对话。幼儿画完后，将他们的作品与欧基芙的作品一起展示在走廊墙面上，让更多的人分享。这时选用蓝色作背景，以体现墙饰的整体性，使墙面美观而不凌乱。将幼儿的作品和画家的作品呈现在同一墙饰中，可以让幼儿感觉到自己是在和画家一起开画展，从而体验到成功的喜悦。当看到中班、小班的弟弟妹妹来到墙饰前指指点点，饶有兴趣地欣赏着作品时，大班幼儿无不感到快乐和自豪。

2. 节日环境创设中的美术活动

为庆祝节日的到来而进行的环境布置，是幼儿的美术能力和美术情趣得到充分展示和发展的极好机会。在节日环境创设中，幼儿在教师的引导下，积极思考，主动收集材料，自主创作演出的服装、道具，互相化妆做好演出准备；挂灯笼、剪窗花，装饰和美化班级的节日环境等。在整个节日前后，幼儿始终沉浸在欢乐之中，体验着自己的美术能力得到发挥的乐趣，使幼儿园的节日活动真正成为幼儿自己的活动，使幼儿园的环境真正成为幼儿自己的天地。

例如新年到了，如果想通过环境渲染喜庆、热闹的氛围，可以运用中国味很浓的材料、颜色和图案设计一面寓意平安吉祥的互动墙。用配有金色暗纹的中国红包装纸制作成中国古典建筑中的圆形拱门图样，四个角落用加厚的纸做成类似中式木雕的花纹，以增强立体感。这样，整个墙面充满了浓浓的中国情。在此基础上，配上中国传统的年画、蜡画、剪纸、蜡染作品等，通过这一组墙饰向幼儿传递人类的优秀文化，使幼儿感受祖国文化的丰富和美好，从而培养审美情感，提高审美能力。

此外，还可以提供色纸等材料，让幼儿制作成各种花瓶、罐子、水壶的剪影，把它们装饰在圆拱内。花瓶寓意平平安安，罐子寓意团团圆圆，水壶寓意红红火火。幼儿在动手制作的过程中，体会人们过新年时互相祝福的美好情感，有助于形成积极、乐观、热爱生活的态度。这样的环境为幼儿认识和理解传统文化、学习制作民间艺术品提供了机会。在这样的氛围下，还可以和幼儿一起制作如平安瓶、蓝花布伞、小扇子等物件，并展示在活动室中。

（四）渗透其他领域活动的美术活动

美术创造活动促进了幼儿情感、态度、认知、能力、知识、技能等各个方面的发展，因此在各种教育活动中教师们都会融入适当的美术活动。《幼儿园教育指导纲要（试行）》中明确提出了“各领域的内容相互渗透”的教育理论，要求从园所教学特色、教学实际出发，积极探索以健康、科学、社会、语言、数学、音乐等学科融入美术教学的多领域渗透的美术活动。

1. 美术活动与健康活动的渗透

首先，健康活动是幼儿生活的一部分，也是美术创作的源泉。在幼儿的绘画作品中，幼儿跑步、跳绳、滑滑梯、做操、拍皮球等健康活动情景无处不在，组成了一幅幅生动活泼的画面。引导幼儿用自己的绘画语言描绘出对健康活动的认识，表达出对健康活动的热爱。其次，美术活动丰富了幼儿健康活动的内容。如在手工活动中，幼儿运用折纸和制作技能，折叠和制作出的风车、飞机、哑铃等都可以用于幼儿游戏，幼儿利用这些作品玩耍、奔跑，不但进行了身体锻炼，同时也释放了快乐的情感。

2. 美术活动与科学活动的渗透

幼儿科学活动是一种对客观事物和现象的探索和认识活动，美术活动是一种对客观事物和现象的感知和表现活动。幼儿常常选择物体的固有色和简单形态描绘大自然的花草树木、身边的禽鸟鱼虫，用折、剪、粘、捏、编等手工技能制作科学游戏玩具。如在科学常识活动“汽车”中，幼儿在掌握了不同的汽车特征之后，于延伸活动中可以启发幼儿用纸盒制作汽车，折纸赛车、纸坦克等，既发挥了美工创造性，又巩固了科学知识。幼儿在美术创造活动中常常给人带来很多惊奇，如有的幼儿在绘画中居然表现出了杠杆原理，画出了水里的青蛙跳上跷跷板的一端就被送到了天空中热气球的吊篮里。其实，这是可爱的孩子在坐跷跷板的时候发现的，通过画面的创造，体现出了科学并富有创意的一面。

3. 美术活动与社会活动的渗透

幼儿画面中反映最多的是什么？是幼儿眼中的世界，是幼儿在生活中观察到的内容和体会到的真、善、美、假、恶、丑，绘画活动也是幼儿了解社会生活的一种表现方式。绘画通过幼儿对社会的观察反应，促使幼儿由个性人发展成为完整的社会人，从而培养了健康心理。例如一名幼儿画了一幅《警察与小偷》，画的内容是幼儿在超市中看到的一个场景：一个小偷把手伸进了顾客的衣袋中，在小偷的后面站着一名警察，警察的手已经抓住了小偷的衣领，周围站了很多围观的人。由于幼儿年龄小知识不全面，因而对一切事物都感到新奇，总是用一双好奇的眼睛去认识、观看世界，并且通过稚嫩的小手在画面中绘出自己对这个世界的看法，透出一种纤细的感情和创作愿望。因此，儿童画想象之丰富、构思之胆大、造型之朴拙是许多成人画家可遇而不可求的。

4. 美术活动与语言活动的渗透

瑞吉欧学前教育体系认为：美术是内在于儿童的一种语言，是儿童自我表达的一种工具。幼儿美术活动是幼儿的情感通过美术工具加以宣泄，而幼儿的语言活动是通过对事物的理解和内化后进行表达。一方面，幼儿常常借助优美且朗朗上口、符合幼儿年龄特点、深受幼儿喜爱的故事和儿歌的语言渗透，感受美的熏陶，产生丰富的联想和创作欲望。如幼儿在听了老师讲解的葫芦娃、喜羊羊等精彩故事后，就会用画笔和色彩描绘出故事的主要人物和富于情感的情节，既强化了幼儿对文学作品的理解，又丰富了美术表现的内容，提高了幼儿的美术创造能力。

另一方面，孩子们的世界到处都充满着色彩，他们爱画、爱玩、爱探索，平时在进行美术活动时，可以抓住幼儿这一特点，创造机会让幼儿对自己的作品运用恰当的语言进行讲述。如“为漂亮的小鸡化妆打扮”美术活动中，让幼儿把黄色的纸撕成雪花状，粘贴在已经画好的小鸡身上当羽毛，然后让幼儿用丰富的语言把画面内容表述出来。有的幼儿说：“小鸡，你真可爱！”有的说：“小鸡，咱们一起来跳舞吧！”“小鸡真漂亮，快快穿上花衣裳。”……幼儿在轻松愉快的审美活动中发展了口语表达能力。

5. 美术活动与数学活动的渗透

幼儿园的美术活动离不开数学，数学知识的丰富和数学概念的建立都是幼儿美育发展的基础，对美术教育起到一定的促进作用。在图形（包括平面图形和立体图形）的认识和数量的认识上，教师可以运用拼拼贴贴、剪纸、圆柱体造型、数字造型等手工活动，使幼儿加深对数学中图形和数量的认识和理解。例如，在计算活动认识时钟时，可以让幼儿在了解认识时钟的基础上自制时钟，教师适当引导，激发幼儿的兴趣，让幼儿在制作过程中巩固对时钟的认识。在绘画活动中，用美丽的色彩描画出圆形、正方形、长方形的饼干，用三角形、圆形组合成美丽的热带鱼等等，都会使幼儿慢慢发现，原来美术造型与数学中的几何形体密不可分。

6. 美术活动与音乐活动的渗透

美术与音乐都包含造型艺术、情感艺术，共同陶冶人们的情操，启发人们在生活中发现美、创造美。在幼儿美术活动中引入音乐、舞蹈元素，可以达到图音并茂、声色动态俱全的效果。如在大班美术活动“我喜欢的动物”中，为幼儿配备《狮王进行曲》的音乐视频后，在轻快活跃的旋律下，幼儿会情不自禁地模仿动物跳起舞来，对静止的画面产生动态感受，并沉浸在美妙的音乐故事与情感中。

美术活动是幼儿喜爱的活动，他们能够乐于参与并在活动中创造快乐。因此，我们要为孩子提供有利的条件，让美术活动渗透到各个领域，充分激发他们表现美、创造美的情趣，发挥孩子的创造能力，促进每个孩子富有个性地发展。

（五）亲子美术活动

亲子美术活动是指家长根据幼儿园美术教育的要求或根据家庭中美术活动需要，亲自参与幼儿美术活动并对幼儿的美术活动给予必要的指导与帮助。它是幼儿美术活动的形式之一，备受幼儿与家长的关注和喜爱。《纲要》指出：“家庭是幼儿园重要的合作伙伴，本着尊重、平等、合作的原则，争取家长的理解、支持和积极参与。”幼儿美术教育应充分利用家庭的教育资源，开展形式多样的亲子美术活动，实现家园共育的目的，增进家长和孩子之间的情感交流，以促进幼儿身心的健康成长。

1. 通过课堂家教引导家长走进幼儿美术世界

通过家长会、专题讲座、宣传橱窗、咨询活动等，向幼儿家长宣传幼儿美术教育的目标及指导思想，帮助家长走出误区，即家长中普遍存在幼儿美术教育无用论，帮助家长了解各年龄阶段幼儿美术活动的特点，学习和掌握一些幼儿美术活动的引导方法和创造技能，逐渐走进幼儿的美术世界。如在亲子美术活动“美丽的花瓶”一课的学习中，当欣赏到老师制作的一幅幅花瓶作品时，孩子们不禁发出一阵阵惊叹声。这些美丽的花瓶是怎么做出来的呢？孩子们积极开动脑筋，参与讨论：刮蜡画、盖印、擦画、撕拼折剪贴、蜡笔画、线描画……我们的小手真灵巧，快点让我们来试一试吧！听老师讲解完后，爸爸妈妈和孩子们一起投入制作活动中，开动脑筋，一起创作出心中最美的那个花瓶、那一束绚烂的鲜花。

2. 开展双休日亲子美术活动，引导家长走进幼儿内心世界

家长是幼儿的第一任老师，家长和幼儿园达成共识，才能正常有序地开展双休日亲子美术活动。活动前教师可与家长共同策划活动方案，请家长与幼儿一起准备活动材料，帮助幼儿按照活动前的观察欣赏要求在活动中引导家长、幼儿运用所提供的材料积极互动，让家长亲眼看到幼儿是怎样通过美术手段反映他们的兴趣和努力、认识和情感、想象和创造的，充分感受幼儿内心活动所特有的方式，真正走进幼儿五彩缤纷的内心世界。通过亲子间的游戏和互动，有效地融合亲子间的关系，通过体验活动及对儿童艺术作品的解读，帮助父母了解到，在日常的儿童美术创作过程中，父母亲应充分做好“搬运工”“玩伴”“引导者”和“欣赏者”的角色，为儿童在进行美术活动时创设好多元环境、丰富的材料，以欣赏的态度倾听儿童对作品的解读，从而建立正确的艺术教育观和儿童发展观。

3. 开展亲子创意活动，鼓励家长参与幼儿美术活动

园内定期开展“亲子”创意美术活动，按年龄段分，由各年龄段确定题目，让孩子和家长共同完成一件作品，制作材料、制作方式自由选择与发挥。作品完成后，放置于教室或走廊进行展示。选取部分较有特色的作品，请家长和孩子讲讲制作过程、设计意图等，从中幼儿能领略到独具特色的创作方法，巧妙的构思技巧，从而增长见识。园内的家长生活背景、文化层次各具特色，对艺术创作也有自己独特的见解。通过“同物异创”的方式进行美术创作，设计的作品具有独创性和新颖性，这种方式能帮助孩子克服思维的定向性。如中班的主题活动“桥这一家子”中，请幼儿与家长一同制作“桥”。作品完成后，展示给孩子，从中他们观察到形态各异的桥，独特的造型和巧妙的构思，都能让孩子啧啧称奇。孩子通过“收集材料→制作→展示→交流经验”，可提高动手操作能力，发展创新意识和创造能力，以及对周边环境的审美评价能力。

在创意美术活动中，要积极争取家长的理解、支持，鼓励家长参与幼儿园的美术创意活动。农村有许多家长是民间艺人，剪纸、捏面人、剪贴、刺绣等应有尽有，他们身怀绝技，散发着艺术感染力，其作品具有浓郁的乡土特色。城里的家长见多识广，有设计创意，能运用现代装饰材料或废旧物品制作一件件美观、特色鲜明的美术作品。请制作工艺品的家长给幼儿讲解他们制作的方式、工艺品的种类；把在农村中擅长草编的、捏面人的、制作农具的家长请进园，为孩子做现场展示和指导。在直观演示中，激发幼儿的创作热情。在家长共同参与孩子的美术活动中，激发孩子美术创作的欲望。例如，某幼儿园大二班一幼儿的爷爷有一手捏面人的绝活，幼儿园请他给孩子讲解捏面人艺术，孩子们非常感兴趣，争先恐后地问这问那。一次别开生面的艺术活动，对孩子来说具有很大的吸引力。孩子们在爷爷的指导下，捏出了许多身边熟悉的人、物，作品生动形象，在教室、走廊的角落都能看到孩子们栩栩如生的作品。在活动中，孩子收获的不仅是成功的喜悦，更有颗热爱生活的童心。

4. 举办幼儿家庭美术展，丰富幼儿的美术活动形式

鼓励家长在家庭中为幼儿创设一个良好的创作环境。如在布置幼儿卧室、书房时考虑幼儿的年龄特点和实际空间需要，选择造型美观、色彩鲜明和谐的家具用品；根据幼儿的兴趣，选择性地在书房里设置“画区”“手工区”“欣赏区”等。时机成熟时，为幼儿举办家庭美术展，邀请亲朋好友及小朋友前来观赏，并请幼儿进行解说，以提高幼儿的审美表现能力和审美评价能力。

二、幼儿园美术教育活动的组织

（一）美术教育活动的准备

幼儿美术教育活动需要做好两方面的准备：一是针对幼儿的准备，包括幼儿生活经验的积累和知识、技能上的准备；二是教师的准备，确定好教学目标、内容、操作程序和工具材料。

1. 幼儿生活经验的积累

有针对性的生活经验的准备有利于幼儿加深已有的视觉印象与情绪、情感的体验。例如，美术活动“水乡古桥”中，幼儿有“桥”的概念，但对于古桥不一定都很熟悉，因此，教师可以考虑在活动前，组织幼儿进行一些讨论与交流。在活动前，可事先让幼儿收集一些水乡古桥的资料和图片等，再将幼儿收集的资料展示在 KT 板上。直观形象地帮助幼儿整埋相关的经验，组织幼儿进行实地参观活动，进一步加深幼儿的体验，这些都将有利于幼儿在美术活动中顺利创作。

2. 幼儿知识和技能上的准备

在美术活动实施之前，教师要了解幼儿已有的美术技能技巧、相关内容的认知情况等，如正确地使用剪刀、理解各类符号等，以确定要教什么，能表现什么，这是设计幼儿美术表现题材的一个前提条件。例如“蚂蚁”主题的绘画活动，首先让幼儿利用各种方法收集有关蚂蚁的资料，各种剪贴、下载图片、连环画等蚂蚁资料都集中到了一起，可引起幼儿对“蚂蚁”的兴趣。幼儿一有空，便互相借阅、讨论。随后在有了理性认识的基础上，把他们带到教室旁的花坛边，让幼儿对蚂蚁有一个感性认识。接着编一个蚂蚁王国的故事，形象、具体地介绍蚂蚁的形态、习性，并让他们讨论对蚂蚁的认识，说说看到的蚂蚁活动情况，最后才指导他们绘画、创作。实践表明，如果没有课前知识点的认知和素材积累，是不可能产生令人满意的作品的。

3. 教学目标的准备

确定教学目标时应根据幼儿生理、心理发展的规律，在客观判断幼儿现有水平的基础上，确定幼儿下一阶段经过努力可能达到的目标，只有这样，才能做到适度。虽然在有限范围内幼儿的思维具有一定的逻辑性，但由于受到直觉的限制，幼儿时期形成的概念还不是真正意义上的概念。所以，在确定美术教学目标时，必须避免两种提法：一是把画出某一具体图像当作目标，二是把认识近大远小、重叠、渐变等抽象概念当作目标。

4. 内容选择及操作程序的准备

幼儿学习技能的内驱力来自他们在内容的吸引下产生的强烈自我表现愿望。所以，

教师应选择那些有足够吸引力的内容，并进行艺术加工，认真研究内容与技能的内在联系，把技能表现自然地融入内容之中。如小班的幼儿，在幼儿园、家里最喜欢也经常吃饼干，老师就让小朋友从家里带来了各种口味和形状的饼干，召开一次饼干品尝会，请幼儿集体进行观察、品尝。于是，围绕这一有趣的饼干品尝会，确定了学画饼干的活动内容，运用海绵拓印和添画点、线的方法和技能，让小班幼儿达到了点线练习的目的，这就很自然地成了孩子们的主观愿望和需要。但在活动之前，教师必须精心设计好活动的创作程序，明确先做什么，后做什么，有计划有步骤地进行。

5. 工具、材料的准备

美术活动的特点是工具材料种类繁多，广阔的大自然和幼儿所处的生活环境就是材料的来源地。为确保幼儿安全，必须注意材料和工具的选择与运用，确保剪刀、刀具、棒等的安全使用。在美术工具、材料的准备上，教师可根据兴趣、能力等因素有所侧重，但在选用工具、材料时必须注重幼儿的年龄特点，为每一次美术活动选择最适合的材料进行表现。还可体现资源再利用的环保理念，如收集一些饮料瓶、塑料盆、旧包包、不穿的衣裤鞋子等生活中的材料来丰富美术活动，让幼儿积极主动地去创作。

6. 引发创作情感的准备

教师要为幼儿创设宽松的美术创作环境，帮助幼儿建立对美术活动的积极情绪、情感体验，提供充分、自由的表现机会，如开展丰富多彩的游戏活动（利用“吹泡泡”游戏激发幼儿画圆圈）；正确的引导、评价方法及对幼儿的尊重，能使幼儿的积极情感得到强化；教师积极的情感态度和循循善诱的语言，都能创设良好和谐的活动环境。

（二）美术教育活动的过程及其程序

幼儿的美术学习应是一个初步感受和发现环境、生活和艺术中的美的过程，用纸、笔以及身边容易找到的各种材料，以自己喜欢的多种方式进行绘画、手工等活动，学习使用各种工具，体验不同材料的特性和效果，大胆地表现自己的所见所闻、所感所想的过程。一个完整的美术教育活动一般包括感知与体验、探索与发现、创作与表现、欣赏与评议等几个基本环节。

1. 感知与体验环节

这是教师引导幼儿感受、欣赏自然和社会生活中美的事物和艺术作品，获得内在体验，吸收和拓展相关经验，积累视觉语言和符号素材的过程。在这一环节中，教师要重点指导幼儿仔细观察，促使他们对即将表现的事物有更深的体验和更多的经验，并逐步积累生活和艺术中的视觉语言、符号素材，进而在操作中运用这些素材进行创作。

在这一环节中，感受和欣赏的对象可以是适合幼儿欣赏的大师作品、原始艺术，想象力丰富的民间艺术、现代工艺或童趣十足的优秀儿童美术作品等，有时也可以是相应的音乐作品、文学作品或图画书等，还可以是幼儿对日常事物的观察和感受，或对已有经验的回忆和体验。如在要求幼儿描述身边的事物时，教师可以引导幼儿通过看、听、摸、玩等多种方式，对即将表现的事物进行观察和感受，从中进一步熟悉和把握日常生活中本已习以为常的事物的形态，发现蕴含其中的美的形式。又如，在要求幼儿描绘生活场景或人物活动时，教师可以引导幼儿回顾自己的相关经验，帮助幼儿加深对相应的生活场景或人物情绪情感的体验，以便表达自己印象深刻的内容。此外，带领幼儿感受和欣赏大自然的多姿多彩，参观博物馆、观看各种艺术展览等，也是适合幼儿的感受和欣赏方式。

2. 探索与发现环节

这是幼儿对各种工具材料的特性和某些操作方法与技能进行探究和尝试的过程。这一环节一般应以幼儿自主探究基础上的自我发现为主，教师可以给予一定的提示，最后进行必要的总结、提升和推动。探索与发现的前提是要让幼儿有机会接触与使用相关的操作材料，使幼儿发现和了解有关工具材料的特性和一定的操作技法。此时，教师应尽可能避免直接使用“示范”“讲解”或“演示”等方法，先给幼儿一个自主探究的时间和空间，以保护幼儿探索与发现的积极性。当然，某些比较特殊或复杂的技法靠幼儿自己探索会有一定的困难，教师可以直接采取演示的方法，以帮助幼儿较快地掌握操作方法，使他们可以有重点地从操作过程和作品创作中获得成就感和乐趣，提高活动效率。

3. 创作与表现环节

这是幼儿在已具有一定的内在感受和体验，对工具材料的特性和相关操作方法与技能有所探究与发现的基础上，大胆表达自己的经验、想法或情绪情感的过程。幼儿创作和表现的内容可以是生活中的事物、经验和场景的记载，可以是自己想象和幻想的显现，可以是情绪情感的表达，可以是改编或创编故事的记录，有时也可以是对大师作品的借鉴甚至临摹。在这一环节中，教师应为幼儿创设一个宽松自由的创作氛围，鼓励幼儿大胆想象和采用与众不同的表现方式，在积极的情绪状态中运用自己喜欢的方式进行个性化表达。

4. 欣赏与评议环节

这是教师引导幼儿对自己和同伴的作品展开欣赏和评价的过程。教师应为幼儿创设展示自己作品的条件，引导幼儿大胆表达自己的想法，相互交流、欣赏，共同提高。在这一环节中，教师可采取幼儿自述、同伴分享、教师引导等相结合的方式。幼儿自述可梳理自己的创作过程和想法，培养初步的反思能力；同伴分享可以让幼儿学会关注他人、尊重他人、欣赏他人。教师引导时应承认和关注幼儿在经验、能力、兴趣等方面的个体差异，以鼓励幼儿的独特性和发现幼儿的进步为主。

在实际的美术教育活动中，以上四个环节有时环环相扣，有时互相交叉、渗透。如感知与体验活动一般可以作为创作与表现活动的先导，有时也可作为后续或与创作活动密切结合的内容，渗透在相应的操作活动中。探索与发现活动有时可以是专门的环节，有时则需要渗透和融合在欣赏或创作过程中。如欣赏《星月夜》时感受和发现凡·高那短促有力的笔触的独特效果；欣赏莫奈的《睡莲》时发现因颜料堆积而形成的笔触，并探索和尝试这种独特的池水和睡莲的画法等。在操作活动后，幼儿表述和解释自己作品的创作意图，同伴互相观看和交流，也是一种必要的欣赏和感受活动。也可以根据幼儿的兴趣和绘画基础灵活设计组织美术活动的各个环节，使活动程序更加多样化。

下面以小班美术活动“各种各样的小草”为例，来进一步说明组织实施幼儿园美术活动的四个基本环节。

案例

各种各样的小草

• 感知与体验环节

教师首先和幼儿一起到幼儿园的草坪上游戏。幼儿在草坪上自由地奔跑、跳跃等，教师引导他们在草地上走一走、爬一爬、看一看、摸一摸、闻一闻，并互相交流自己看到的小草的样子。在认真观察与充分感知的基础上，孩子们一人拿一块小画板，画下了自己看到的小草。回到活动室后，教师和孩子们进行了讨论：

师：每个小朋友找到的小草都不一样，请你说说你的小草是什么样的。

(教师请幼儿拿着自己的画到前面来说，并向大家展示。)

幼 1：这个是横横的，这个是竖竖的，还有这个是椭圆形的。

幼 2：这个像船，还有这边是拐弯的。

幼 3：这个像水，像波浪荡来荡去。

幼 4：这个像苹果，这个像小圆圈，这个像“1”。

幼 5：这个像小花，这个像锯齿。

师：(出示自己画的小草) 你们说得真好，都画出了自己看到的小草样子。现在来看看老师找到的小草吧！

幼：像花、像蝴蝶、像面条、像吸管。

师：说得真好！你们还记得前几天学的《小草报春》的歌曲吗？我们一起来用好听的声音唱一遍。

(配班教师用钢琴伴奏，孩子们坐在座位上唱《小草报春》：“是谁从泥土里钻出来，是我是我，我是小草呀！我从泥土里钻出来，告诉你告诉他，春天来到了！”)

师：现在老师要变魔术，把你们变成小草，你们也从泥土里钻出来吧！(教师摸摸每个孩子的头，孩子们便蹲下变成小草。)

(配班教师用钢琴伴奏，执教教师和孩子们边唱边做小草从泥土里钻出来慢慢生长的动作，孩子们非常高兴。)

• 探索与发现环节

师：(出示黑板上大幅棕色长条卡纸) 这里有一片泥土，小草们还没有钻出来呢，你们能不能帮帮它们呀？

幼：能！

师：老师请来了颜料宝宝，它们有的是深绿色，有的是浅绿色。老师还请来了棉签宝宝，让我们帮小草宝宝钻出来吧！谁来？

(幼儿积极举手，都愿意上来尝试。教师指定三个幼儿分别到黑板上画小草宝宝。每个幼儿尝试后，教师都和幼儿讨论他是用什么方法让小草钻出来的，用的是哪一种颜色，并引导其他幼儿观察这三个幼儿画好后，把棉签放回哪一个颜料盒了。)

师（小结表现方法和棉签、水粉的使用常规）：有的小朋友拿起棉签让小草从下往上长，长得长长的；有的小朋友从上往下画，小草弯弯的；有的小朋友画的小草的叶子是圆圆的；有的小朋友画的小草的叶子是有锯齿的……在绘画时，我们要把深绿色的棉签宝宝送回深绿色颜料的家，把浅绿色的棉签宝宝送回浅绿色颜料的家，这样才不会把两种颜料混在一起。不然，我们就分不清楚了。

• 创作与表现环节

师：（教师在活动室后面的桌子上张贴一排棕色卡纸）后面还有一大片泥土没有小草呢，你们去帮帮它们好不好？（出示幼儿在以往活动中搓好的各种颜色的小皱纸团）老师还请来了小花，到时候我们让小草和小花互相做朋友吧。

（幼儿自由组合，在轻柔的音乐声中一边画一边小声交流："我的小草像蛇一样"，"我的小草都是圆圆的"，"我的是竖波浪线"等等。他们画出了长条形、波浪形、圆形、椭圆形、锯齿状等各种小草。）

师：（巡回观察、参与讨论，并经常鼓励幼儿）你的小草真好看！

师：（看到孩子们快画完了）如果你的小草都长出来了，就可以种小花了。

（孩子们把"小花"粘在小草上，一片片漂亮的花草地出现了。）

幼：我的小花也长出来了。

• 欣赏与评议环节

师：现在这里不是泥土地了，已变成了草地和花园，是谁把它们变成这样的？

幼：是我们！

师：我们一起来看看小草宝宝和花朋友吧，你们喜欢它们吗？

（引导幼儿互相交流自己画的小草和现在的心情。）

师：你们想不想也变成小草呢？

幼：想！

师：那我们再来唱一次《小草报春》吧！（孩子们满怀喜悦地看着自己的作品，边唱歌边做小草从泥土里长出来的动作。）

以上案例比较典型地体现了幼儿园美术教育活动中的四个基本环节。在每一个环节中，幼儿的活动又有一定的空间和自由度，体现了幼儿的自主体验、探索、表现与教师引导的适当结合。孩子们通过活动，不仅能够表现丰富多样又各具特点的小草，更对小草有了从认知到情感的多方位的体验和了解。

（三）美术活动的延伸

美术活动的延伸是指围绕集体美术教育活动的主题、目标，在集体活动后进行相关内容、形式的扩展或向其他领域渗透。

（1）给予幼儿继续操作的时间

对没有按时完成活动内容的幼儿或余兴未了的幼儿，不能强行终止他们的操作，要视具体情况给予他们继续操作的时间，以保护幼儿表现和创作的积极性。

（2）将美术活动渗透到各科教学活动之中

在体育活动"开飞机"中需要人手一架纸飞机，教师就利用课前时间每人折一架简单的飞机，再进行游戏，让幼儿的作品变成一些用具。在计算机活动中，教师有意识地增加一些涂色、剪、贴、折内容，让幼儿在做做玩玩中学习知识，这样既发展了幼儿的智力，又发展了幼儿的动手能力。

(3) 在游戏活动中延伸

有意识地安排专门的交流时间，让幼儿把自己的画编成故事讲给同伴听；把手工作品当作玩具进行游戏，如利用折纸青蛙进行弹跳比赛，用折纸飞机比赛“谁飞得最远”。

(4) 创设美术活动区

在美工角、绘画区里，为幼儿提供丰富的手工制作材料（泥土、纸盒、瓶子等）或绘画材料（各类彩笔、纸张、辅助工具），让幼儿通过动手操作来反映主题；在角色游戏中为幼儿提供练习和巩固技能的机会，如在照相馆里为同伴画像，在点心店用橡皮泥制作各种精美的点心等。

(5) 与亲子活动有机结合

开展亲子绘画和手工活动，展示亲子美术作品，吸引家长对幼儿美术活动的关注和支持。增进家长和孩子之间的情感交流，以促进幼儿身心的健康成长。

(6) 开展幼儿美术作品展览及环境创设

把在集体美术教育活动中创设的幼儿作品在展览区中集中展示，激发幼儿的成就感和自信心；同时，引导幼儿运用自己所掌握的绘画、手工技能和创意直接参与班级环境布置、主题墙饰的布置、节日装饰等，以提高幼儿的美术综合能力。

三、幼儿园美术教育活动的指导

《幼儿园教育指导纲要（试行）》指出：幼儿美术教育的目标是满足幼儿身心发展的需要，提高幼儿的审美修养和创造美的能力，运用喜欢的工具、方式大胆地表现自己的情感和体验，促进幼儿健全人格的形成与个性发展。这就要求幼儿教师在进行美术教育活动的时候，应根据美术教育活动的形式和目标给予适时、适当的指导。幼儿美术教育活动的形式主要有命题美术活动和意愿美术活动两种。

（一）命题美术活动指导

命题美术活动是指教师设计和提出美术活动的主题和要求，幼儿按照教师的设计要求完成美术活动。命题美术活动的主要作用在于帮助幼儿学习美术中的构图、造型、色彩、制作等知识与技能。

1. 恰当的命题是指导命题美术活动的关键

只有符合幼儿生活经验的、幼儿喜爱和感兴趣的、有利于启发和表现的美术活动命题，才会受到幼儿的欢迎，才会有利于提高幼儿的审美表现力。恰当的命题具有启发性和联想性，是调动幼儿的积极性、主动性、创造性的因素之一，它能拓宽幼儿的思维，激发幼儿的想象力。如按季节设计的命题有“春天的色彩”“大树的衣服”“冬天干什么”；按环境设计的命题有“热闹的街区”“哭泣的地球”；按情节命题“摇呀摇”；按游戏命题，如“我为大树穿花衣”“给兔宝宝建房子”等。这些命题都能反映幼儿的生活、童趣、情感和想象。

又如，为让幼儿认识和表现人的五官，特按趣味性设计了“变形的脸”为题目，孩子们觉得“变形”很有趣，马上想到了自己熟悉的生活中、动画里、自然界各种有趣的脸和形象，立即对脸庞、眼睛、鼻子、耳朵、嘴巴、头发进行了夸张、变形、联想，变成了正方形、月牙形、五角形、水滴状、花瓣状、波浪线和各种水果的形状等，既加深了对五官的认识，又获得了丰富的审美体验。

2. 引导幼儿围绕主题进行创意构思

幼儿的美术作品通常都会表现得大胆、夸张，想象力非常丰富，这正是幼儿的特点。在命题美术活动中，教师应善于抓住幼儿富有童真的想象力和无穷的创造力特征，引导幼儿围绕主题进行大胆构思。教师要始终做好引导者、启发者、合作者的角色，运用启发式的语言进行提问和指导，并渗透其他学科领域的知识、范例来丰富幼儿的思维，创设宽松的心理环境。引导幼儿了解所表现物体的结构以及物体之间的联系和空间关系，了解画面的整体色调和各物体色彩的关系。如在“美丽的春天”的描绘中，通过“春天来了，冷吗？小朋友都会穿什么衣服，有哪些色彩呢”“你在春天里最喜欢玩什么游戏”“你会在哪里玩？什么物体最美”“都是什么颜色”“你想把美丽的春天画下来吗”“你怎样安排春天里的花草树木、蓝天白云、小朋友的活动形象”等问题来设置情境，层层递进地引导幼儿自由构思与创造。

3. 调动多种感官协同活动，提高观察能力

美术的一切活动都是以观察为基础的。幼儿是敏感的，他们的语言表达能力不是很顺畅，但他们能和周围的形象进行交流，通过各种感觉器官进行审美情感的体验，从而理解事物的情感表现，更进一步提高审美愉悦感。教师要教给幼儿观察欣赏的方法，以形象、简练、明确的语言，引导幼儿抓住物体的主要特征进行观察欣赏。

如在引导孩子观察自己的亲人的时候，我们首先调动视觉观察、对比，让他们知道人都有五官，而不同之处正是五官是各不相同的。于是通过摸一摸、闻一闻、听一听、演一演等方式加深对观察对象的体验，发现自己亲人的特点，为幼儿的美术活动积累丰富的感官经验。

4. 提供范例引导幼儿适当模仿，掌握表现物体的基本方法

合理选用范例是引导幼儿更好地学习绘画技能的基础。因为幼儿处于不断学习之中，他们的绘画技能是不成熟的，在美术活动中会遇到许多问题，如表现方法、色彩搭配、造型组合、空间结构处理等都需要教师的适当示范。

①当教师选择使用范例指导时，应该事先考虑好范例的合理性。如范例应该体现学习、欣赏的价值，范例的表现方法要适合幼儿学习，范例也应该是多样化的，有形象、有声音、有动作，能充分启发幼儿拓宽创造思路，帮助幼儿解决美术活动中碰到的问题。因此，在美术教育活动中，模仿也是一种手段，但必须以培养幼儿创造力为主。

②允许幼儿不完全依照范例和教师的示范要求来创作。可以在物体的形状、大小、数量及位置上做些改变，进行既大胆又相关的美术创造活动。如在画热带鱼时，教师引导幼儿在范例的基础上添画不同的花纹，改变色彩、形状，添加水草、水泡以丰富画面。这些与教师示范作品的差异有助于幼儿兴趣的激发和维持。

③灵活适当地安排示范。教师在示范中应根据幼儿实际需要而定，如选择完整示范

还是局部示范，什么时候示范。一般以局部示范为主，重点帮助幼儿解决美术表现中遇到的重点和难点问题，也为幼儿留有合适的表现和创造的空间。同时，示范还应适时，有时在观察欣赏、讨论范例中已解决了问题，就无需示范；有时一开始进行演示，以营造活动气氛；有时在幼儿美术操作时遇到了困难，教师再做部分示范。

④示范与语言相结合。边示范边讲解使示范更加清晰、明了，有时可以边朗诵儿歌边进行示范，使示范富有情趣，便于幼儿操作学习。例如小班画鱼，一边示范鱼的结构形态，一边念儿歌："一把大刀水中漂，两根弧线头上绕。三座小山刀边挂，排排波浪齐美化。"儿歌念完了，鱼就画出来了。

5. 帮助幼儿了解和掌握更多的绘画工具

采用多种美术工具和材料进行互动，可以激发幼儿美术活动的兴趣，丰富幼儿美术表现的方法，提高幼儿的创造能力。如为了帮助小班幼儿了解各种色彩的名称和性能，可设计"神秘的脚印"为美术活动的命题，选择印章画的表现方法，为幼儿准备水粉笔、水粉颜料、笔帽、瓶盖、树叶、积木、纸团、布块、藕节、硬币、丝瓜瓤等不同工具材料，并提供服装、鞋帽、器皿、床上用品、桌布、窗帘等不同物体的纸形，让幼儿自由选择和感受不同工具材料所带来的操作乐趣。同时，教师引导幼儿选择自己最擅长把握的工具材料进行进一步的创作练习，以此提高绘画表现能力。

（二）意愿美术活动指导

意愿美术活动是指幼儿根据自己的生活经验，由自己独立确定美术活动的主题和表现的内容，运用所掌握的美术知识与技能，自由表达自己对事物的认识、情感和愿望的一种美术活动。意愿美术活动的主要作用在于引导幼儿充分运用美术工具和材料，表述自己的想象和愿望。意愿美术活动不等于让幼儿任意乱画和制作，无论是意愿绘画还是意愿手工，都需要教师引导幼儿预先作一些思考和构思，形成一定的意向再动手操作。那么，教师如何进行指导呢？

1. 通过各种形式的活动帮助幼儿积累图示

通过日常生活、周围环境、美术教育活动中美的观察欣赏、主题活动及其他领域教育活动中事物的理解和讲述，游戏活动中对材料和玩具的操作运用等多种形式，帮助幼儿感知物体的形状、结构、色彩，了解物体之间的空间和构图关系，积累丰富的图式，形成表象，在意愿美术活动中激活这些元素，并对它们进行迁移，创造出新的美术形象。如中班幼儿在进行了语言教学活动"喜羊羊运动会"和"吹泡泡"游戏后，可组织幼儿在绘画区角进行意愿美术活动。幼儿根据以前所积累的知识技巧及丰富的图式，形成自己特有的形象创造：有的用吸管在纸上吹出了泡泡画，有的画了喜羊羊在吹泡泡，有的画了许多羊追泡泡。

2. 营造宽松的意愿创作环境

宽松的创作环境有助于幼儿主动激活和恢复记忆图式，激发创造的动机与热情，这是幼儿意愿美术活动的最基本要素。教师要求不能过细，时间要充沛，并引导幼儿在游戏中进行，赋予幼儿游戏中的角色，指导幼儿轻松快乐地边玩边做，为幼儿营造宽松的创作环境。如在"给兔宝宝建房子"创意美术中，教师可以这样引导："你们喜欢小白兔吗？可爱的小白兔迷失了路找不到家了，她急得哭起来了，呜呜。我们是最能干的建筑师，一起给她建造一所房子，让她有个美丽的家，好不好？看谁的家漂亮，我们就把小白兔接到他家去住！”幼儿们可心疼小白兔了，赶紧思考、操作起来。有的用多色橡皮泥搓成泥条盘筑成一座彩色的房子；有的用积木堆成房子；有的运用绘画的方式画了一幅有两层楼房、房子周围有许多花草的画；有的干脆把小白兔画了进去，还有小灰兔给她做伴呢……真是太棒了。可见，恰当的游戏能为幼儿营造宽松的创作环境。

3. 通过提问、谈话的方式帮助幼儿进行构思

在意愿美术活动的初始阶段，一些幼儿无从下手，不知道画什么、怎样画，教师不能急于求成，应根据幼儿的不同兴趣、活动体验和能力，帮助他们确立表现的主题，并在构图、造型、色彩等方面启发引导。提问、谈话是帮助幼儿将自己记忆中的相关经验与图式进行重组的有效方法。如小班主题活动“我为大树穿花衣”，大多数幼儿都观察欣赏了一些果树，看了校园中的树和动画片中的树，但不知道怎样下笔。于是教师和幼儿谈话交流，提问“你在哪看到了大树，看了什么形状的大树，有多少棵，怎样站队的，大树是什么颜色的，树上有什么”等，这一系列问题可以帮助幼儿将零散的形象、情节组合起来，构成画面。

4. 提供多样化的工具和充足的材料

为幼儿提供各种印章、树叶、硬币让幼儿进行印章画，提供纸团、布团让幼儿压印画，提供玻璃球让幼儿滚画，提供毛线拖画，提供吸管吹画，提供喷壶、牙刷、梳子进行喷刮画等等，可以满足不同兴趣、不同水平幼儿的创作需要，有利于幼儿表达对事物的认识和情感。

5. 在评价幼儿意愿作品时，要突出幼儿创造性的表现和情感的体验

意愿美术活动强调幼儿审美想象和审美创造的表达，强调幼儿的兴趣、意愿和情感体验，是幼儿的经验、知识、技能、创造情感的全新整合。只要作品倾注了幼儿的满腔热情，体现了个体对已有经验在不同兴趣和视角支配下的个性化组合，所表现的内容是其前所未有的想象和创作，这幅作品就有审美的价值，就是一次成功的意愿美术活动。教师在进行意愿活动评价时要尽可能找出作品的成功之处加以鼓励，对不足之处以建议和商量的口吻提出不同看法。

意愿美术活动并不是教师不加以指导的、放羊式的教育活动，而是由教师恰当地启发和引导，提高幼儿创作兴趣，打开幼儿的创作思路，积累图式经验，发展幼儿个性，获得情感体验的一种必要的美术活动。它与命题美术活动一样，可提高幼儿的审美修养和创造美的能力，促进了幼儿健康、个性的发展。

四、开展幼儿园美术教育活动时应该注意的问题

《幼儿园教育指导纲要（试行）》中对艺术领域的指导明确提出：幼儿艺术活动的能力是在大胆表现的过程中逐渐发展起来的，教师的作用应主要在于激发幼儿感受美、表现美的情趣，丰富他们的审美经验，使之体验自由表达和创造的快乐。在此基础上，根据幼儿的发展状况和需要，对表现方式和技能技巧给予适时、适当的指导。要避免仅仅重视表现技能或艺术活动的结果，而忽视幼儿在活动过程中的情感体验和态度的倾

向。对照《纲要》的要求，反思平时及传统的美术活动中对幼儿的指导过程，教师应该注意解决好以下五个问题：

（一）避免只注重知识与技能的传授而忽视创造意识和情感体验的培养

现阶段，幼儿园美术教育活动出现了两种教学现象：一种是传统式的教学，幼儿在欣赏、观察、讲解知识与示范技能技巧之后，在老师的指导下进行作画，完成老师安排的任务。另一种是放任式教学，许多幼儿园在新观念的影响下高喊创造的口号，让幼儿凭借本能和兴趣，自由发挥、创造。这两种教学都不可取。美术活动中的相关知识技能是幼儿园美术教育的一部分，在活动中如果不能适时地教给幼儿简单的美术知识技能，也会挫伤幼儿的美术兴趣。反之，只注重知识技能的传授，忽略幼儿对美术活动过程与方法的情感体验，按照老师既定的模式、要求完成任务，就会扼杀幼儿的想象力和创造力。因此，幼儿园的美术教育既要重视幼儿在活动中愉悦的情感体验和创造意识的培养，也要注重对知识技能的传授。

1. 培养基本的知识经验和技能的储备是必要的

（1）知识经验的准备

“想画什么”“能画什么”是幼儿绘画时需要解决的两个关键问题。要在画面上表现事物的具体内容，幼儿需要有足够的关于事物细节和相互关系的经验积累，否则，在绘画时他们会感到无从下笔。教师应该在平时有意识地带领孩子观察生活中的各种事物，特别是事物的形态等，帮助幼儿积累关于自然、动物、人物和社会活动及其相互关系的经验。如：在开展大班美术主题活动“杜鹃花”的教学前，教师带领幼儿参观校园内外的杜鹃花，同时也准备了相关的影像资料，上网收集关于杜鹃花的生长形态和生活环境等相关资料，组织孩子们开展各种认知活动，详细地了解杜鹃花的形态特征、色彩、不同角度所呈现的造型、花瓣的组合方式等，其目的主要就是为了让幼儿有足够的知识准备和感官上的认识，以及通过观察后在脑中形成的美术印象，为下一步的动手作画打好基础。

（2）技能技巧的准备

“能画什么”是关于孩子的绘画技巧的问题，在新的教育理念影响下有些成人往往忽视了对孩子绘画技能的培养，但若少了技能的支持，幼儿便很难完成对作品的表达。如果没有技能基础，就无法开展绘画活动，就不能准确地表达自己的美术想法，更无从谈起自由自主和创造性地表达。绘画的确是需要技能，而技能也的确需要教和训练。那种在绘画教学中不予技能指导，当孩子绘画时就敞开或放手让孩子进行所谓的“自由发挥”，都是教学组织中不负责任的行为。当然，技能不是强迫灌输，不能强加，不能仅为了练习技能而进行绘画，要让孩子在表现作品的过程中形成技能，让形成的技能为表现作品服务。在初次掌握技能之后，教师要提醒孩子在以后的绘画活动中应恰当地加以运用，进行练习和巩固。这也是一个技能不断积累的过程。

2. 重视幼儿的情感体验，激发幼儿的创作激情

长久以来，幼儿美术活动通常是先让幼儿欣赏范画，然后在教师指导下作画。实践证明，这种活动方式存在一定的局限性，许多教师对这种方式加以改进，放手鼓励幼儿根据自己的想象作画，但结果常常不尽如人意。如“美丽的家园”这一节美术活动课，

一位老师在教室里先让幼儿欣赏一些美丽家园的图片，然后请幼儿展开想象，画出他们心目中的美丽家园。不少孩子无所适从，大多坐在教室里，手握画笔，并不敢大胆地在纸上涂画，最后大部分作品还是临摹的欣赏图片。反思这一教学过程，美术活动不理想的重要原因是忽视激发幼儿的创作激情。我们知道，绘画活动就是当眼睛所见引起内心冲动后，通过手的动作描绘出一个“无中生有”的世界的活动。美国专家认为，孩子们的涂画实际上包含着积极的视觉形象思维，以及大自然和社会生活中的美景、美物。美的心灵无时不在，无处不有，关键是教师如何引导幼儿走进自然，感受生活，让他们大胆地表达自己的想法。

首先，要启发诱导幼儿提高创作激情。可以运用诗歌、故事、猜谜语等形式，使幼儿获得愉悦、新奇的情感体验，萌发创作的欲望。如绘画《母鸡的一家》，首先用故事导入活动，春天来了，可鸡妈妈总是待在家里不出来，她生病了吗？小狗可担心啦，他来到鸡妈妈屋里，正好看到一只小鸡从蛋壳里钻出来，原来鸡妈妈在孵宝宝。小鸡从蛋壳里出来，看到了外面的世界，真新奇啊！他们有的……幼儿被故事深深地吸引，他们一起讨论、设想并积极地投入绘画中，用自己手中的笔画出故事的结尾。

然后，利用主题墙的环境创设，诱导幼儿的创作灵感。如在绘画“秋天的水果”“马路上的车”等活动前，教师和幼儿共同寻找有关图片和书籍，并把和孩子共同搜集的资料写在主题墙上，激发幼儿的好奇心，在看看、听听、说说中增进幼儿的感性认识，同时使幼儿有物可依，有物可画，并有要把自己的作品陈列在主题墙上的强烈创作欲望。

其次，将游戏融入美术活动之中，使游戏与美术创作紧密结合。游戏是幼儿园的基本活动形式，幼儿在做做玩玩中，获得愉悦、新奇的情感体验，并能激发幼儿创造出别具一格的意象。在进行“美丽的家园”美术活动课时，先把孩子带到幼儿园旁边刚建好的一个小区，让孩子在小区中间的草坪上尽情地玩耍，他们讨论着哪一座房子最漂亮，哪一片花圃里的花最多，小区里什么最好玩，游泳池有水会怎样。这样游玩后他们所画出的画就脱离了纯粹模仿，有了自己的内容。春天万物复苏，让幼儿绘画美丽的春天，把幼儿带到草坪上，让他们亲亲小草，闻闻花香。孩子们三五成群，有的在讨论着哪朵花最美丽，有的看看小草再看看树叶发现绿色的不同，还有的在玩着花上的小虫子。看着孩子们玩得开心，老师说：“春天真美啊！我要把这么美的春天画下来。”立刻有孩子附和说：“我也要画。老师，我和您一起画。”孩子们拿出画板和笔，坐在草坪上开心地画了起来。有的孩子一边画一边告诉旁边的孩子，他画的是春天的美景，在这样的活动中孩子的创作激情被充分调动起来。同时，通过游戏活动，同伴相互对话、师生对话，互相交流，这样有利于他们对所观察到的事物加深印象，有利于绘画过程的实施，更有利于幼儿展开想象的翅膀进行天马行空的创作。

（二）避免只强调创造而忽略范例模仿的作用

美术的特点是直观形象性，主要依靠视觉来进行感知。以范例的直观形象传递信息为主是幼儿园美术活动中经常采用的教学方法。但有人质疑，幼儿的模仿性较强，范例的提供会使幼儿直接、单纯地进行模仿，很容易使幼儿形成概念化的表达方式。传统的美术教学活动多半是要求幼儿画一幅与教师范画相同的画，画面的形式、内容、技能与范画大同小异。这样的教学无疑束缚了幼儿的思想，对幼儿的审美能力、创造能力的培养均有不良影响，使幼儿很容易丧失学习的兴趣，许多幼儿园干脆放弃了这种美术教学活动。但如果不提供范例模仿，幼儿很难将立体的事物转换成平面的图画，掌握不了基本的技能技巧，创新、体验、探究就会显得空洞。那么，幼儿美术活动是否需要提供范例进行模仿呢？

大部分教师对于幼儿美术活动都有了全新的认识和理解，都明白幼儿美术活动并不是单纯地模仿教师的范例，更不是涂色等美术技法的训练，而是给幼儿提供丰富的知识经验和直观形象，营造自由表现的机会，鼓励幼儿大胆地表达自己的情感、理解和想象，尊重每个幼儿的想法和创造，肯定和接纳他们独特的审美感受和表现方式，分享他们创造的快乐。但在实际的班级教学中，有些教师往往依然习惯于传统的美术教学模式，即出示范例作品→引导幼儿观察欣赏→讲解画法及技巧→部分示范→幼儿操作，教师在其中巡回指导。这种传统的范例模式造成孩子作品总是单一的对教师范例作品的再现和拷贝，想象力和创造力受到限制。“如果学生在学校里学习的结果是使自己什么也不会创造，那他的一生将永远是模仿和抄袭。”这是托尔斯泰说过的一句让人深思的教育名言。关于模仿的天性，罗恩菲尔德在《创造性与心理发展》中把模仿比作学习中达到目标的手段，而非一个目标。“特别是呈现多样性的范例恰恰能够启迪学生的创造性思维，而临摹也的确是美术学习的有效方法之一。”因此，避免以灌输的方式要求幼儿模仿和再现，灵活发挥范例的作用，才能有效促进幼儿创造能力的发展。

1. 科学认识模仿与范例

模仿是个体通过观察和仿效其他个体（范例）的行为而改进自身技能、学会新技能的一种学习类型，是社会学习的重要形式之一。尤其在儿童方面，儿童的动作、语言、技能以及行为习惯、品质等的形成和发展都离不开模仿。范例是指教师在教学中所运用的真正基础的、本质的、符合年龄特征的知识技能和形象。通过“范例”内容的欣赏、讲授，使学生得到启发，起到举一反三、掌握同一类知识和规律的作用。它源于 20 世纪 50 年代出现的一种影响颇大的教学理论流派——范例教学，倡导者为德国教育家瓦·根舍因和克拉夫基。运用此教学法的目的在于促使学生独立学习，而不是要学生复述式地掌握知识，要使学生所学的知识迁移到其他方面。进一步发展所学的知识，以改变学生的思维方法和提高行动能力。如果从幼儿美术活动的创造性来看，其实所谓的创造很多都是属于“再造的想象”。幼儿在学习美术的过程中需要丰富的经验，而这些经验往往在观察身边的事物、欣赏作品、观看教师示范等范例的模仿中而获得。这里面包含着“传移模写”，这种具有一定模仿性质的学习是最便捷、最有效的方法。值得注意的是，模仿的只是技能的运用，而非依葫芦画瓢。对范例的模仿是学习美术的基础，也是技能的提升，幼儿有了技能，才能支持他在创作的过程中富有个性和创造性地表达。

2. 恰当地选择范例

范例的题材应该是丰富多彩的，主要源于幼儿熟悉的日常生活又有别于幼儿生活的、具有审美性的对象。作为幼儿美术教育工作者，应有意识地扩展孩子欣赏、感觉的艺术空间，丰富他们的审美感知与审美情趣，拓展范例空间，学会发现儿童日常生活中的、艺术宝库中的审美对象，善于挖掘同伴资源、家长资源、网络资源、音像资源等，帮助幼儿在认知过程中开放多种感知通道，强化幼儿审美感知，调动创作兴趣。选择范例需要遵循三个基本原则，即基础性、范例性和突破性。

①基础性。就是着眼于幼儿现有的基本经验和智力发展水平。幼儿美术教学范例的选择应当切合幼儿的生活经验，适应幼儿的审美创造发展水平。同时又要通过教学，促进幼儿审美创造能力的发展。如中班绘画活动“我自己”，教师选用的范例是以一组形象稚拙、构图简洁、色彩明快的儿童画作为欣赏载体。孩子在欣赏过程中，产生了“和我画的一样”的亲切感，消除了高不可攀的神秘感，由此有创作的自信心。范例中的发型、脸形、五官、背景等表现手法各不相同，通过教师的引导、点播和讨论，孩子的想象如同插上翅膀，表现出来的作品千姿百态，审美创造能力在原有基础上有了很大提高。

②范例性。就是指所选择的例子必须像一面“镜子”那样，能够反映教学的全部学习点，使幼儿能“窥一斑见全豹”。例如中班美术活动“快乐的粉刷匠”，教师呈现了几种装饰房子的花边和图纹，其中所包含的对称性、装饰性、色彩搭配等教学要点一并在范例中体现出来。幼儿很快领悟到装饰房子的技能和方法，并在此基础上通过变换花形、颜色，自己想到了更多表现有趣、美丽的花边和装饰房子墙面的方式方法。

③突破性。范例教学的审美对象不是随意的，而应当是引导幼儿发现规律的突破点，这个突破点又是整个教学链上的关键点，能够同前后学习、儿童已有的横向知识产生有机联系。如大班写生活动“我的长绒玩具”，教师先出示自己画的一幅玩具小熊的图片（小熊身上没有长出长绒）让孩子观看，再出示实物范例——一只长长绒玩具熊。幼儿通过观察对比发现两物在细节上有很多不同之处，由此了解到写生画时要表现出长绒玩具的细节部分。随后，老师针对如何表现玩具身上的绒毛，用幻灯片呈现了几种不同形状的装饰线，这一范例更进一步启发儿童可以用不同手法来表现细节。接着，幼儿拿出自己喜爱的长绒玩具开始写生。当大部分儿童完成写生后，老师在实物小熊身后铺上一块图案简洁、色彩明亮的布，原来老师是要让孩子们为写生对象添加背景。老师也为孩子们准备了几块布，色彩与线条都很明快简洁，老师把它们分别铺在了几张桌子上，让孩子根据自己的喜好，为玩具选择背景并进行摆放，接着为作品添画背景。整个活动中所出示的范例，层层递进，解决了幼儿在写生中遇到的难点与困惑，创作过程变得更轻松有趣、高潮迭起。

3. 把握范例呈现的程序和方法，有效激发幼儿的表现与创造能力

在呈现范例时，教师还应注意呈现的时机——及时出示、及时收回，但不能让幼儿把范例作为模仿对象。在教幼儿学习某种美工技能时，也应该注意采取“半示范”的方法，否则范例就会成为限制幼儿思维、想象的“绊脚石”。如在大班美术活动“杜鹃花”活动中可分别应用实物范例、幼儿作品范例、艺术作品范例三种不同的方法。

①实物范例。幼儿园的墙脚下盛开的杜鹃花为幼儿的创作提供了观察、模仿的对象。在教师的引导下，幼儿发现杜鹃花是由五个椭圆形花瓣组合成的一朵花，它的造型独特，仪态万千，色泽艳丽。要想把阳光下鲜活的、立体的杜鹃花换成平面图画，需要幼儿大胆地创造，发挥自己的想象。实物范例让幼儿掌握了物体的普遍特征，为幼儿提供了临摹对象，同时也为幼儿留下了创新、体验、探究的空间。

②幼儿作品范例。在经过前一次写生活动后，教师把幼儿作品收集起来，在班级创设一个“墙角”展示幼儿创作的杜鹃花作品。这些图画集中了每位幼儿的创作智慧，充满了富有情趣的表现手法，是一种很珍贵的幼儿作品范例。每位幼儿在体验成功快乐的同时，还可以欣赏同伴的作品，在二次创作中，他们可以从同伴的画中吸取线条、表现方式、着色等方面的直接经验，从而丰富自己的美术表现手法。此外，幼儿作品范例也为幼儿提供了一个互相学习交流的机会。

③艺术作品范例。在活动开展前，教师有意识地收集一些艺术宝库中的经典作品，如水粉画、国画和一些相片资料等作为范例。这些范例把杜鹃花的光影变化转化成静态的图片，扩大了幼儿的美术视野。特别是中国画中简练洒脱的水墨韵味能让幼儿从着色、构图、线条等美术角度深入鉴赏，提高了幼儿对美术作品的鉴赏能力。

（三）避免单一、成人化的评价，注重多元化、动态化的评价

如果说幼儿园美术教学的过程是一幅张扬个性的图画，评价则是画卷中画龙点睛的一笔。但在美术教学中，评价存在着许多问题：常常因为幼儿完成速度不同，使教师无法进行集中性评价，导致评价这一环节经常不了了之；或是笼统、一致地进行评价，蜻蜓点水般地流于形式，体现不出其应有的价值；或是以“像不像”“对不对”为标准单一、成人化地评价幼儿作品。长此以往，幼儿得不到应有的鼓励和恰当的指导，幼儿的兴趣和个性就会被无情地抹杀掉，更谈不上审美感受、情感体验以及创造力的培养。那么，如何改进传统美术活动中评价的有效性呢？

1. 注重美术作品评价过程的多元化

多元评价能弥补集中性评价效果的不足，发挥判断、导向、激励、改进等功能，使教师及时发现美术教学中的问题，对幼儿及时进行有针对性的点拨，并不断激发幼儿的灵感和进一步创造的欲望，以达到评价的最佳效果。美术活动中的评价应是多元的，包括评价主体的多元化、评价内容的多元化、评价时间的多元化。

（1）评价主体多元化

在幼儿美术活动评价中，不应该是教师唱独角戏，应重视发挥幼儿的主动积极性，幼儿自评、幼儿互评、教师评价、家长参与评价等多种形式相结合。

①幼儿自评。幼儿自评是让幼儿表述自己对作品的构思立意和创作感受，体验美术创作过程的快乐，并与大家分享。幼儿的美术作品反映的是他自己的所见、所闻、所想，从某种程度上讲，只有幼儿自己才最了解他的作品。因此，面对孩子们的作品，教师不要简单地下结论，而是要认真倾听他们的心里话，让他们讲一讲画中的内容和故事。要以孩子的方式和角度去观察世界，放手让幼儿自己来说说自己的画。要为幼儿多提供自我评价的机会，使幼儿学会自我激励，重视自己、欣赏自己，对自己有信心，同时又要与同伴比较，找出自己的不足之处，正确评价自己。

②幼儿互评。幼儿互评能调动幼儿的参与意识，学习他人的长处，培养幼儿的合作能力。幼儿和幼儿相互之间更了解彼此的兴趣、爱好，更容易沟通情感，更能读懂其绘画作品的内涵。因此在评价过程中，可以在幼儿自我评价的基础上，充分调动其他幼儿共同评价，让同伴之间互相学习，取长补短，用孩子的眼光欣赏孩子的作品，避免因成人化的评价而挫伤幼儿的想象力与自信心。这样做将对幼儿的个性化发展及其评述能

力、口语交际甚至包括人际交往、思维、表达等多方面能力起到很大的促进作用。

③教师评价。客观、公正、诚恳、肯定的教师评价是评价的重要形式，但评价指标的具体化是教师评价成功的关键。我们在听课时经常听到某些教师对幼儿作品的评价："画得很好!""今天画得有进步!""不错!"这样的评价过于笼统，作品到底好在哪里，取得了哪些进步，孩子心中没数，评价似乎成了敷衍孩子的一种手段，长此以往就会令孩子感到乏味无趣。而巧妙地利用一些富有情趣的具体角色来进行评价，可以提高评价的效果，使评价更具体，更有针对性，也能使幼儿感受到来自评价方面的积极作用。如在大班孩子绘画《海底世界》中，有一个孩子是这样表现的：蔚蓝色的大海，一群孩子穿着潜水服在和鱼儿玩耍。如此美丽的画面，教师拿到手后只简单的一个字评价——"好"。但到底好在哪里？你感受到了什么？孩子又有什么情感体验？简单的评价并不能满足孩子心理的需要，会使他们大胆创作的兴趣减退。

④家长参与评价。在幼儿美术活动评价中，要充分发挥家长的积极主动性，让他们参与评价内容和评价标准的制定，参与评价资料的收集，进而通过"协商"达成评价结果。在具体实施过程中，首先让参与评价的多个主体（幼儿与家长）明确各自的评价标准、内容与要求。如在大班美术活动"杜鹃花"中，经过三次活动后，幼儿在各种感官上都有了不同认识，而且也有了许多形式不同的作品。因此，可充分发挥家长的作用，让家长一起来参观幼儿的作品，通过比较发现作品中的闪光点，同时结合幼儿在家中的美术活动兴趣、习惯和学习态度、学习方法的观察与自我评价进行综合评价。但不能让家长只从技能知识上对自己孩子进行单一评价。

（2）评价内容多元化

①从幼儿的年龄特点出发。幼儿作品是他们童真、童趣和独特个性情感的表达和体现。幼儿从事美术活动没有任何功利性，仅"创作"的过程或形象、色彩的变化结果便能让他们感受到情感的满足和情绪的宣泄，由此带来身心的愉悦和成功的自信。因此，幼儿美术作品的评价应根据幼儿年龄特点，注重对幼儿的个性、情感的表达和表现进行评价。对于年龄小的幼儿的美术作品进行评价应以教师引导为主，幼儿参与评价为辅。小班幼儿刚参加美术活动，兴趣不稳定，动手能力差，这时就应以教师评价为主，注重鼓励与肯定，指出不足，态度亲切。评价语言要简洁、针对性强，让孩子能感觉到通过作品的评价老师是喜欢他（她）的作品的，从而激发幼儿创作的信心。中班、大班幼儿有了一定的欣赏水平和评价能力，对幼儿作品可以采用以幼儿参与评价为主，共同欣赏讨论的方法，让孩子自己去发现别人作品中他最喜欢的地方，也说出自己不喜欢的地方，或给朋友以建议，同时对比自己的作品，也说说自己比别人好的或不好的地方。这样的方法孩子容易接受，他们在相互学习中能取长补短，提高了感受美和表现美的能力。

②尊重幼儿的表现。适宜的赞赏是一种巨大的情绪力量，它可以促进幼儿好好学习，更是幼儿获得成功的润滑剂。经常受到表扬和激励的孩子，能较好地悦纳自我，增强做事的自信心。反之，则易产生自卑心理。因此，教师在美术活动评价中，应注重评价的语言艺术。评价首先要基于对每一个幼儿的了解，通过观察、对话，理解和发现幼儿独特的创意、个性化的表现方法和表达形式，从多种角度开展评价，而不仅仅局限于

美术技能的评价。永远不要对孩子说“你错了”，因为艺术是无对错的。

③允许个性差异。幼儿是一个独立的人，有着独特的思维方式和观察的眼光。由于幼儿的水平有差异，教师不能用同一种标准和期望要求每一个幼儿，而应充分理解幼儿的作品和创作心理，了解幼儿的美术语言，读懂幼儿的每幅作品。不管他们创作的与现实是否一致，教师都要给予幼儿真诚的鼓励，尊重幼儿自由的表现方式，以保护幼儿的个性，培养幼儿的求异思维。大家经常会看到一些教师以布局是否合理，线条是否流畅，作品制作像不像、美不美等来评价幼儿的作品，而对于看似一塌糊涂，实则思维独特的作品置之不理或予以否定，这简直是扼杀了幼儿的创造力。如在小班美术活动“画小树叶”中，教师对一幅树叶上均匀涂满绿色，画出叶脉的画作大为表扬，而对另外一幅绘出各种颜色的彩色树叶的作品却放在一边不做任何评价。其实第一幅画的绘画技巧确实略胜一筹，但模仿性很强，无大胆创作的迹象，缺乏想象力；而第二幅是用孩子的眼睛在看外面的世界，在他们的想象中树叶是五颜六色的，孩子构图大胆，想象丰富并敢于表现。可是由于教师在评价作品中对第一幅进行肯定，对第二幅画却置之不理，使孩子形成了只有跟老师画得一样才是好的作品的印象。长期下去，幼儿的想象和创造力将被逐渐抹杀。

（3）评价时间多元化。评价作品可以有多种时段，除活动结束时评价外，还可以抓住很多时机进行评价，教师可以视具体情况，灵活机动，合理安排。多元化的评价时间，使教师的评价避免了重复性、笼统性，使评价更具有针对性和实效性，让每个孩子都能在适当的时候得到及时的评价，激发幼儿继续创作的愿望，促进幼儿对美术活动的兴趣并持续保持这种兴趣。

①即时评价。即时评价是在幼儿进行美术活动时，教师及时发现幼儿创作中的亮点或存在的问题，立即进行有针对性的表扬或点拨，并不断激发幼儿的创作欲望，以追求评价的最佳效果。这就要求教师要用孩子的眼光、孩子的心理去理解孩子的作品，看待孩子的整个活动过程。如讨论作画方法时的及时肯定与表扬；巡回指导中发现新思路新想法的及时鼓励；讲评过程中引导同伴相互发现对方和自己的长处并予以夸奖。这样的即时评价，不仅能使教师的评价不烦琐而具有针对性，而且能使孩子感觉生动有趣，从而达到理想效果。

②总结评价。这是在幼儿完成美术作品时进行的评价。此刻的评价已是对完整作品进行的评价了，教师也应该以全面、整体的评价思维对幼儿的作品进行评价。这在平时的美术作品评价中也是最常见的一种评价方法。教师不仅要肯定幼儿的作品，让他得到一种满足感，还要通过总结性的评价帮助幼儿在原有基础上能有更好的提高。

③延续评价。这是美术活动结束后的一种评价方式，也是美术活动的延伸环节。由于幼儿的个体差异性很大，因此要让全体幼儿完成同一个内容的作品，所需时间长短也是各不相同的。对于先完成任务的幼儿，在不影响同伴的前提下，可以让他们参与一些自选活动，把作品评价的时间延续到课后，如饭前、饭后、下次活动前等，这样的评价轻松自由，可以是个别，也可以是小组内开展，很受幼儿欢迎。

2. 注重美术活动过程的动态化评价

动态评价是指对幼儿在美术活动中真实的个人表现和发展状态的评价，也是指对幼儿在操作和创造过程中与材料、工具互动表现的评价。动态评价是一个持续的过程，贯穿于美术活动全过程，重在纵向比较，以便于分析幼儿的变化过程，从而发现幼儿美术活动的特点和规律。它不同于用于美术作品的重在横向比较的静态评价。新的评价理念要求对幼儿美术发展的评价不再关注结果，而是更关注过程。评价既是辅助教学的手段，又是教学活动的重要组成部分，在实施教学活动过程中把美术活动指导与评价结合起来。一般可以通过观察、谈话、提问等方式对幼儿美术活动过程进行评价。

如在“杜鹃花”这个绘画主题活动中，始终把对幼儿活动的评价贯穿于整个活动过程，让幼儿从不同角度去观察杜鹃花的形态。通过提问、谈话使幼儿自己选择作画的角度、材料等，在指导作画的过程中不断发现、肯定不同幼儿作品中的优点，允许幼儿进行同伴之间的相互交流，说说“谁的什么地方画得好”“谁想象得好”“谁最大胆”等。同时对幼儿各自参与活动的兴趣、主动性、专注性、创造性及其使用工具、材料的熟练程度进行评价，尤其是对幼儿在活动中形成的美术素养、行为习惯、情感意志进行动态评价，并给予及时鼓励与引导，不断地激发幼儿新的审美想象，促进幼儿个性化的发展。

（四）避免单一的教学指导方式

①避免活动中指导形式单一。观察—讲解示范—幼儿操作—评价，似无纰漏，但幼儿是否全身心地投入其中却无人理会。只要看到孩子们在安安静静、规规矩矩地作画，最后孩子的作品和教师的要求很接近，教师的欣慰感、成就感溢于言表。殊不知幼儿美术活动的动机就是游戏，他们看重活动的过程，并从中得到愉悦。教师只有充分运用游戏的手段，安排幼儿感兴趣的内容，不断变换形式，才能给幼儿的创作活动带来乐趣。这点却是某些教师在美术活动中所忽视的。

②避免在组织活动时不善于抓住教育契机，忽视美术活动与其他教育领域之间的渗透关联。如引导幼儿画一种小动物，教师着重于引导幼儿观察其外部形态特征、线条的勾画等，却忽视了考虑幼儿的情感倾向。如是否喜欢这种小动物，为什么喜欢，愿意画它吗，你想怎样画等。在这个过程中，如果先是通过有趣的小故事或动物科学范图来培养幼儿绘画的兴趣和信心，恰当地实施情感教育，使幼儿认识到人类和动物是好朋友，在这一基础上再组织画小动物，教学效果就大不一样了。幼儿的美术活动是一个绘画过程，也是一个情感体验过程。如果我们只要求幼儿画好“它”，而不顾及对方的内心感受，不抓住此类教育契机，往往事倍功半。

（五）避免只注重教师领导者的身份而忽视幼儿的主体性

幼儿正在专心完成美工作品，教师按照备课计划，选几幅幼儿完成的作品开始讲评，另一部分幼儿只好在教师的强令下停下手中正在进行的作品，可又有谁在看在听呢？有的烦躁不已，有的意犹未尽……教师在对少部分作品评价并给予表扬的同时，殊不知已严重打击了大部分孩子的积极性，使他们对美工活动的热情降低，对自己的作品丧失信心。这时教师只注重了自己领导者的地位和完成自己的教学任务，却摧残了孩子积极参与活动的情感，忽略了幼儿的主体性。

我国的传统教育历来非常重视教师的地位和作用。孟子曾引证《书·泰誓》中“天佑下民，作之君，作之师”的说法，将君师并提。荀子把能否尊师提到关系国家兴亡的高度："国将兴，必贵师而重傅……国将衰，必贱师而轻傅。"教师是绝对的权威，学生必须遵守师道尊严。"言不称师谓之畔（叛），教不称师谓之倍（背）。"学习活动主要是教师主动地讲授，学生被动地接受，教学方法是知识中心的教学，师生关系是教师中心的关系。这种维系了几千年的师生关系导致了教育"只换汤不换药"的改革现状，尤其是注重发展与创新的幼儿美术教学也只能在表面上做文章。

幼儿是一个社会的人，他是独立的、完整的、成长着的、想象力最丰富的、能动的且拥有极大发展潜能的主体，他们总是以主体的身份在与外部世界的相互作用中发展自己，这是幼儿主体性最直接的表现形式。在美术活动中，只有充分发挥幼儿的主体性，才能调动幼儿学习的积极性，培养活动兴趣，探索求知精神，开发潜能。那么，如何发挥幼儿的主体性呢?

1. 积极转变教师的角色定位

在《纲要》的指导下，教师要改变以往的教学套路，使美术活动的内容与方式比以往更加富有智慧，首先要转变好自己的三个角色定位：在美术活动指导中，教师不能用领导者的身份凌驾于幼儿之上，而应由知识的传授者转变为幼儿活动的支持者，由教学活动的管理者转变为引导者，由居高临下的知识垄断权威者转变为平等参与幼儿活动的合作者。教师在活动中不断地给幼儿提供尝试创作的条件，引导幼儿的思维经历单向、多向、正向、逆向、侧向等过程，使作品的呈现丰富多彩。如在引导大班幼儿绘画"太空旅行"时，为了让幼儿产生直观形象的感受，教师以支持者的身份给孩子们播放了神舟九号飞向太空这段录像，并引导幼儿跟宇航员一起到太空去探测宇宙的奥秘，组织幼儿讨论到太空后会看到什么，它们是什么形状的……孩子们很高兴、很向往。他们发挥无穷的想象，在充分讨论后把说的、想的画下来。当教师走到一些孩子身边发现他们的困难时，又以旅行者的身份参与到幼儿的活动中，引导着孩子把他们的故事加以延续。活动结束后，孩子们讲述了他们的"太空旅行记"。力力说："我来到一个苹果星球，这里的苹果特别大特别多，这里的人长得也跟苹果一样。"整个画面看到的是各种各样的苹果和苹果人，夸张的画面和表现手法令人赞叹。奇奇说："我来到了月亮上，那里真凉快啊，我就坐在那喝饮料了。"小轩说："我来到太空一个神秘的星球，那里的人都像大树一样。"在他的画面上你看到的是各种各样的大树人。这些作品显现出成人无法企及的大胆想象力和创造力，教师给幼儿创设了轻松愉悦的环境，使孩子自始至终沐浴在温暖快乐的气氛中，大大开阔了幼儿思维空间，使孩子感受到了自身创造的乐趣，充分体现了幼儿的主体性。而在这个活动中教师的角色不再是权威的领导者，而是支持者、引导者、合作者。

2. 充分发挥教师的主导作用

教师是幼儿与活动之间的中介，是活动的组织者和指导者。教师的组织作用主要在于通过情境创设、言语启发，榜样带动、材料投放，来激发幼儿参与活动的兴趣和积极性，引导幼儿主动参与活动过程。教师的指导作用主要在于提出活动的内容、要求，对幼儿作品提供适当的点拨，提出合理化建议，让幼儿在原有水平上得以发展。在美术活动中教师只有起到主导作用，才能提高幼儿的兴趣，调动他们的学习积极性，培养孩子的动手能力、创造能力，使幼儿在美术活动中充分发挥主体作用。

①创设情境，有效激发学生的学习兴趣。对美术的强烈兴趣是学生发展思维的巨大推动力。幼儿对于自己有兴趣的东西不仅会全神贯注，积极思考，甚至还会达到十分兴奋、欲罢不能的地步。因此在美术活动过程中，教师应当是创设情境的主导者、调节者和控制者，让孩子的思维尽快兴奋起来，使他们在了解美术课程学习内容的基础上，在适当的情境中让儿童由情入境，迅速进入最佳学习状态。

②通过语言启发捕捉幼儿的情感倾向，促进幼儿个性的发展。如某一次在指导中班幼儿绘画“青蛙”的活动中，老师发现有些幼儿对青蛙的外表不感兴趣，露出厌恶的表情。教师找来一些形象可爱的青蛙课件让幼儿欣赏，先转变他们心目中丑陋青蛙的印象，然后给孩子们讲青蛙捉害虫的故事，让孩子知道青蛙对人类的帮助作用。通过这些活动，让孩子知道青蛙是人类的好朋友，我们要保护青蛙，不能乱吃青蛙。他们终于喜欢上了青蛙，最后幼儿笔下的青蛙有的捉虫，有的跳跃，有的蹲在荷叶上，形态各不相同。这充分体现了幼儿的主体性，促进了幼儿个性的发展，同时发挥了教师的主导性作用。

③通过榜样力量带动创作。例如：在小班美术活动绘画“汽车”活动中，通过语言、图片的引导，大多数孩子画出了他们在街上所看到的各种各样的汽车，但有几个不到三岁的幼儿迟迟不肯下笔。这时一个幼儿交上了她的作品：一辆苹果汽车。这是一幅充满想象的、与众不同的作品。教师立刻把它展示出来，告诉小朋友这是她自己设计的汽车。然后提问：你们也想自己设计一辆更可爱、更漂亮的汽车吗？小班孩子的想象是建立在相似模仿的基础之上的，有了这一幅孩子作品的带动模仿，其他孩子随即产生了迁移模仿。在他们的笔下出现了香蕉车、南瓜车、菠萝车等，还有几个孩子刚学会画小鱼，居然设计出了小鱼车。每个孩了的作品都是不一样的，但孩子们在活动中获得了愉悦，在愉悦中有了创作的成功体验。

【思考与练习】

一、简述幼儿园音乐教育活动与家庭音乐教育活动的区别。

二、设计一个幼儿音乐教育活动方案并进行试讲，试讲后写一份音乐活动反思笔记。

三、观察记录集体美术教育活动、区角美术活动和亲子美术活动，分析它们之间的异同。

四、如何指导幼儿开展命题美术活动和意愿美术活动？

五、听一节幼儿美术活动课，针对幼儿美术教育活动中易出现的问题进行评课，写一篇教学反思。

第六章

幼儿园音乐教育活动

第一节　幼儿歌唱活动

一、歌唱活动的教育内容

幼儿歌唱能力的发展主要包括歌词、音域、节奏、音准、呼吸、情感体验与表达、独立性、合作性以及创造性九个方面。理想的歌唱活动能促进这些方面的发展，使儿童能够舒适、有理解力、有感情地歌唱。

①歌曲。歌曲是歌词和曲谱相结合的一种艺术形式。在幼儿园中，幼儿不仅可以演唱成人专门为儿童创作的歌曲，还可以演唱传统的童谣以及由儿童们自己创作的歌谣。

②歌唱的表演形式。根据幼儿园音乐教育活动的特点，各种歌唱表演形式的实际含义可以表述为独唱、齐唱、接唱、对唱、领唱、齐唱、轮唱、合唱、歌表演等。

③歌唱的简单知识技能。在幼儿园中，儿童可以掌握的简单知识技能主要有正确的歌唱姿势，正确的发声方法，正确的呼吸方法，准确唱出歌词、节奏和曲调的技能，自然恰当地用歌声表达感情的技能，正确、默契地与他人合作的技能。

④嗓音保护的知识技能。嗓音保护的知识技能包括不长时间大喊大叫和歌唱，不在剧烈运动时大声叫喊和唱歌，不迎着风唱歌，不在伤风感冒、咽喉发炎的时候唱歌。在唱歌时注意努力保持身体、心情、表情、嗓音处于舒适状态，感到不舒服时会暂停、休息或自我调整等。

二、幼儿园歌唱活动的目标与价值

幼儿园歌唱活动的主要目标是指导幼儿学习用自然、好听的声音正确演唱歌曲，尝试用歌声表达自己的思想，抒发情感体验。歌唱活动中幼儿的自主表现、情感体验的抒发与正确歌唱技能与方法的指导同样是必不可少的。“要从艺术生命的高度关注歌唱教学活动”，让幼儿带着自己的情感、经验、思考、灵感、性格参与到歌唱教学活动之中，使歌唱教学活动呈现出丰富性、游戏性和整合性的特点。

三、歌唱的简单知识和技能

①姿势：正确的歌唱姿势是指无论是站着还是坐着唱歌，都应保持身体和头部的正直、放松；两臂自然下垂或放在腿上；两眼平视，两肩放松；口型保持长圆形，嘴唇的动作要求自然。保持正确的歌唱姿势可以使幼儿在歌唱时保持最佳的气息通道状态，有利于用美好自然的声音唱歌。

②呼吸：呼吸是歌唱的动力。歌唱时有气息的支持，才能保持或延长歌声，歌唱中正确的呼吸方法应该是自然地吸气，均匀地用气。

③发声：正确的发声方法是使歌声优美、动听的最基本要求。要使儿童学会用“自然美好”的声音来唱歌，就必须具备一定的发声技巧。对于幼儿来说，首先要告诉幼儿的是用自然的声音歌唱——下巴放松，嘴巴自然打开，不大声喊叫，也不过分地克制音量。

四、新授歌曲活动的设计与组织

模式一：示范—模仿—练习的模式

①引出主题。

②范唱新歌。

③帮助幼儿分析理解和记忆歌词。

④用全曲带唱的方式帮助幼儿初步掌握新歌。

⑤在必要时用教唱的方法帮助儿童掌握新歌中的难点。

⑥采用各种不同的演唱组织形式，不断调动幼儿的积极性，帮助幼儿在反复练唱的过程中逐步掌握新歌。

模式二：先分解后累加的模式（案例分析）

①教师将歌曲中的节奏、歌词、曲调分解出来，作为节奏活动、语言文学活动、节奏朗诵活动、韵律活动等材料分别加以使用，使幼儿初步掌握歌词或旋律。

②采用按节奏朗诵歌词并同时倾听曲调的过渡方法，最终由幼儿自己将歌词填入再接曲调唱出来。

1. 从动作开始的设计

范例：小班歌曲《头发肩膀膝盖脚》

①教师提出游戏的方式：教师说出身体某一部分的名称时，全体幼儿以最快的速度将双手放到该部位上去。

②教师以随意的顺序说，即有时快，有时慢，使幼儿感到紧张有趣。

③教师改用歌词中的顺序说，并逐步加快语速，让幼儿逐步发现其中重复的规律。

④教师改用歌唱的方式发出指令，让幼儿逐步熟悉歌曲的整体形象。

2. 从情景表演开始的设计

范例：小班歌曲《谁饿了》

①教师表演，用动作象征性地表述全部歌词内容。如“一只大猫出来了”（模仿动物走路的样子），“肚子饿得咕咕叫”（做出表现肚子难受的样子），“看见了小老鼠”（做出看见食物很惊喜的样子），“啊呜啊呜吃完了”（先做出狼吞虎咽的样子，再做出吃饱后很满足的样子）。

②教师邀请幼儿猜想老师的表演所讲的是一件什么事情：一开始是谁来了？它怎么了？后来它看见了什么？最后它又怎么了？

③教师根据幼儿的猜想组织歌词演唱给幼儿听。

④教师邀请幼儿一起随歌声边唱边做动作。

3. 从故事讲述开始的设计

范例：中班歌曲《迷路的小花鸭》

①教师出示挂图，引导幼儿观察：图上有一个池塘，池塘边有一棵柳树，柳树下有一只小小的花鸭子，小花鸭正在伤心地哭。接着，教师指示幼儿猜想：小花鸭为什么要伤心地哭？最后，教师完整地讲述第一段歌词中的故事。

②教师把第一段歌词所讲的故事清唱给幼儿听。

③幼儿边看图边跟唱歌曲。

4. 从游戏开始的设计

范例：中班歌曲《丢手绢》

①教师教幼儿玩丢手绢的游戏，教师当丢手绢的人，并在每次从头开始玩时自己清唱歌曲。

②幼儿轮流当丢手绢的人，教师在每次从头开始玩时带领全体幼儿清唱歌曲。

③大家一起轮流当丢手绢的人，每次改由丢手绢的人清唱前三句，其他人一起清唱最后两句。

五、歌唱活动中的能力培养

（一）幼儿歌唱能力的培养——美好的声音

1. 口面腔共鸣和向前唱

口面腔共鸣和向前唱，这是中国母语发音最自然的方式，也是童声清澈明亮音色的最自然发声方式，更是避免幼儿将声音卡在喉咙里或压进胸腔里最自然的防范措施。专家对幼儿园歌唱教学研究的结果表明，只要教师和儿童同伴能够提供正确的发音共鸣榜样，几乎每个幼儿都能够自然掌握“口面腔共鸣和向前唱”的歌唱发音模式。

2. 轻声入手

在幼儿园歌唱教学中最为普遍存在的问题就是“大声喊叫”。在幼儿用喊叫的方式歌唱时，他们的发音器官通常都处在非自然的过度紧张的状态之下。我们通过十多年的探索和研究发现，在非压抑的情况下，尤其在自由、自然地进行歌唱的情况下，幼儿所发出的声音总是比较自然、舒适、松弛和美好的。而且，在这种情况下，幼儿唱“走音”的情况也往往会大大缓解。所以，轻声歌唱已经成为幼儿歌唱的“入门要诀”。在指导幼儿做“轻声入手”的歌唱练习时，教师绝不应该直接用指令的方式要求幼儿压低音量。正确的方法是：教师用富于感染力的，口面腔共鸣向前发音的，耳语般轻柔的声音来对幼儿讲解要求，发出邀请和做出歌唱示范。提供的琴声前奏和伴奏的感觉也应具有同样标准。

3. 从较高音区开始逐渐向下唱

利用各种机会自然地引导幼儿发出从高处滑向低处的声音，如讲故事中模仿刮风或流星从天上划落般。歌唱定调时尽量保证大部分的音高在 C 调“fa、sol、la”周围。学唱新歌之前，先唱两首音域较窄的有趣小歌，从较高的调开始向下移调，以作为嗓子的“热身运动”。

（二）幼儿创造性的培养

创造离不开想象，创新必须以想象为基础。“想象是创造的先导，是从模仿到创造的阶梯。”只有丰富学生的想象，学生的创造能力才能得到较好发展。在众多哲学家和心理学家的视野中，想象作为创造力的本质属性，可把它视为创造力的源泉之一，同时也是创造原始本质的再现。亚里士多德指出：“想象是一切创造活动的源泉。”著名的科学家爱因斯坦说过：“想象比知识更重要，因为知识是有限的，而想象力概括着世界上的一切，推动着进步，并且是知识进化的源泉。”

那么，如何在歌唱活动中发展幼儿的创造能力呢？我们可以作以下几点尝试。

多年以来，幼儿园集体歌唱教学的方法就是教师示范，幼儿模仿，片面重视技能的传授而忽视了幼儿的所感所想，幼儿只是被动机械地唱歌。《幼儿园教育指导纲要（试行）》明确提出，艺术活动的目标是培养幼儿对美的感受能力，丰富审美经验，体验自由表达和创造的快乐，而不是单纯的知识和技能的传授。活动中，教师可以有意识地让幼儿改一改、编一编歌词，对幼儿进行发散性思维的训练，培养幼儿的创造能力和自信心。

1. 为特定的歌曲填编新词

首先，让孩子们熟练地唱会原有歌词和曲调，然后，鼓励幼儿创编与别人不同的歌词，对于能力不同的幼儿给予不同的要求和指导，使幼儿都动起来，把幼儿的注意力集中在音乐的要求和创造的乐趣上。幼儿在这种活动中，可感受到自我表达的乐趣，认识和掌握特定曲调的乐法和节奏特征，同时，幼儿的创造意识和创造能力也从中获得了有益的发展。由于此活动拓展空间很大，相对比较容易，教师只要稍加启发、提示，幼儿便能轻松愉快地编出不尽相同的新歌词来。

（1）替换式——部分改编歌词

替换式是指不改变歌词的原有结构，而改变其中的名词、动词或象声词等部分歌词。这种方法比较简单，一般用于刚刚开始的创编活动。幼儿能很快享受到改编歌词带来的快乐，从而激发创造意识，树立自信，尤其适合小班幼儿。

例如：

小鸡在哪里

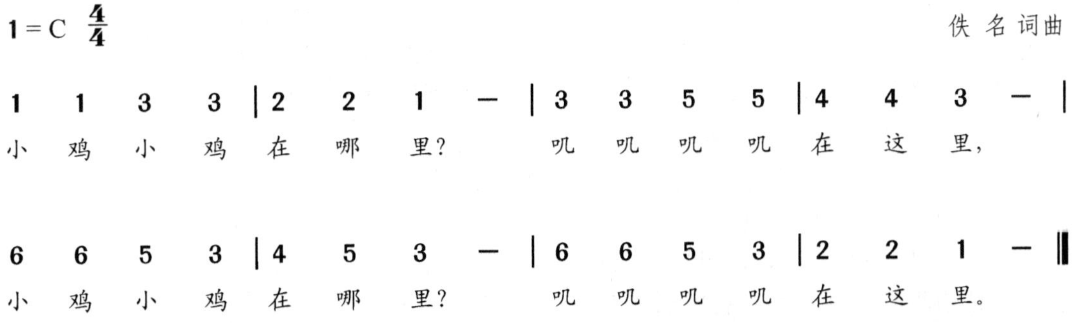

可将其中的“小鸡”和“叽叽”声进行改变，孩子们想出了“小羊——咩咩”“小狗——汪汪”“小猪——噜噜”等小动物及其叫声，他们编得开心，唱得更开心。

再例如在教歌曲《表情歌》时，待幼儿学会唱“我高兴，我高兴，我就拍拍手，看大家一起拍拍手”之后，教师利用画有不同表情的挂图提示幼儿填编新歌词。结果，孩子们根据自己的经验和体会，非常顺利地填编出了表示生气、快乐、害怕的各种新歌词。

（2）创新式——自由创造歌词

创新式是指没有歌词作为参照，只为幼儿提供节奏和旋律，让幼儿以自己的情感体验和生活经验为依据自由地创编歌词。这种形式有一定的难度，适合有一定基础的大班幼儿。如《胡说歌》，教师在引导幼儿动脑筋编一些违反正常生活现象的滑稽事件的唱词时，幼儿编出了很多很多歌词。如“你把袜子穿在鼻子上吗”“你把袜子穿在小手上吗”等。除此之外，教师还可引导幼儿创编衬词来代替一、二、五句末的拍手动作。幼儿想出了“叽叽”“嘘嘘”“喵喵”等多种象声词。教师还启发幼儿想出各种滑稽有趣的动作来替代有声的衬词。如在一、二、五句末拉两下耳朵、眨两次眼睛、摸两次鼻子等。

2. 幼儿自编自唱

幼儿稚嫩之心极易受音乐艺术美和音乐情境的感染，天生喜欢自编自唱。这种活动是幼儿内心处于自由、积极状态下自发形成的，是幼儿根据自己已有的音乐知识、经验，运用旋律或近似旋律来唱出所见、所想、所熟悉和感兴趣的事物。

几乎每个人小的时候都喜欢哼着完全由自己编的不成调的歌，也就是成人认为的“瞎唱”。而现在的孩子接触的歌曲更多，尝试唱唱完全由自己编的歌曲的愿望会更大。俗话说：“不让下田，怎会耕田?”不让孩子去尝试、实践，怎么会知道孩子有这方面的愿望和能力？虽然孩子们不会作词、谱曲，但他们能说、会唱就行了。如幼儿看到关于小伙伴玩游戏就唱有关小伙伴的歌曲，有时还一边看图书，一边编出图书上有关内容的歌曲。他们编的都是一些不成调的“歌曲”，显得幼稚可笑，之所以称之为“歌曲”，那是站在幼儿的立场上讲的。但孩子们唱起来时，每一首都是欢快、动听的，淋漓尽致地表达了孩子们的心声。这时，教师要非常认真地肯定孩子们的成绩，以鼓励他们不泄气，继续努力，同时为他们分析、加工，帮助他们记录词和曲，然后把他们的歌曲用录音机录制下来，并一起学唱。通过一段时间的实践，孩子们有点摸着了编歌的门道，尽管歌曲的节奏、曲式非常简单，但兴趣始终没减。在自由编歌的基础上，还可以进行命题创作，如听一个故事、看一幅画，然后根据故事或图画的内容编创歌曲。还可在区角创设“迷你音乐创作室”，使自编歌曲之风在幼儿中间更为广泛地传播。

3. 鼓励幼儿为歌曲创编动作

让幼儿为歌曲创编动作，一方面可以激发他们歌唱的兴趣，另一方面又可以培养幼儿的创造能力。如《听》这首歌，幼儿唱了几遍后兴趣就不大了。教师就可启发幼儿：“大家不仅可以用嘴巴唱，还可以用自己的身体来唱。”幼儿的积极性马上调动起来了。有的幼儿边唱边高举双手左右摆动，有的幼儿边唱边旋转身体，就好像风儿真的吹来似的。如歌曲《小海军》，它是幼儿十分喜爱的一首歌，特别是一些男孩子，很快就学会演唱了。当唱到“敌人胆敢来侵犯”时，他们一手叉腰，一手握起了小拳头，一副愤怒的表情。当唱到“打得他呀海底沉”时，整只手有力地指向地面，就像真的把敌人的船只打到了海底。

在创编活动中，教师应不规定幼儿按照统一的模式来做，重要的是鼓励幼儿自主地去感受、表现和体验。当孩子们富有个性的理解以及创造性的表现方式被教师肯定时，他们会体验到被尊重的感觉，满足了自我表现的需要，这种正面的情绪会激励他们更加热爱音乐。

（三）幼儿良好个性、社会性的培养

①培养幼儿良好的个性。使用发展性评价，让每个幼儿能够认识到自己的努力和自己的提高。对不同的幼儿提不同的要求、给予不同的帮助。给每个幼儿成功表现自己的机会，尽力帮助每个幼儿在原有基础上提高，特别鼓励幼儿应有积极参与和自我激励的态度。

②培养幼儿良好的社会性。要求尽力追求歌声、乐声和合作动作表演的和谐。引导幼儿学习自己处理歌唱的形式和表情，并自己组织、指挥演唱练习。充分利用音乐角、小音乐会以及幼儿自发的音乐活动来开展教学。

六、歌唱教育活动方案设计与实例分析

（一）与先前的程序和方法的区别

①程序。先前的程序是新授、复习、检查，其目的主要是让幼儿学会歌曲。现今的程序是层层深入、层层累加，其目的主要是让幼儿在学会歌曲的过程中获得全面发展。

②方法。先前的方法是示范、模仿、练习，其目的主要是让幼儿学会歌曲。现今的方法是示范、模仿、练习与引导创造性表现相结合，其目的主要是让幼儿在参与歌唱的过程中获得全面发展。

（二）设计思路

①设计思路。系列歌唱教育活动方案的设计思路主要有两种：其一，尽量挖掘原歌曲材料本身的教育潜力，然后再在诸多可能性中选择最佳方案；其二，改变原材料中的某些因素，或加入另一些新材料，然后再从扩大了的诸多可能性中选择最佳方案。

②注意事项。首先，方案宜精练，系列方案安排的进度宜适中，系列方案中的各单个方案之间宜有重复，有变化。其次，同一要求宜不断深化提高，尽量用不同的材料和方法。

③设计时应尽量细致、明确，而实施时应尽量灵活多变。

范例分析：

范例一《小兔子乖乖》（该方案遵循的是第一种设计思路）

层次一：学习新歌。除了学会唱新歌以外，还要学习感受和表现歌曲中神秘的气氛和轻快的心情。

层次二：创编歌表演。除了学习创编和表演出与内容相关的动作以外，还要学习音乐 A-B 的结构，以及学习用简约的动作表现出歌曲的结构、节奏、情绪和内容。

层次三：学习创编和演奏打击乐曲。除了创编和演奏出比较优美的打击乐曲以外，还要继续学习编配打击乐曲的知识和演奏打击乐曲的技能，以及继续学习指挥和看指挥演奏的技能。

层次四：学会歌曲的轮唱和合唱。主要学习在复杂的合作演唱中进行人际协调的技能。

范例二：《走路》（该方案遵循的是第二种设计思路）

层次一：学习新歌。除了学会唱新歌以外，体验参与集体活动的舒适和快乐。

层次二：学习演奏碰铃。坐成圆圈唱《走路》，唱到不同动物的时候用小碰铃的即兴演奏提示。

层次三：学玩游戏。根据歌词模仿不同动物走路的样子和特点。

层次四：学玩游戏。听慢速音乐《摇啊摇》，模仿动物们都在休息睡觉的样子；听中速音乐《走路》，模仿动物们全都有着自己的特点走出来和大家聚会。

实例分析：

表 6-1 中班歌唱活动“小雪人”系列层次方案

教育活动方案设计举例	教育活动方案设计分析
层次一 歌唱与合作表演 1. 引导幼儿观察教师提供的实物操作表演，了解歌曲的主要内容和趣味 2. 引导幼儿尝试用动作表现歌词大意，并在教师范唱的歌声中随教师一起用动作表演 3. 引导幼儿跟随教师边唱边表演，并在歌曲结束时加入自己发明的雪人造型 4. 引导幼儿边唱边表演，歌曲结束时，接受老师的魔法棒一点，让雪人动起来 5. 请幼儿自由结伴，自己协商角色，并边唱边表演。结束时，愉快地相互致谢 层次二 歌唱与韵律活动 1. 引导幼儿收集各种雪人图片 2. 引导幼儿谈论雪人造型 3. 引导幼儿用剪纸或泥工的方式做出不同造型的雪人 4. 引导幼儿复习歌曲，在教师指导下尽可能唱得更熟练和完美 5. 引导幼儿即兴为歌曲编配和表演动作 6. 由幼儿自愿轮流表演，边唱边表演，边创编雪人造型 7. 安排幼儿玩“我们都是小雪人”的律动游戏。先做律动，再唱歌表演	该方案是一个包含两个层次的系列方案 分析一：教师用实物操作与语言相结合，有助幼儿更轻松愉快地把握歌词的内容和趣味 动作创编有助于幼儿更好地理解和记忆歌词和体验其中的趣味，同时利用无意注意熟悉歌曲 魔法棒与雪人的互动有助于不断保持幼儿参与活动的愉快体验 加入交往性的活动方式有助于幼儿体验更多快乐，并为幼儿创造更多发展交往合作意识及能力的机会 分析二： 有助于幼儿发展主动搜集研究信息的意识 有助于幼儿发展语言表达的能力 有助于幼儿发展平面造型以及立体想象和转换能力 重点发展幼儿的动作造型能力 重点发展幼儿的交流意识及能力 重点发展幼儿创造性随音乐运动的能力，并体验创造、表演、合作、交流以及在游戏中进行自我克制的快乐

第二节 幼儿韵律活动

在幼儿音乐活动中，音乐与身体动作常常是不可分开的。韵律活动在幼儿园的音乐活动中占有极为重要的地位，它是指伴随音乐而进行的各种有节奏的身体动作。通过韵律活动，幼儿在情绪上、心理上可获得满足，并能获得快乐。

一、幼儿韵律活动能力的发展特点

幼儿韵律活动包括律动、舞蹈、音乐游戏等活动，幼儿参与韵律活动是以他们对音乐的感受、理解及他们的动作发展水平为基础的。幼儿韵律活动能力的发展有一个渐进的过程，不同年龄段幼儿的动作特点也是不同的。

1. 小班

①3 岁初期，幼儿听到自己喜爱或熟悉的音乐时，往往会自发地跟着音乐拍手、跺脚，但这种自由的身体动作并不能做到与音乐完全合拍，音乐常常只是一种背景。

②3 岁以后，随着儿童音乐活动机会增多，特别是经过幼儿园良好的教育，幼儿逐步能够发展到根据音乐的特点，努力使自己的动作与音乐节奏相一致。大多数幼儿都能自如地运用手、臂、躯干做各种单纯动作，如拍手、摆臂、点头、跺脚等。

③由于受神经系统协调性发展局限，小班幼儿平衡及自控能力还较差，所以容易掌握幅度较大的上肢动作，而细小的，上、下肢联合的动作掌握起来有一定困难。

④3 岁幼儿在韵律活动中的动作表现往往是以自我为中心的，他们不善于运用动作与同伴配合，交流共享。

⑤这时期的幼儿能随音乐用自己想出来的动作模仿和表现日常生活中熟悉的具体事物，如动物、植物、自然现象、劳动交通工具等；能用动作来表现自己的情感体验。

2. 中班

①能自如地随着音乐的变化调节自己的动作，如快、慢、轻、重等。

②能够较自如地做一些下肢的连续动作，如跑步、跳跃，同时上、下肢联合的动作也逐步得到发展。

③这一年龄阶段的幼儿已经开始注意运用动作与同伴合作、交流。如在集体韵律活动中，他们会自动调节位置，不与他人碰撞而共享空间，会和同伴合作表演，还会主动邀请同伴共舞等。

④进行简单的创编活动，如用动作表现他们熟悉的事物，以表达他们的情绪。

3. 大班

①动作进一步精细，可以做从身体、躯干动作→手臂→手腕→手指动作，如“采茶”的动作、模仿成人缝衣服的动作等，例如“纺织律动”。

②上、下肢配合协调，能做上下肢联合的较复杂的动作，如“新疆集体舞”“绸带舞”等。

③能随音乐速度和力度的变化较灵敏地做动作，同时能自如地表现音乐的节奏、节拍，如八分音符、十六分音符、切分节奏以及三拍子的节奏等。

④创造性表现音乐的能力进一步增强。如在同样的音乐、同样的主题内容活动中，他们会努力地用自己已有的表达经验尽可能创造与别人不同的动作，并追求姿态与动作的美。

总之，幼儿韵律活动能力的发展受到身体生长发育和心理成长过程相互作用的影响，并且对于每一个发展个体而言，体现出较大的层次性和表现差异。活动中，教师应针对不同年龄层次、不同发展水平、不同个性差异的幼儿进行循序渐进的引导，更好地帮助幼儿积累动作语汇，使他们更好地体会和享受用身体动作进行表达和表现的乐趣。

二、幼儿韵律活动的内容与要求

（一）幼儿韵律活动的内容

幼儿园韵律活动一般包括四个方面的内容，即律动、歌表演、舞蹈、音乐游戏。

1. 律动

在幼儿园律动经常是作为一种基本训练加以运用，为舞蹈或音乐游戏中的某些新动作做准备；也经常作为一种组织教学活动的手段，在进出活动室的时候用进行曲走步或作某种舞步。由此可见，安排律动活动可以调剂神经系统，活跃气氛，达到动静结合的目的。幼儿园的律动内容分为基本动作和模仿动作两大类。

（1）基本动作

运用身体各部分，如头、肩、臂、手指、腰、胯、腿、膝、脚等所做的动作，以及由走、跑、跳、跃、滑等组成的各种简易步法。

在音乐伴奏下练习基本动作，要使音乐速度与幼儿动作合拍。进行曲可以练习走步，还可以走不同的队形。跑步可选用二拍子、速度稍快、旋律轻快的乐曲。练习跳跃可选用二拍子、四拍子或6/8拍子，速度稍快、活泼跳跃的音乐。

（2）模仿动作

模仿动作范围很广，包括模仿日常生活、成人劳动、动物、植物、乐器演奏、自然现象、交通工具、科学成果等。这些模仿动作都是幼儿在日常生活、游戏、学习中接触到的，为幼儿所理解、喜爱并能掌握的动作。

①动物的动作，如鸟飞、兔跳、马跑、乌龟爬、大象走等。

②人的劳动和其他动作，如走路、跑步、划船、摘果子、开汽车、洗脸、刷牙、洗衣服等。

③自然界的现象，如风吹、柳树摇摆、植物生长、下雨、水波等。

④游戏中的动作，如拍球、跷跷板等。

幼儿的动作发展趋势一般是从大的整体动作到小的精细动作，即从躯干的、上下肢的大动作逐步发展到手腕的、手指的小动作；从不移动的到移动的，再到移动与不移动二者联合的动作。小班幼儿的小肌肉动作、联合性动作发展得还不太好，因此，律动活动应该首先从一些坐着不移动的、上肢的大动作开始，如打鼓、吹喇叭、打气、洗脸、梳头、拍球等，或者做一些单纯的移动动作，如走步、小碎步、小跑步等。在上述动作熟练的基础上再将移动的和不移动的动作配合起来一起做，如边走边拍手、边走边打鼓、边走边吹喇叭，以及需要四肢协调活动的猫走路、大象走路等。除了走着做动作之外，还可以小碎步做鸟飞的动作、小跑步做开飞机的动作等。一些跳跃动作对3岁幼儿来说较难掌握，应该稍迟一些再教。中、大班幼儿控制动作的能力和节奏感都有所发展，可以做一些小肌肉的、精细的动作，如需要手腕转动的手腕花、摘果子等。在做这类动作时，还可以有速度、力度的变化，如快慢、强弱的对比或渐快渐慢、渐强渐弱等，以便进一步培养幼儿对音乐的感受能力及动作的协调性。

律动动作和律动音乐有着密不可分的联系。一般来说，律动音乐应该节奏鲜明、形象性强，能引起幼儿活动的愿望和兴趣。幼儿通常喜欢边唱边做动作，因此，所选的一些简单的律动曲最好是便于幼儿演唱的。

2. 歌表演

歌表演是幼儿最初步的舞蹈。它是指在歌曲演唱中配以简单形象的动作、姿态、表情等来表达歌词内容、再现音乐形象，边唱边进行的表演。它有别于表演唱。即从歌唱教学的角度而言，歌表演重点在“动作伴随歌唱”；从韵律活动教学的角度而言，其重点在“歌唱伴随动作”。

3. 舞蹈

幼儿舞蹈主要由基本舞步、简单的上肢舞蹈动作及队形变化三部分组成。其中，基本舞步有碎步、小跑步、垫步、踏跳步、弹簧步、进退步、华尔兹步、秧歌十字步等；简单的上肢舞蹈动作有两臂的摆动和画圈，手腕的转动和压、拧、提等；简单的队形变化有圆形（单圈成双圈）、半圆形、八字形、竖排、横排、斜排等。幼儿园常见的舞蹈形式有以下几种：

①独舞。幼儿园的独舞不同于广义上的独舞。它是指一个人独立地做舞蹈动作，包括一个人独自表演，也包括一群人一起表演，但要求各自独立活动，彼此间不发生交流或配合关系。由于这种形式的舞蹈动作不强求统一，因而幼儿随音乐自己创造性地想出各种舞蹈动作以表达自己的感受。

②双人或三人舞。这种舞蹈是指两个人或三个人相互组合做舞蹈动作，舞伴的配合关系一般是相互的，但偶尔也会有主导和辅助之间的联系。

③集体舞。集体舞是指一群人按一定的队形、动作一起跳舞。一般情况下是跳完一遍后相互间可更换舞伴；或先有一部分人为邀请者，在与被邀请者跳完一遍后，被邀请者转换为邀请者，重新邀请舞伴。例如：

你是我的好朋友

1 = C $\frac{2}{4}$　　佚名词曲

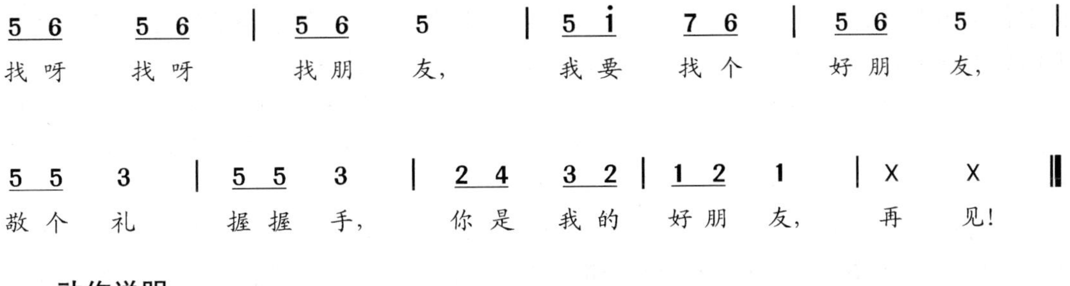

动作说明：

幼儿拉成圆圈，面向圆心拍手唱歌。请几位幼儿站在圈内做邀请者。

第 1～4 小节：全体幼儿拍手，每拍拍一下。邀请者边拍手边顺圈逆时针方向走，到第 4 小节时站在一位幼儿面前。

第 5～6 小节：两人相对，用右手敬礼后握手。

第 7～9 小节：两人手拉手转半圈交换位置，各举右手说："再见!"音乐重新开始，原来的邀请者站在圈上，被邀请者出去邀请其他幼儿。

④领舞群舞。这类舞蹈是指以领舞者为主、以群舞者为辅的一种稍复杂的合作表演方式。其中的主导、辅助关系是规定的，必须严格遵照执行。幼儿学习这类舞蹈时人数以 6～10 人为佳，可以有简单的队形变化，通常是在平日所学歌舞表演的基础上加工而成。

4. 音乐游戏

音乐游戏是在歌曲或乐曲的伴奏下，按音乐的内容、性质、节奏和乐曲的结构等进行游戏，并且有一定的规则和动作要求。它主要是以发展学前儿童的音乐能力为主要目的，在听听、唱唱、跳跳、玩玩等自由愉快的游戏中，培养儿童的音乐感受力、表现力和创造力。音乐游戏在提高儿童交往、合作和自控能力等方面有着不可忽视的作用。

音乐游戏是多种多样的，分类方式也各不相同。根据目前幼儿园音乐游戏活动的实践经验，我们可以大致作以下分类：

（1）按游戏的内容和主题划分

按游戏的内容和主题划分，可以分为有主题的和无主题的音乐游戏两类。

①有主题的音乐游戏。这类游戏一般有一定的内容、情节和一定的角色，儿童在游戏中可以扮演不同的角色，模仿角色的形象，以提高幼儿的思维力和想象力，同时使儿童的动作得到协调发展。

②无主题的音乐游戏。这类游戏一般没有情节，只是随音乐做动作，相当于律动或律动组合，但这种动作带有一定的游戏性，即含有游戏的规则。如"抢椅子"的游戏，儿童只是随音乐自由地做各种动作，但是当音乐一停，儿童必须抢坐一个位子，这便是游戏的规则。

（2）按游戏形式划分

按游戏的形式分，可以将音乐游戏分为歌舞游戏、表演游戏和听辨反应游戏。

①歌舞游戏。这类游戏一般是在歌曲的基础上产生的。即按照歌词、节奏、乐句和乐段的结构做动作并进行游戏。一般游戏的规则通常在歌曲的结束处出现。这类游戏与有主题的游戏有所不同，它可以有较明显的游戏主题、内容，也可以没有专门表现情节和角色的音乐，它相对比较侧重于儿童的创造性动作的表现。

②表演游戏。这类游戏是按专门设计、组织的不同音乐来做动作或变化动作而进行的游戏。从游戏内容上看一般有一定的情节和角色，从游戏的形式上看带有较强的表演性。

③听辨反应游戏。这类游戏比较侧重于对音乐和声音的分辨，以及判断能力的要求，以培养幼儿对音乐高低、强弱、快慢、音色、乐句等的分辨能力。它一般没有固定的游戏情节或内容，以对音乐要素的反应和理解为主。

例如：

动作说明：

狼和小兔

1＝C $\frac{4}{4}$

中速

儿歌

韩德常 改编

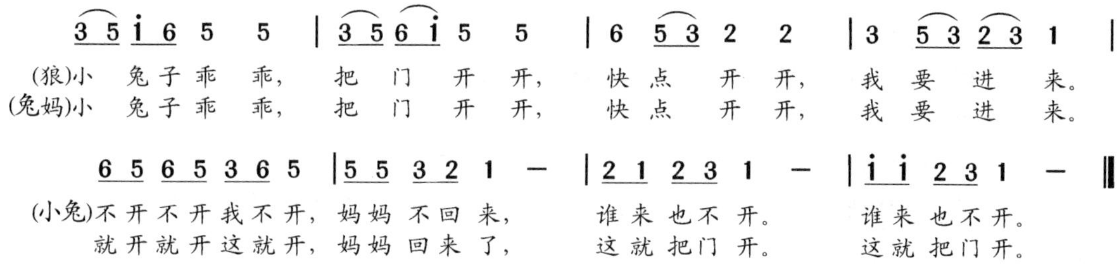

活泼舞蹈

1＝C $\frac{2}{4}$

佚 名词曲

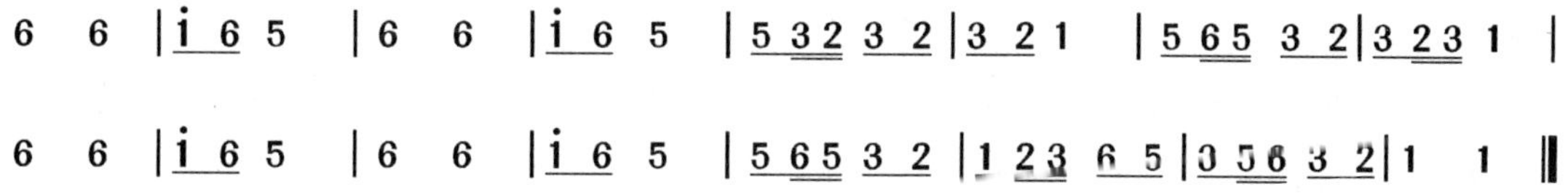

全体幼儿大部分当小兔子，指定其中一个小朋友扮演兔妈妈，一个小朋友扮演老狼，两个小朋友扮演狗。开始时，兔妈妈说："孩子们，你们在家好好地玩，妈妈出去拔萝卜，一会儿就回来。妈妈回来时这样唱……（唱歌曲的第 1～4 小节），你们就开门，没有妈妈的歌声，可别开门，别让大灰狼进来。"于是，妈妈和小兔们告别。

狼可以由小朋友扮演，也可请老师扮演，走到门边用低沉不好听的声音唱 1～4 小节，小兔子们听出不是妈妈的声音，愤怒地不肯开门，坚决有力地唱第一段词的 5～8 小节。刚唱完，两条狗跑过来对狼大声地叫，于是狼被狗吓跑了。

妈妈回来了，唱歌曲 1～4 小节，小兔子欢喜地唱第 5～8 小节的第二段词，并开门迎接妈妈。

奏音乐第二部分舞曲第 1 小节时，幼儿双手叉腰，并用双脚脚尖着地轻轻地跳两下；第 2 小节，幼儿拍手；第 3～4 小节重复第 1～2 小节的动作；第 5～8 小节，每个幼儿在自己位置上旋转一周；第 9～12 小节重复第 1～4 小节的动作；第 13～16 小节，每个幼儿拉起手来，全体顺着圆圈小跑步。

（二）韵律活动的教学要求

学龄前儿童韵律活动的具体要求是根据学龄前儿童艺术教育的目标、任务和学龄前儿童动作发展的特点，以及韵律活动特有的教育规律提出来的。要了解各年龄班韵律活动的教学要求，首先要把握学龄前儿童韵律活动的总体要求。

1. 幼儿园韵律活动的总要求

①能够感知、理解韵律动作所表现的内容、情感和意义，理解音乐、道具在韵律动作表现活动中的作用，知道如何运用空间因素进行创造性的动作表现。

②能够体验并努力争取做出与音乐相协调的韵律动作，喜欢探索和运用道具及空间

知识，并在与他人合作的动作表演活动中获得交往、合作的快乐。

③能够自如地运用自己的身体动作进行再现性和创造性的表现，并在合作的韵律活动中自然地运用动作、表情与他人交往、合作。

2. 幼儿园各年龄班韵律活动的具体要求

小班：

①能跟随音乐的节奏做简单的基本动作和模仿动作。

②喜欢参加集体性的韵律活动和音乐游戏。

③学习一些较简单的集体舞。

④初步尝试和体验用动作、表情和姿态与他人交流的方法和乐趣。

中班：

①能跟随音乐的节奏做简单的基本动作、模仿动作和舞蹈动作。

②喜欢参加集体的韵律活动和音乐游戏。

③学习一些基本的舞蹈动作和集体舞。

④享受并体验用动作、表情和姿态与他人交流的方法和乐趣，初步尝试用创造性的动作自发地随音乐自由舞蹈。

⑤能够在动作表演过程中学习使用一些简单的道具。

大班：

①能跟随音乐的节奏较准确地做各种稍复杂的基本动作、模仿动作和舞蹈动作组合。

②喜欢参加集体性的韵律活动和音乐游戏，喜欢自发地随音乐自由舞蹈。

③进一步丰富舞蹈动作语汇，在掌握一些基本的舞蹈动作和集体舞的基础上，学习一些含有创造性成分的稍复杂的舞蹈组合。

④能够积极体验用动作、表情和姿态与他人交流的方法和乐趣，并在合作表演的过程中尝试用创造性的动作大胆、主动地表现。

⑤能够在动作表演过程中学习选择并较熟练地使用一些简单的道具。

三、幼儿韵律活动的组织与指导

（一）指导幼儿韵律活动的一般步骤

1. 活动前的准备工作

（1）教师的准备

熟悉音乐材料和动作材料，包括内容、主题、情节、风格、形象等；了解本班幼儿情况；熟练地弹唱音乐材料；动作熟练、优美，并处理好音乐与动作的关系。

（2）环境与材料的准备

布置环境和准备材料，做好相关环境布置，制作和准备相关道具，布置场地、场景等。

（3）幼儿经验的准备

生活经验是幼儿有感情动作的基础，有了丰富的感性认识，幼儿头脑中才可能有足够的表象。这样，他们在进行律动的同时，使记忆、想象等心理活动处于积极状态，从而达到音乐教育所预期的效果。教师在进行律动教学时，可以采取各种方法来丰富幼儿的感性经验。例如，观察实物的动作，用实物演示动作，带领幼儿进入实际的生活情境中去亲身感受，给幼儿实践的机会以获得亲身体验等。

2. 幼儿韵律活动的组织环节

（1）导入活动

活动开始时，教师应设计情境或故事以引发幼儿的活动兴趣，并自然地向幼儿介绍律动或舞蹈的名称，概括地讲述活动的内容，引起幼儿的学习兴趣。

（2）熟悉音乐

教师必须引导幼儿倾听音乐，感受音乐的节奏、节拍、结构、情绪和风格，熟悉音乐的特点和变化，注意到音乐与动作的变化，音乐的变化与舞蹈动作、队形变化的联系。有的舞蹈表演还有歌曲伴唱，还应先教会幼儿唱歌，再教动作。

（3）教师示范

引导幼儿练习前，教师应先将舞蹈或律动完整地示范一次。第二次示范时，可以放慢速度，向幼儿讲清动作的方向，手、脚、头、身体如何配合等，指出动作的要领。教师的示范，应该准确、形象、情绪饱满，与音乐紧密配合，要让幼儿看清楚，并有一定的时间用于思考和理解。

值得强调的是，律动或舞蹈中的动作，教师可以自己设计，也可以让幼儿设计，这对于中班后期和大班幼儿是非常有必要的。但是让幼儿自己设计动作，教师必须考虑幼儿是否有较好的音乐感受力、想象力，是否积累了一定的技能等因素。教师可以帮助幼儿、启发幼儿，让他们根据自己对角色的理解及生活中的观察，将学过及看过的动作再现出来，并在此基础上创造性地设计动作，使之符合角色的特点和音乐性质。

（4）练习动作

引导幼儿练习，要本着少讲多看、精讲多练、动静交替的原则，让幼儿从易到难、由分解到组合地进行练习。

（5）编排队形

幼儿基本学会跳舞以后，教师还要帮助幼儿排队形。站队形的关键是让幼儿了解自己所处的空间位置与别人的关系。可以使用图示法。

（6）完整随乐

幼儿学会某个律动或舞蹈后，教师要有意识地采用多种方法带领幼儿复习，使他们在愉快的舞蹈活动中不断提高表演水平。为了提高幼儿的复习兴趣，可以利用一些辅助材料，如彩带、纸花、头饰等道具提升效果。

（7）大胆创作与表现

鼓励幼儿运用已有的动作语汇进行有创意的表达与表现。

3. 指导幼儿韵律活动应注意的问题

①音乐为主、语言为辅。教师应注重在音乐的伴随下引导幼儿随着音乐做相应的动作，用动作解释听到的音乐。防止教师喊着“一二三四、二二三四”的口令，脱离音乐的动作指导。

②注重启发性的指导。动作由幼儿根据对音乐的体会自己表演，而不是由教师一招一式地教，动作要灵活自由，教师应提供相应的帮助。

③重视基本动作练习。防止专门化训练，不要追求高深的舞蹈动作技巧，而是培养幼儿能随着音乐即兴创作简单的动作，发自内心去表现音乐美。

④创造力培养。让每个幼儿动起来，人人都参与到韵律活动中来，激励幼儿能随着音乐即兴创作简单的动作，发自内心去表达内心的情感。

（二）组织幼儿开展韵律活动常用的方法

1. 活动导入的方法

（1）从观察开始导入

从观察开始的活动主要适合让幼儿在观察具体事物的外部形象或运动状态后，用自己的动作创造性地进行表现的活动。

活动案例：小班律动活动——小鱼游

①教师指导幼儿观察鱼游动时的动作（可以观察鱼缸、水盆或鱼池里的鱼，也可以观察鱼游动时的视频）。

②教师播放音乐，鼓励幼儿自由地跟随音乐表现鱼游的基本动作。

③教师邀请个别幼儿轮流表演，引导幼儿相互观察、相互学习。教师哼唱音乐或用琴声为幼儿伴奏。

④教师播放音乐，带领幼儿重点练习小碎步既轻又快地移动，同时用手臂自由地模仿鱼游的动作。

此外，小班的一些模仿动作，如小鸟飞、小兔跳，还有生活模仿动作，如洗脸等律动练习，都适合用观察的方法导入。

（2）从回忆开始导入

此方法主要适合让幼儿在回忆有关具体事物的外部形象或运动状态后，再用自己的动作创造性地进行表演的活动。

活动案例：大班韵律活动——雪娃娃

①教师安排全体幼儿自选空地，任意摆出一种姿势造型，假装自己是一个被堆好的雪人。

②教师随音乐扮演小雪花，“飘”向小雪人。

③教师每“飘”向一个幼儿，这个幼儿就换一种造型。

④幼儿一组一组轮流表演，相互交流学习经验，并鼓励表演中的合作（几个姿态不同的“雪人”在一起）。教师播放音乐，选一个幼儿扮演小雪花，组织幼儿表演。

⑤教师播放音乐，再次组织全体幼儿自由地结伴表演。

（3）从动作探索导入

动作探索法比较适合难度较大的舞蹈动作练习。

活动案例：大班律动——采茶

①教师用容易引起幼儿学习兴趣的方法引出主题。

②教师最好辅助以画面，为幼儿提供故事情境，给幼儿创编故事提供线索。

③在幼儿创编的基础上，教师发现好的动作范例，进行引导美化，再引导幼儿还可

以如何来丰富采茶。如教师询问可以怎么采茶。在幼儿想出动作后，教师引导幼儿合理地加以美化，并提出一些问题启发幼儿思考，如怎样用好看的动作来表现采茶动作，茶树高低不一时怎么采，躲在里面的茶叶怎么采，还可以在什么地方采到茶叶，等等，让幼儿用动作来表现教师提出的相关问题。

④教师组织幼儿倾听、分析、体验音乐，并组织幼儿用讨论的方法，把动作和音乐逐步匹配起来。

（4）从音乐欣赏导入

音乐欣赏法适合音乐结构比较复杂、音乐与动作结合要求比较高、韵律动作比较多的舞蹈。

活动案例：大班舞蹈《孔雀舞》

①教师可以采取边听音乐边看投影的方法，让幼儿欣赏傣族舞的风格及特点。

②教师分析音乐并介绍傣族的典型民俗“泼水节”及象征孔雀的动作等知识，使幼儿在感知、理解音乐的同时，其相关的舞蹈信息也得到丰富。

③在幼儿初步熟悉音乐的结构和节奏的基础上，教师开始教授这个舞蹈。

（5）从游戏导入

游戏导入法主要适合可以用游戏方法来表现动作和队形的教学活动。

活动案例：大班舞蹈《花之舞》（重点学习双向穿梭队形）

①教师及全体幼儿每人右手腕戴一彩色小手圈，听教师口令找朋友握手问候。教师说“花朋友握握手”，每人立刻找好一个朋友并用戴手圈的手（右手）与朋友握手后打招呼：“你好，你好!”教师说“好朋友握握手”，每人立刻找好一个朋友，然后用没有戴手圈的手（左手）与朋友握手后打招呼：“你好，你好!”

②教师将幼儿分成人数相等的两组站成两个圆圈，一圈顺时针方向站，一圈逆时针方向站，继续玩上述游戏，每次每人向前换一个朋友换一只手握手。

③教师哼唱舞蹈第二段音乐，将游戏动作编排到舞蹈音乐中去。

④教师教授舞蹈第一段的动作，并将第二段动作和队形变化编排到舞蹈中去。

（6）从舞谱导入

舞谱法主要用于帮助幼儿理解舞蹈符号，通过使用舞谱来促进幼儿的舞蹈学习。

活动案例：大班舞蹈《彩带舞》

①教师向幼儿提供几种图片，每种图片上都画着不同图形，这些图片分别表示圆弧（顺时针、逆时针）、波浪形、直线形、半圆形、螺旋形等。

②教师指定幼儿选择图片摆放的顺序。

③教师带领幼儿按照图片的顺序挥舞彩带。

④集体边看舞谱边挥动彩带，听音乐表演歌曲《大中国》。

（7）从队形练习导入

队形练习法适合所含基本动作都比较单一、难度也不太大的舞蹈，以便幼儿能够集中精力表演。

活动案例：大班集体舞《家庭之舞》（以色列）

队形：第一段音乐（4 个乐句），幼儿“面向圈（单圆）上”（即每个人面对前方舞伴的后脑勺)，顺时针方向向前走动。第二段音乐（4 个乐句)，幼儿“面向圈里”，一个乐句向内前进，一个乐句向后退出。重复：一个乐句向内前进，一个乐句向外退出。

①教师带幼儿完整走一遍队形变化路线。

②教师哼唱伴奏，幼儿走队形变化路线。

③配班教师哼唱伴奏，幼儿完整走队形。第一段音乐加上肢动作，第二段音乐不加上肢动作。

④专门练习第一段的上肢动作，后加教师哼唱伴奏。专门练习第二段的上下肢协调动作，后加教师哼唱伴奏。

⑤完整表演舞蹈，教师哼唱伴奏。以后还可以加入其他躯干或肢体的复杂变化动作。改用钢琴、手风琴伴奏或录音音乐伴奏。

2. 引导幼儿学习表演动作的方法

(1) 简单动作整体教

幼儿学习韵律动作时，对于比较简短或简单的舞蹈或律动，可以按照动作的顺序依次模仿练习，并讲解重点动作所表达的意思。

例如，教歌表演《小手拍拍》动作时，如果歌曲简单，歌词又比较形象，可以放慢速度让幼儿整段跟着老师边唱边学动作。

(2) 复杂动作分解教

有些舞蹈动作比较难或配合手和脚的动作时，则需要教师进行启发性的分析和讲解。教师应先将动作分解开，向幼儿讲清动作要领，分别练习，再进行动作合成。例如，“踏跳步”是由踏步与单脚向上跳两个动作所构成，为了使幼儿有较清晰的印象，可先将动作进行分解，然后再交给幼儿自己练习。

另外，教师的讲解要尽可能从幼儿的生活经验出发，讲解应生动形象，使幼儿能理解并提高兴趣。例如，教“手腕花”的动作，可以告诉幼儿：左手在胸前，右手高过头，两手向外翻，花儿开在手。

(3) 不同角色分开教

在韵律活动中，有些舞蹈和律动有角色的区分，由于不同的角色代表着不同的音乐形象，它们所表现的动作和情感也有所不同，因此，为了帮助幼儿尽快把握好各种角色的动作特点，教授时要将每个角色动作分开教，然后再将各个动作组合起来随音乐完整练习。

例如《洋娃娃和小熊跳舞》中的“洋娃娃”和“小熊”的形象和动作就有所不同，是两人组合的舞蹈。老师应将动作分开教，再带幼儿进行组合练习。老师还可以用头饰等教具来帮助幼儿明确表演中的角色分配。

(4) 精讲多练，语言辅助教学

教授动作的过程中，教师可以合着音乐节拍运用一些语言提示进行教学。例如，教“踵趾小跑步”时可以配合曲调“脚跟、脚尖、跑跑跑”，有时也可以用“一、二、三、四”数动作的个数来教。但要注意不能用口令代替音乐，要尽快让幼儿从听口令做动作过渡到听音乐节拍做动作。

3. 引导幼儿进行队形变换的方法

(1) 队形编排

为幼儿编排队形与动作相关，幼儿队形（如圆形、半圆形、横排、纵队等）可以根据动作的需要而定。动作比较复杂的宜采用横排或纵队形；简单的邀请舞可以横排，然后排圆形，这样可以使幼儿从一开始就知道如何变换位置。

(2) 带示范性的小组练习

练习队形变换时，可以根据实际情况，先请一组幼儿学习队形变化，使这个教学过程成为对全班幼儿的示范过程，然后再由这一部分幼儿带全班学习队形变化。

值得强调的是，指导部分幼儿学习的时间不能太长，应使全班幼儿都有练习机会，防止出现只是培养几个幼儿或突击练习的现象。

(3) 在黑板上画线路图

有时队形变换可以采用一些辅助方法。例如，教师可以边讲解边在黑板上画出队形图和变换队形时的路线图。这种方法对大班幼儿或舞蹈能力较强的幼儿能起作用，但对小班幼儿或舞蹈能力较差的幼儿就不太适宜。

(4) 在地板上做记号

对年龄小、分不清左右方向的幼儿，或当碰到较难站的队形，或变换比较复杂的队形时，教师可以在地上画出记号，帮助幼儿弄清自己所站的位置。对于面对面做相同动作时常会弄错方向的幼儿，教师可以让幼儿一只手戴红色的彩圈或黄色的彩圈，提示幼儿空手做什么动作，戴彩圈的手又做什么动作。

第三节　幼儿音乐欣赏活动

音乐欣赏，是指幼儿通过聆听音乐作品获得审美享受的音乐活动。开展音乐欣赏活动，可使幼儿接触更多的优秀音乐作品，开阔音乐视野，丰富音乐经验，培养他们对音乐的喜爱之情，初步发展感知音乐、理解音乐、欣赏音乐作品的能力。

音乐欣赏，它能作用人的感官——听觉，使人产生激愤、哀伤、愉悦等多种情绪。音乐欣赏的过程也就是对音乐形象的审美过程，它能陶冶幼儿的情操，开启幼儿的智慧，促进幼儿全面、和谐发展。

一、幼儿音乐欣赏能力的发展

音乐欣赏能力包括倾听、理解、创造性地表达和个人音乐趣味倾向四个方面。

根据美国哈佛大学心理学家加德纳先生的多元智能理论，儿童天生具备音乐智能。而且儿童个体之间音乐智能状况是有差异的，加之后天环境因素影响，儿童的音乐欣赏能力发展水平也不尽相同。

儿童对声音的反应在胎儿期就开始了。在妊娠的第三个月，多数胎儿对外界的声音刺激就有所感觉，他们用动作及改变内部呼吸的方法对声音刺激做出反应。心理学家指出，在个体可能具有的所有天赋当中，音乐天赋是最早出现的。

新生儿可以很快地开始利用他们在胎儿期积累起来的各种声音经验，去探索他们周围丰富多变的声音世界。新生儿在降生几分钟后就能有听觉反应；2～3 天就能对不同的音色建立起条件反射，对不同频率的声音也能产生分化；5 天就能辨别发出声音的位置，听见声音能完全停止自己正在进行的动作，表现出听觉集中的现象。到了三个月时，婴儿就能再认母亲的声音或其他直接护理人的声音。快到四个月时，婴儿会用他们的脚或手去碰击那些能产生令人愉快的声音的玩具。这些动作起初只是婴儿的一种本能反应，是偶然动作，但是如果声音十分悦耳、十分有趣，婴儿就会饶有兴致地一次又一次去重复这些动作。四个月的婴儿会非常喜欢他自己的笑声，常常会一个人笑个不停。

到了五个月以后，婴儿逐渐可以感觉到两个音的不同，区别差别较大的不同材质的乐器发出的声音。大多数孩子在大人的启发下已经开始有音乐行为，其主要特征是随着音乐扭动身体。他们的音乐记忆表现为对听过的不同风格的乐曲有不同的反应。

6 个月以后的婴儿几乎可以像成年人一样去听音乐和关心各种声音。

1～2 岁的儿童其音乐行为越来越丰富，这时候，随着肢体动作的发展，他们可以模仿成人的演唱、演奏动作。到接近 2 岁时，一般的孩子对二度音程的两个音已经可以感受到不同。这阶段的孩子能够感受到同材质不同乐器音色的不同。这时候，孩子对音乐的理解还限于情绪性的。在音乐记忆方面，能记住更多不同风格的音乐，同时能模仿唱四拍的乐句。这一时期孩子的节奏模仿能力高于音高模仿能力。

2～3 岁的孩子可以跟着音乐手舞足蹈，但是，这时期他们大部分的律动动作与音乐不合拍，需要加以引导。如果教师跟着音乐打拍子，孩子跟着拍手时可以做到与音乐合拍。他们对音高、音色的感受越来越精细，但是仍无法用语言表达，但可以用动作来表示区别。这时期孩子对音乐的理解在情绪性方面把握较准确，并且开始扩展到形象性方面。在音乐记忆方面，他们可以记住听过的四个乐句的乐曲，并且在多次聆听后能模仿演唱。一次性模仿演唱可以达到每拍两个音以下的八拍乐句。这一时期的孩子模仿演唱的音高准确度大致可以达到 50%，他们对四拍以内简单节奏的模仿准确度可以达到 80%以上。

3～4 岁孩子的音乐行为则表现得更为主动。兴奋时他们会哼着一段旋律并且伴随肢体律动。在物理听觉方面，他们可以感受和音，并可以感受到不同音高距离的和音。这时候他们对音乐的形象性有着更浓厚的兴趣。在音乐记忆方面，他们可以记住八个乐句的乐曲，并可在多次聆听后进行模仿演唱。一次性模仿演唱可以达到每拍两个音，其中穿插少量每拍三个音，有附点、切分的八拍乐句。这一时期的孩子模仿演唱音高的准确度可以达到 80%以上，四拍以内简单节奏模仿的准确度可以达到 100%。

4～5 岁孩子的音乐行为除了能较好地通过肢体律动来表达对音乐的感受，完整地演唱二部曲式的歌曲外，还能进行节奏比较简单的两个声部的打击乐合奏，也可以进行复调的二声部演唱。他们可以根据音乐风格和角色的不同挑选打击乐器。这时候，孩子的动作发展已经趋于完善，可以开始学习器乐。在音乐理解力方面，对于情绪性的音乐和形象性的音乐能够把握得比较准确，同时，开始对情节性的音乐有比较大的兴趣。在这一年龄段，他们可以模仿演唱含有八分音符、十六分音符的比较有规律性的八拍乐句，音准方面除了大跳、半音、变化音和增减音程外一般都较好。可以感受到不同的三和弦。可以识别节奏卡。

5～6岁的孩子的音乐感受更为准确，他们的音乐行为更自觉而趋于秩序化，更能进行合作。经过训练，他们可以演唱和声的二声部歌曲和复调的三声部歌曲。可以参与三个以上声部的打击乐合奏。在演奏和演唱中，能够根据老师的提示把握音乐的强弱、速度的快慢。在音乐记忆方面，可以熟记二部曲式和单三部曲式的音乐。可以模仿演唱节奏较为复杂的乐句，音准有进步。大跳、自然音阶中的半音和增减音程基本上能准确表达。可以模仿演唱出和音的各音，经过训练可以识谱。

二、幼儿音乐欣赏活动的教育内容

音乐欣赏就是以音乐作品为对象，通过倾听的方式及其他辅助手段来帮助幼儿感受、理解音乐，从而得到精神愉悦的一种审美活动。倾听是音乐欣赏中最重要的一种学习方式，它不同于漫不经心的随意听听，而是一种有意识的听，带有注意、留神的听。幼儿音乐欣赏活动的教育内容主要有：

1. 倾听周围环境中的音响

在我们周围的环境中，无论是自然界还是社会生活中都充满了各种音响，如知了叫、蛙鸣、风声、雨滴声、汽车的鸣笛声、火车隆隆声等。这些自然界的音响、人们语言的声调、朴素的民歌等，都是作曲家们进行创作的重要源泉。世界名曲《野蜂飞舞》《云雀》《雨滴》《田园》等，就是音乐家用高超的艺术手法表现出来的人类对自然音响的主观感受。还有专门为儿童创作的深受儿童喜爱的歌曲、乐曲中，也有许多模拟自然音响的成分，如儿童所熟悉的动物、交通工具发出的声音等。

如果能从小培养儿童对周围生活中各种声音的倾听兴趣，提高其倾听能力，将会为他们欣赏音乐作品打下良好的基础。

日常生活中随时可引导儿童进行倾听活动。

例如：

①倾听活动室中的声音。如走路的声音，收拾积木、撕纸、翻书的声音等。

②倾听庭院、活动场所中的声音。如风吹树枝摇动的声音，下大雨哗哗的声音，拍皮球、跳绳的声音等。

③倾听厨房中的声音。如水龙头放水的声音，切菜、炒菜的声音，餐具、食具相互碰击的声音等。

④倾听马路上各种交通工具的声音。

⑤倾听建筑工地上各种建筑机械施工作业的声音。

⑥倾听在公园、郊外游玩时所听到的声音。

⑦倾听人体的声音。如拍手、拍腿、跺脚、捻指，脚尖轻快的跳动声等。

⑧倾听生活中其他声音。

……

2. 欣赏音乐作品

音乐作品有歌曲和器乐曲两种，其内容主要有：

①中外优秀的少儿歌曲，包括创作歌曲和广泛流传的民歌、童谣。如《听妈妈讲那

过去的事情》（管桦词、瞿希贤曲）、《卖报歌》（安娥词、聂耳曲）、《只怕不抵抗》（麦新词、冼星海曲）、《小白菜》（河北民歌）、《小燕子》、《摇篮曲》（舒伯特曲）、《春天来了》（德国民歌）、《铃儿响叮当》（美国儿童歌曲）、《请来看看我们的农庄》（西班牙儿童歌曲）、《我的小鸡》（前苏联儿童歌曲）等。

②由歌曲改编的器乐曲，包括由中外优秀儿童歌曲及优秀民歌改编的器乐曲。如《小白船》（根据朝鲜族童谣改编）、《森吉德玛》（贺绿汀根据蒙古族民歌改编）、《茉莉花》（根据江苏民歌改编）、《海滨之歌》（根据日本民歌改编）、《洋娃娃和小熊跳舞》（根据波兰儿童歌曲改编）等。

③专门为儿童创作的简单器乐曲。如《小鸟》（罗忠熔曲）、《滑梯》（顾嘉琳曲）、《跳绳》（刘诗昆曲）、《扑蝴蝶》（丁善德曲）、《青蛙合唱》（汤普森曲）、《熊跳舞》（卡尔·海迪曲）、《狮王》（圣桑曲）、《小士兵进行曲》（舒曼曲）、《野蜂飞舞》（里姆斯基·柯萨科夫曲）、《跳圆舞曲的小猫》（安德森曲）等。

④专门为儿童创作的音乐童话片断。如《龟兔赛跑》（史真荣曲）、《骄傲的小鸭子》（周群烈曲）、《彼得和狼》（普罗柯菲耶夫曲）、《动物狂欢节》（圣桑）等。

⑤中外著名音乐作品或其中的片断。如《牧童短笛》（贺绿汀曲）、《金蛇狂舞》（聂耳曲）、《瑶族舞曲》（刘铁山等曲）、《钟表店》（奥尔特曲）、《口哨与小狗》（普来亚曲）、《铁匠波尔卡》（约瑟夫·施特劳斯曲）、《玩具兵进行曲》（耶塞尔曲）、《土耳其进行曲》（贝多芬曲）、《卡门序曲》（比才曲）、《梦幻曲》（舒曼曲）等。

3. 音乐欣赏的简单知识技能

幼儿应掌握的有关音乐欣赏的简单知识技能主要包括：

①了解音乐作品的名称、主要内容和常见的表演形式。

②了解常见乐器的名称。

③能听出并理解作品的主要情绪、内容、形象及作品的主要结构。

④能分辨常见人声和乐器的音色。

⑤培养对音乐表现手法的认识能力，包括力度、节奏、速度、旋律、音色、结构等。

⑥识谱，掌握基本乐理常识。

⑦能根据音乐作品的音响展开想象、联想。

⑧能运用一定的媒介表达对音乐的感受、理解，提高创作能力。

三、音乐欣赏材料的选择

音乐欣赏中的材料由两部分组成，一是音乐作品，这其中包括歌曲和器乐曲；二是为了帮助儿童更好地感受和理解音乐作品所采用的辅助性材料。

1. 音乐作品

为儿童选择的音乐欣赏作品有歌曲和器乐曲。歌曲因为有歌词，在一般情况下较容易为儿童所接受。但是也有研究表明，幼儿不仅喜欢歌曲作品，而且也喜欢不带歌词的器乐作品，这是因为器乐曲音色丰富，表现手法多样，又没有具体歌词的局限，所以可促使儿童进行更生动、自由的联想和想象，因而也为许多儿童所喜爱。

（1）歌曲方面

小班的音乐欣赏教材应以歌曲为主。刚入园的幼儿喜欢听描写小动物的歌曲，里面有模仿小动物的动作、叫声，音乐形象鲜明。中、大班音乐欣赏歌曲的内容、性质、表现形式要比小班丰富、多样化。除了让他们欣赏威武雄壮的进行曲、安静的摇篮曲、活泼愉快的舞曲和优美的抒情曲外，还可以让他们听一些较长、形式较复杂的叙事性歌曲。

选择歌曲作为欣赏教材，要着重考虑歌曲的内容、形象、情绪，是否能为儿童所熟悉、喜爱和接受。歌曲中的歌词，是否是儿童所能够理解的。各年龄班欣赏的歌曲可以是本班即将学习的歌曲，也可以采用高一年龄班儿童所唱的歌曲。此外，也可以向儿童介绍一些他们能理解的民歌、名曲以及中外少儿歌曲。

（2）器乐曲方面

器乐曲中有的有标题，有的无标题。标题音乐一般有名称，有一定的内容、情节，往往为描述某件事情或某种情景。如《龟兔赛跑》《彼得和狼》等，比起无标题的音乐来说，它们具有一定的图画性、情节性、戏剧性，有助于儿童想象和联想，也便于教师在设计教育活动时找到儿童熟悉和喜爱的形象。当然，有一些器乐曲虽无标题，可是旋律优美、节奏鲜明、结构单纯工整、长度适中，因而也受到儿童的喜爱。在音乐艺术的宝库中有许多这类作品，因而也可作为理想的音乐欣赏作品。

小班幼儿欣赏的器乐曲，要形象单一、鲜明，有标题，最好具有模拟的声音。小班幼儿受其生理、心理发展水平的影响，对音乐的理解能力十分有限，他们往往会十分乐意地、自发地倾听周围环境中的各种声音，并主动分辨这些声音，如军号声、马蹄声、小鸟的叫声、火车鸣笛声等，因为这样的作品特别能吸引幼儿。中大班欣赏的器乐曲要求就比较广泛了。随着音乐经验的不断丰富和积累，中大班幼儿能够感受和辨别较为复杂的音乐作品，并能区别作品结构、情绪和风格上的细微差别，同时也能够对音乐形象鲜明的同类音乐作品进行分析和归类。他们用语言表达音乐感受的能力增强了，并能在音乐变化的过程中大胆想象。因此为他们选择音乐作品时，教师可以更多地选择一些中外著名的优秀乐曲和优秀的民间音乐，以及专门为儿童创作的器乐曲、儿童音乐剧、童话剧等。

2. 辅助材料

在引导幼儿欣赏音乐时，除了要选择真正优秀的音乐作品外，还要考虑采用适宜的辅助材料，如动作材料、语言材料和视觉材料等。

（1）动作材料

欣赏音乐作品时，应当鼓励幼儿用身体动作来表现他们对音乐的情感反应，这是帮助幼儿感知、理解和表现音乐最自然、最重要的途径之一。在为欣赏活动选择动作材料时，要注意所选动作应与音乐的节奏、旋律、结构、情感等方面保持一致，这样，儿童对所欣赏的音乐才能产生更深刻更全面的认识，并逐步意识到音乐与动作之间的内在联系。此外，所选动作应是绝大多数儿童都能自然做出的。这样，在实施音乐欣赏活动时，就可以避免因动作难度偏高而影响儿童对音乐的理解和感受。

富有情绪感染力的音乐不仅能唤起儿童的内心感受，还能使他们情不自禁地手舞足蹈。如在小班音乐欣赏活动《小朋友散步》中，让幼儿随着音乐不同的音响变化理解睡觉、起床、散步、听雷声、看天气、刮大风、下大雨、跑回家等一系列活动，让幼儿创造性地表现和表演。又如音乐作品《小兔跳》以欢快的跳音和优美的快节奏旋律来表现小兔跳跃的画面；《小燕子》舒缓、优美、流畅，让孩子们感受到可用动作表现燕子自由惬意地在天空飞翔等情景。

（2）语言材料

语言材料在这里是特指含有艺术形象的有声文学材料，如故事、散文、诗歌、民谣等。

欣赏中的语言参与，应使用有幻想、有情感的词、句，结构优美的文学性语言，尽量少用理性的、分析性的语言。

在音乐欣赏活动中，语言材料的考虑应侧重于能帮助儿童增强对音乐的感知和体验，因此，选择语言辅助材料的首要条件是：从音乐出发，与音乐欣赏的要求相一致。即不仅在于文学作品本身的结构、内容、形象和情感与音乐一致，同时也在于讲述或朗诵文学作品时，语言的音调、节奏、力度、音色、风格等因素与音乐相一致。

（3）视觉材料

音乐是流动的，稍纵即逝。而作为视觉对象的图画、雕塑等却是十分稳定的，人们可以反复加以欣赏、观察，形成清晰的记忆表象。因此，适当地调动视知觉对帮助幼儿欣赏音乐是大有裨益的。有研究表明，视觉材料有助于儿童形象地掌握音乐的性质、旋律、节奏、曲式结构等，强化音乐审美感受，提高音乐记忆效果。

在音乐欣赏活动中，选择视觉辅助材料的首要条件是：从音乐出发，与音乐欣赏的要求相一致。这里所讲的一致，是指视觉材料的线条、构图、造型、色彩、形象、内容、情绪等都应与音乐相一致。如果所选的视觉材料是可在时空中流动的（如动感的活动影像、木偶等），则在操作这些视觉材料时，要注意其运动的方式也应与音乐相一致。

如欣赏柴可夫斯基的《洋娃娃的葬礼进行曲》时，所提供的图面色彩应是灰暗的，构图应是凝重的；而在欣赏聂耳的《金蛇狂舞》时，所提供的画面色彩应是辉煌的，构图应是具有强烈动感的；再如在欣赏陈兆勋的《小白兔跳跳跳》时，木偶操作的节奏和结构变化应与音乐的节奏和结构变化相一致；在欣赏史真荣的《龟兔赛跑》时，幻灯或投影操作的画面变化应与音乐内容变化相一致。

在音乐欣赏活动中，有时也可让学龄前儿童自己独立创作视觉艺术作品，并以此来表达他们对音乐的感受。在这种活动中，创作的要求应与音乐欣赏的要求相一致。如在面对一首结构 ABA 带有严格再现三段体的音乐时，除了节奏和乐曲的情绪性质外，我们还可以引导幼儿通过绘画、剪贴等形式表达出作品的结构。

四、幼儿音乐欣赏活动的参与

参与是让幼儿在欣赏音乐时，将歌唱、动作表演、乐器演奏、朗诵文学作品、创作美术作品等活动融入欣赏音乐的过程中，从而使幼儿更好地感受音乐、表现音乐、创作音乐，体验音乐实践过程所带来的快乐。

几种常见的参与方法如下：

1. 歌唱参与的方法

歌唱参与是指用适合幼儿演唱且作品难度适中的演唱方法随乐歌唱，以此对某些有特别意义的音乐旋律或旋律片断产生熟悉感和亲切感的一种欣赏音乐的方法。

如大班音乐欣赏活动范例《欢乐颂》。

《欢乐颂》是贝多芬著名的第九交响乐中的一个主题，这是一段几乎全世界都家喻户晓的旋律，其音乐节奏简单，音域较窄，因而中、大班儿童完全可以通过歌唱的形式来熟练、了解、享受这首旷世之作带来的美感。考虑到幼儿的理解能力和欣赏水平有限，可以以“啦”或者哼鸣代替歌词。

①学唱歌曲。理解歌曲的内容和情绪。

②学习用“啦”音节演唱全曲，要求唱得有弹性。

③学习用“晦”音节演唱全曲，要求唱得柔韧连贯。

④部分幼儿用音节伴唱，另一部分幼儿朗诵歌词。要求伴唱声部的音量不能超过朗诵声部的音量。

2. 表演、游戏参与的方法

表演、游戏参与是指通过角色表演、情境表演、音乐游戏活动，达到感知和理解音乐为目的的欣赏音乐的方法。

例如：

（1）《小兔乖乖》

可以设计小兔、兔妈妈、大灰狼等动物角色，结合各种肢体动作由浅入深地进行音乐表演，让幼儿在音乐表演中巩固理解音乐作品。

（2）《狮王进行曲》

分组表演：

今天森林里举办狮大王的生日舞会，狮大王带着狮王后和小狮子赶往舞会现场。在路上，他们挥舞着爪子，越走越快，越走越快。哈哈，终于来到了舞会现场，小动物们以热烈的掌声欢迎狮大王的一家。

第一个表演的是狮大王，他大摇大摆，威风凛凛地走出来，神气极了！他一边走一边吼叫，张开了他的大嘴，向观众炫耀着他锋利的牙齿，威风极了！

美丽的狮王后上场了，她温柔地叫了一声。可爱的小狮子也蹦蹦跳跳地跟着妈妈出来了，高兴地叫了两声。

他们的表演精彩极了，得到了观众们的喜爱，于是更神气了，在舞台上走来走去，还摆出各种造型。最后，他们大吼一声，结束了他们的表演。

（3）《火车波尔卡》

幼儿边听音乐边做开火车的游戏，仿佛自己就坐在音乐所描绘的火车上，欢快的音乐情绪感染了每一个人。

3. 律动、舞蹈参与的方法

律动、舞蹈参与是指用形体韵律活动，跟随欣赏的音乐进行创造性表演的一种欣赏音乐的方法。

如欣赏《小牧民》这一音乐作品时，让幼儿根据音乐的内容，变换各种骑马动作，时而快，时而慢，时而轻，时而重，如在你追我赶的比赛中获得了冠军似的欢呼雀跃，时而又随着音乐跳起摔跤舞，让幼儿在欣赏音乐中做到了真正参与，激发参与活动的兴趣，发展幼儿的音乐感受能力、表现能力与创造能力。

又如大班音乐欣赏《森吉德玛》（配乐朗诵与舞蹈参与）

该作品是贺绿汀根据蒙古民歌改编的一首管弦乐曲。作者巧妙地将完全相同的旋律作了配器、速度、力度的不同处理，创造出了情绪完全不同但相互间又浑然一体的两种音乐形象。第一段音乐，配器的音色淡雅，节奏柔和绵长，速度舒缓，力度较弱，表现辽阔宁静的草原风光；第二段音乐，配器的音色饱满、明朗，节奏欢快、热烈，速度较快，力度较强，表现了牧民欢欣鼓舞的情绪和朝气蓬勃的精神面貌。作品具有诗和舞的性质，可以考虑用配乐朗诵和伴舞方法。

4. 打击乐器演奏参与的方法

打击乐器演奏参与是指一种通过打击乐曲设计和演奏的过程，以进一步感知和理解音乐的欣赏音乐方法。

如大班音乐欣赏范例《斗牛士进行曲》。

作品选自法国著名作曲家比才为其歌剧《卡门》创作的序曲。乐曲的结构是常见的再现式三段体 A—B—A—尾声。乐曲节奏感强，其充满活力的旋律表现了斗牛士斗牛时英武潇洒的形象和万众欢呼的热烈气氛。由于该乐曲的节奏感强，旋律激昂，它的整体音乐形象容易引起幼儿强烈的情感共鸣，所以以《斗牛士进行曲》开展打击乐演奏活动，幼儿从中享受到奏乐活动带来的快乐，可以促进幼儿合作协调能力的发展，同时也能使幼儿对音乐的感受力、表现力进一步提高。

5. 结合美术作品参与的方法

美术欣赏参与是指借助美术作品、图片、幻灯或者直观教具等视觉形象，掌握音乐的性质、旋律、节奏和曲式结构特征的一种欣赏音乐的方法。

如大班欣赏曲《单簧管波尔卡》。

《单簧管波尔卡》为引子 A—B—A—C—A 的回旋曲结构。作品乐句工整，节奏明快，曲调热烈、流畅，节奏明显具有向前跳跃、滚动的感觉。C 段音乐的节奏拉开，显得更加悠扬而欢畅。

为帮助小朋友认识该曲的结构特点，增强对音乐的感知和体验，教师可利用图形乐谱进行教学，即从左至右，依次呈现花、浅绿色树枝、花、深绿色树枝这一美景；花代表乐段 A，浅色枝条代表乐段 B，深色枝条代表乐段 C，形象地显示出此曲 A—B—A—C—A 的回旋结构。而四朵花、四根浅色枝条、四根深色枝条暗示着 A、B、C 段音乐均由四个乐句构成。此外，该图还蕴涵了乐曲所要表现的音乐情绪和性质。

可以想象，当幼儿清晰地感知了该图，将音乐与该图进行对应匹配，并用欢快和柔美舒展的动作创造性地加以表现后，他们对该音乐的结构、风格、情绪、性质可谓是铭刻在心了。

6. 结合文学参与的方法

文学欣赏参与是指跟随音乐朗诵文学作品（故事、散文、诗歌或歌词），从而理解、掌握音乐形象、情绪的一种欣赏音乐的方法。

如中班音乐欣赏范例《小红帽》，结合故事参与欣赏、表演。

这是一首叙事歌曲。叙述了小朋友所熟悉的“小红帽”的故事，教育孩子从小就要分清是非、美丑、善恶。活动时，可创设情境，利用森林、头饰、有关道具等，组织孩子们进行童话剧表演。角色特征：小红帽——蹦蹦跳跳，活泼可爱；外婆——驼背弯腰，拄着拐杖；大灰狼——脚步轻轻，鬼鬼祟祟；猎人——脚步有力，扛着猎枪。

五、幼儿音乐欣赏活动的设计与指导

1. 音乐欣赏活动目标设计

小班幼儿因受其生理、心理发展水平的影响，对音乐作品的理解能力有限，但会十分乐意、自发地倾听周围环境中的各种声音，并能主动分辨这些声音。小班幼儿需要在老师的提醒下辨认音乐作品中的简单速度，简单地感受、体会音乐中表达的基本情绪，并愿意尝试用肢体动作表现出来。小班音乐欣赏活动目标的设定，要基于幼儿，不要过于烦琐，应简单明了，引导孩子展开丰富的想象，鼓励幼儿用自己的感受来体验音乐、表现音乐。

小班音乐欣赏活动目标主要包括：引导幼儿乐意倾听、分辨周围环境中各种声音；能听辨音乐中差异明显的音区高低、力度强弱、速度快慢，感受典型的舞曲、劳动音乐等不同类型音乐的特点；引导幼儿用人声和肢体动作参与欣赏活动，进行多种方式的创造性表达。

与小班幼儿相比，中班幼儿在思维、想象上有了进一步提高，基本上可以理解音乐作品的内容，能听出音乐的音区、速度、力度、节拍等方面的变化，还能听出乐段和乐句之间的重复和变化。能初步感受到音乐作品中较为突出的感情色彩，尤其是对比鲜明的音乐，如威武雄壮的进行曲、优美的抒情曲等。中班幼儿已具备一定的音乐欣赏表达能力，如通过动作、语言、编小故事等来表达情感。

中班音乐欣赏活动目标主要包括以下方面：能专心地倾听音乐，产生相应的联想和情绪反应；能听辨音乐中差异比较明显的部分，如音区高低、力度强弱、速度快慢；感受不同类型音乐的特点，二拍子和三拍子乐（歌）曲的特点；用多种方式表达欣赏音乐的感受。

大班幼儿对音乐作品中所表达内容的理解已经达到比较成熟的水平，具有逻辑性和关联性。他们不仅能辨认音乐作品中速度、力度及音区的变化，还能辨认乐曲的结构，如二段体或三段体的结构。对部分乐器的音色有了初步认识。用语言表达音乐感受的能力增强了，能在不同色彩的音乐中自由想象和表达。

大班音乐欣赏活动目标主要包括以下方面：主动倾听周围环境中各种声音；感受进行曲、舞曲、摇篮曲、劳动音乐的特点；能够大胆地运用多种艺术表现形式，如歌唱、舞蹈、演奏、语言、绘画、制作、构造、戏剧表演、角色游戏等参与欣赏活动，以表达自己的感受，提高体验和表达音乐情趣的能力；培养幼儿养成安静、专心、有感情地倾听音乐的习惯。

2. 音乐欣赏活动准备

①教师自身准备：音乐作品的基本信息，音乐的基本情绪、风格特点、文化背景，多媒体课件、辅助材料等。

②环境准备：根据音乐内容、情景设计和场景布置，制作道具，摆放桌椅，调节光线等。

③教具准备：欣赏音乐作品的音频、视频、图片、图谱、故事，准备相关的头饰、胸卡、服装、道具，以及相关的物品、模型、绘画工具等。

3. 音乐欣赏活动过程

（1）初步欣赏 1～2 遍

教师对幼儿进行引导性谈话，并运用直观教具，如利用动画片对故事进行讲述。

（2）反复欣赏

①结合已有经验，提出具体要求。

②引导幼儿进行对比和归类。

③整体体验。

④多种感官参与。

（3）复习巩固

①欣赏听过的作品，观察幼儿反应。

②欣赏熟悉的作品，说出名称、内容。

③欣赏熟悉的片段，说出内容、情绪。

④欣赏器乐曲，说出不同乐器的名称。

⑤拓展与参与。进行身体动作参与，歌唱参与，表演、游戏参与，律动、舞蹈参与，打击乐器演奏参与，美术活动参与，结合文学、语言参与等。

案例

音乐欣赏：《国歌》

活动目标：

①引导幼儿欣赏《国歌》，知道歌曲名称，了解歌曲的性质和内容。

②在感受乐曲的过程中，初步了解作曲家聂耳简单的创作过程。

③激发幼儿热爱祖国的情感，在聆听国歌时有相应的动作和神态表现。

活动准备：

音频、视频、课件、国歌图谱，幼儿经验准备，听过抗日战争的故事，对抗日战争有所了解。

活动过程：

①律动：幼儿在《闪闪的红星》的音乐伴奏下，做着举旗、敬礼、扛枪、端枪、射击、开炮的动作。

②新授：欣赏《国歌》。

A. 欣赏国歌一遍。欣赏后提问：小朋友，你们听过这首歌曲吗？大家想一想，在哪里听过？

B. 听《国歌》，看升国旗仪式的视频。老师介绍歌名、作者及创作过程。

教师：现在老师要求你们先看视频，再来听听这首歌曲。谁知道这首歌曲的名称叫什么？

幼儿：《国歌》。

教师：对了。这首歌曲的名称叫《国歌》。原来叫《义勇军进行曲》。

教师：这首歌曲是我国著名作曲家聂耳创作的，他还创作了歌曲《卖报歌》。听了这首歌曲，你感觉怎么样？

幼儿：有劲、有力、神气……

C. 欣赏《国歌》，联系歌词进一步感受音乐雄壮有力的情绪。

D. 欣赏《国歌》，引导幼儿进行回忆，进一步激发幼儿爱祖国的情感。

教师：谁来告诉大家，什么时候会奏国歌，什么时候会听到国歌呢？

幼儿讨论：开大会时，运动员颁奖时，检阅部队时，迎接外宾……都要奏《国歌》。

教师：为什么运动员领奖的时候要奏国歌？

幼儿讨论：《国歌》代表着中华民族，代表许多先烈牺牲了生命，才换来了现在的新中国。

观看运动员领奖的情景，欣赏《国歌》。

教师：我们听到《国歌》时应该怎么办？

幼儿讨论：立正，行注目礼。

③欣赏《国歌》，幼儿起立，身体站正，行注目礼。

活动结束。

第四节 幼儿音乐游戏

一、音乐游戏及其分类

音乐游戏是指在音乐的伴随下进行的有规则的、以发展儿童的音乐能力为目标的游戏活动。音乐游戏要求幼儿必须根据音乐的性质、情感、节奏、结构等要求进行游戏，其规则都是建立在特定的音乐教育目标基础之上的。音乐游戏集中体现了音乐的艺术性、技能性及与儿童的年龄特点和发展水平之间的对立统一，它将教育教学的要求以生动有趣的游戏形式表现出来，帮助儿童更具体、形象地感受和理解音乐，获得一定的情绪情感体验，使孩子们在乐此不疲的游戏和玩耍中掌握音乐知识和技能，渗透品德教育和审美教育。

音乐游戏主要有以下类型：

1. 创造性音乐游戏

创造性音乐游戏活动以培养幼儿的想象力和创造力为目的。如主题性音乐游戏、肢体造型游戏、创编表演动作、创编歌词游戏、声音造型游戏、节奏设计游戏等。

例如肢体造型游戏——《熊和石头人》

师：小动物在森林里唱歌跳舞，这时来了一头大熊，你们说小动物们该怎么办呢？

①教师扮演大熊，启发幼儿创编各种各样石头人的造型，身体保持不动。

②指定个别幼儿与教师一起扮演大熊，其余幼儿与同伴合作表演石头人。

③指定 2～3 名幼儿扮演熊，其余幼儿集体合作扮演石头人。

2. 表演性音乐游戏

表演游戏主要侧重于按音乐性质变化进行情节和角色表演的游戏。如角色游戏、情境表演游戏、歌表演游戏、韵律游戏、模仿性音乐游戏等。

例如情境表演游戏——《海底世界》

根据音乐《海底世界》和配乐故事等大胆构思故事情节，并进行故事表演。

配乐故事：

在美丽的海底世界，生活着一群漂亮的小鱼，他们每天都摆动着灵活的身体，快乐地游来游去。一会儿和水草玩捉迷藏，一会儿和珊瑚玩吹泡泡，咕咚咕咚……一会儿又和石头亲一亲、抱一抱……开心极了！

突然大鲨鱼游了过来，小鱼们快速地逃开，赶紧找个地方躲起来。有的躲在石头缝里，有的躲在珊瑚群里，有的躲在水草丛中……他们一动也不动，大鲨鱼找来找去一条小鱼也没有发现，只好失望地离开了。

鲨鱼走了，小鱼们高兴极了！

本活动以“海底世界”作为活动背景，幼儿在愉快的情境表演游戏中，不仅获得了想象与动作创编的机会，同时有了快乐、紧张的情感体验，自然萌发对音乐活动的兴趣。

3. 音乐感训练游戏

音乐感训练游戏活动以训练幼儿的音乐感为目的。音乐感训练的内容有节奏感、旋律感、结构感、音色感、速度感、力度感等，方式有无主题的音乐游戏、听辨游戏、节奏训练游戏、应变反应游戏、互动游戏、声势游戏等。

音区听辨游戏——《小鸟》

当听到高音区小鸟飞的音乐时，幼儿两臂在肩膀以上的两侧做小鸟飞的动作，并望着天空、望着白云、望着太阳……启发幼儿自由想象。

听到低音区小鸟飞的音乐时，蹲下做小鸟吃小虫的动作，并用人声有节奏地发出笃笃笃的声音。

二、幼儿音乐教育中的游戏性

所谓音乐教育中的游戏性，就是指具有游戏性质的音乐活动。它将教育教学的要求以生动有趣的游戏形式表现出来，帮助幼儿更具体、更形象地感受音乐和理解音乐，表现与创造音乐。幼儿园音乐教育中的游戏性，不仅体现在教育内容中含有所谓音乐游戏的特殊成分，而且更体现在它的活动形式、方法都比较自由、灵活、丰富多彩，具有游戏或者类似于游戏的特性，使得幼儿能够体会到“和玩一样”的感觉，即以游戏的方式学习音乐，以音乐内容进行游戏。

游戏性的音乐教育活动主要包含以下特性：

①音乐性。用游戏的方式参与音乐。音乐是声音的艺术，是通过音的高低、长短、强弱、音色等要素，构成节奏、节拍、旋律、速度、力度、音区、调式、和声、织体、曲式、音色等音乐的基本表现手段，来表达人们的思想感情、反映现实生活的艺术。幼儿在音乐游戏中，从体验音乐到感受音乐、理解音乐、表现音乐，整个游戏活动都以音乐为轴心而进行。

②趣味性。有相互逗乐、好玩的成分。喜爱游戏，是幼儿的天性，游戏也是他们成长过程中的重要部分。音乐游戏具有简便易学，趣味性、娱乐性强的特点。开展游戏性音乐教育活动，使得学习内容变得更贴近自然，贴近幼儿的现实生活。同时，教学环节的趣味性也是音乐游戏活动成功的关键。它要求教师采用适合幼儿年龄特点的教学方法，让幼儿自觉自愿、快乐地投身于活动之中，在听听、唱唱、玩玩、敲敲打打的过程中，既体验到音乐游戏的快乐，又从游戏中发展音乐能力。

③综合性。音乐是一门综合艺术，音乐不仅仅是用人声演唱，而且是结合动作、舞蹈、语言进行表演的有机整体，更是人们情感最自然的表露。音乐游戏是音乐教育中最易为儿童接受、喜欢、理解的一种综合性艺术形式。它不仅仅是音乐中各元素的结合，更重要的是多种艺术形式在游戏中的综合体现。

三、幼儿音乐游戏的设计与指导

游戏性音乐教育活动根据音乐教学的分类，包括游戏性歌唱活动、游戏性韵律活动、游戏性演奏活动、游戏性欣赏活动四种类型。

1. 游戏性歌唱活动的设计与指导

（1）歌曲的选择

所选歌曲要便于幼儿在游戏过程中边玩边哼唱。小班幼儿对于音乐的认知有限，但对于音乐中各个元素有着浓厚兴趣；中班可选择围绕有关幼儿生活的歌曲，歌词要适合朗诵，内容要适合肢体表演；大班幼儿对于了解歌曲的风格、音域、节奏、歌词所表达的情感已经有了较好基础，这个阶段歌唱的技能和水平都有显著提高，所以在歌曲的选择上，可以有更多的突破。

所选歌曲的音乐形象要鲜明，便于开展游戏活动。即便于教师从音乐感（节奏感、旋律感、音色、结构、速度、力度、）与识谱训练上进行游戏化教育，也要便于教师音乐教学活动的导入，从而开展游戏活动等。

（2）活动目标

活动目标的设计要符合幼儿的身心发展水平。小班幼儿可定为学会有表情地演唱歌曲；中班幼儿定为能用自然的声音歌唱；大班幼儿定为能用自然美好的声音歌唱。

（3）活动准备

教材的准备：主要包括课本、课程指南、参考资料等。

资料的准备：课件、游戏案例、参考资料等。

教师的材料准备：歌曲的分析、演唱，音乐故事等。

环境的准备：情景、场景布置，游戏的队形设计等。

道具的准备：玩偶、绘画材料、图谱、头饰、面具、服装，游戏需要的道具、教具等。

多媒体的准备：动画、音频、视频等。

（4）活动过程

①发声练习。

游戏性歌唱活动的发声练习，一般设计是利用图片提示，用歌曲回答。内容多是模仿声音，如动物的叫声、自然界的声音等，让幼儿体会到发声练习是令人愉快的、有趣的活动。

例如：《我爱我的小动物》。

师：我爱我的小猫，小猫怎么叫？幼：喵喵喵，喵喵喵，喵喵喵喵。

（小猫、小狗、小鸡、小鸭、小牛、小羊……）

②游戏性歌唱活动的导入。

主要有律动导入、故事导入、节奏游戏导入、情景导入、多媒体导入、图画导入、歌词朗诵导入等。游戏的导入设计，要带上一种神秘的色彩，引领幼儿进入神秘而充满幻想、别具一格的活动领域。

③在游戏性歌唱活动中，要让幼儿自己去学习、想象、探索、表现、创造。

④歌唱活动的拓展，可根据歌曲的内容、角色等选择使用道具，或者选择不同形式的表演方式，以组织有吸引力的互动性的游戏活动。再就是介绍游戏活动的规则。如“伦敦桥塌下来了”的游戏规则：

音乐游戏——《穿桥洞》

将幼儿分成两部分，一部分幼儿手拉手，用身体合作造型搭成“桥洞”，围成圆圈，其余幼儿做“小船”，一边唱歌一边穿过任意一座“桥洞”。歌曲结束时，大桥就去追砸小船，小船赶紧逃离大桥回到自己的港湾（座位），被砸中的小船停止游戏一次或者为大家表演节目。

（5）教学建议

游戏性歌唱活动的设计，要强调趣味性，从幼儿好动、喜模仿、善想象、爱创造等身心发展特点入手，去挖掘音乐游戏的趣味性。

小班幼儿的注意力集中时间较短，可用大部分时间让小朋友在游戏中学习歌曲。如扮演小动物、模仿动物的叫声、角色表演等。

中班重点是通过游戏性歌唱活动，让幼儿建立音准的概念，解决歌唱中音不准这一难点，增加歌唱的旋律感。如利用图形启发想象、创编歌词、情景作画等。

大班的孩子创造力和想象力较为丰富，教学中应鼓励孩子大胆探索音乐，让幼儿在活动中能独自参与即兴编、即兴唱的游戏。

案例

我爱我的小动物（小班）

活动目标：

①能用自然的声音演唱歌曲。

②能根据歌曲内容，随着音乐做小动物的模仿动作。

活动准备：

动物玩具、相关动物头饰、动物图片若干。

活动过程：

①律动。

随着音乐变换不同的动物角色，模仿小动物走，学习小动物的叫声。

②学唱歌曲。

A. 老师抱着小动物边演唱边表演，表现小动物的动作与表情。

B. 每个幼儿抱着小动物，教师根据歌曲内容出示不同的小动物图片，启发幼儿跟随老师学唱小动物叫声。

C. 教师指图片，按照歌曲的节奏，用夸张的口型清晰地念歌词，幼儿轻声跟读，引导幼儿读准小动物的叫声。

D. 老师戴动物头饰扮演动物妈妈，与动物宝宝对唱，一问一答。

E. 动作模仿。小动物们和妈妈一起到草地上玩。幼儿戴上自己喜爱的小动物头饰离开座位，在音乐的伴奏下跟着动物妈妈按照歌词的内容，边唱边做不同动物的模仿动作。

③活动结束。

在音乐的伴奏声中，幼儿随意歌唱不同动物的歌词，边唱边走出活动室。

音乐游戏“我爱我的小动物”：

我爱我的小羊，小羊怎样叫？咩咩咩，咩咩咩，咩咩咩咩咩。

我爱我的小猫，小猫怎样叫？喵喵喵，喵喵喵，喵喵喵喵喵。

我爱我的小鸡，小鸡怎样叫？叽叽叽，叽叽叽，叽叽叽叽叽。

我爱我的小鸭，小鸭怎样叫？嘎嘎嘎，嘎嘎嘎，嘎嘎嘎嘎嘎。

2. 游戏性韵律活动的设计与指导

（1）音乐的选择

游戏性韵律活动所选的音乐一般是歌曲或乐曲。小班幼儿年龄较小，选择的歌曲和乐曲节奏要鲜明，内容要与幼儿的生活经验相关，速度以中速为宜。中班在音乐的选择范围上要宽许多，对有个性的、地方的、民族的、传统的音乐兴趣较大。在模仿的基础上，用自己的方式来进行动作创编是中班韵律游戏的重点。大班韵律游戏的音乐可以选择中外经典音乐、儿童音乐以及民族音乐（如西藏、新疆、蒙古等），可以将单一动作进行组合后应用于表演、舞蹈中，动作要生动形象，注重姿态和动作美。

（2）活动目标

小班：能跟随音乐做简单的动作，进行模仿与创造性的表现，体验韵律活动中表达、创造和交流的快乐。

中班：跟随音乐做简单的舞蹈动作，创编简单的韵律动作组合，体验参与韵律活动的快乐。

大班：能独立完成舞蹈动作的模仿和简单的动作创编，在老师的指导下进行音乐剧表演、歌表演和舞蹈表演。

（3）活动准备

资料的准备：课件、韵律案例、参考资料等。

教师材料的准备：音乐的分析、设计表演动作等。

环境的准备：场景布置、表演的队形等。

道具的准备：玩偶、图形、图片、头饰、面具、服装、道具、教具、观察的实物等。

多媒体的准备：音频、视频等。

（4）活动过程

以游戏导入为主，让幼儿在游戏中探索动作的发展。教师的示范要到位，让幼儿感受音乐节奏，体验音乐情绪。围绕主题进行简单的律动训练、即兴表演、舞蹈动作模仿、情景剧表演。当幼儿对韵律动作逐步熟悉以后，要对他们提出表情的要求，引导幼儿用心体验音乐，用动作表现音乐，用智慧创作音乐。

游戏性韵律活动应设计具体的动作说明。

例如：

韵律游戏——小蜜蜂

学习基本舞步——小碎步

教师：小蜜蜂可爱吗？你们喜不喜欢小蜜蜂？小蜜蜂有什么本领呢？

幼儿：会飞，会采蜜。

教师：小蜜蜂是怎样飞的呢？（幼儿想象各种飞翔的样子）飞的时候轻轻的，小脚尖点地，轻轻地踏步。这种动作叫小碎步。

全体幼儿随着音乐跟着老师学习表演小碎步。

教师：小蜜蜂是怎样采蜜的呢？（幼儿自由创编蜜蜂采蜜时的各种动作）

采蜜动作：屈膝微蹲，弯腰，头向下低，手臂向后轻轻扇动，轻轻摇晃小脑袋。

把花朵撒在空地上装扮成花园，教师带领小朋友绕花朵跳小蜜蜂舞，模仿蜜蜂采蜜的情景。孩子们在花园里自由自在地飞，在花朵上采蜜……

（5）教学建议

鼓励幼儿大胆地创作，以发展的眼光恰如其分地评价每个幼儿的律动才能。

引导幼儿根据音乐的风格特征、音乐内容所提供的物象和情景编配相应的动作，感受和表现音乐艺术的韵律美。

运用观察、回忆、想象和音乐欣赏、情景故事渲染、角色扮演等方式，增强游戏的情境性、趣味性与可操作性。

3. 游戏性演奏活动的设计与指导

（1）乐器与音乐的选择

小班：最好是选择幼儿比较熟悉的歌曲或韵律活动音乐，旋律的节奏要鲜明，结构完整、短小。适合演奏游戏的乐器有小铃、串铃、圆舞板、沙球、铃鼓等。

中、大班：选择的音乐不一定是幼儿学习过的歌曲或韵律活动的音乐，音乐的节奏可稍复杂一些，结构可以是一段体，也可以是二段体或三段体。适合演奏游戏的乐器可在小班的基础上增加木鱼、小钹、小锣、蛙鸣筒、三角铁、双响筒。

（2）活动目标

小班：在游戏中学习简单的乐器演奏方法与技能，对简单的节奏型和音色建立音响概念，享受参与演奏活动的快乐。

中班：开始探索同一种乐器的不同演奏方法，对乐器的音色、力度、速度的控制和调整能力有所提高，随乐意识有很大进步，与同伴配合的能力也在增强。

大班：能掌握多种节奏乐器的演奏方法，与音乐的节拍配合一致。在多声部的演奏活动中，能调节自己声部与其他声部配合，更多地注意自己在节奏、音色、力度、速度上的表达与合作要求。在即兴演奏、节奏型设计、自制乐器等方面表现得更加积极主动。

（3）活动准备

资料的准备：课件、配器方案、演奏参考资料等。

教师材料的准备：乐器的演奏方法、乐曲的配器分析与设计、指挥的准备等。

环境的准备：场地布置，演奏的队形等。

教具的准备：节奏乐器、图形乐谱、图片、相关的教具等。

多媒体的准备：音频、视频等。

（4）活动过程

游戏环节设计要简洁明了，教师的指导语言应清晰、明确。首先是让幼儿熟悉、感知乐曲和节奏型，由单纯按照节奏拍手转换成拍击身体的不同部位，感受各声部间的衔接，为用乐器演奏做准备，然后是使用乐器分声部演奏。同时还应注意培养幼儿在演奏中学会看指挥手势的习惯。起初排练时教师的指挥动作与乐器的演奏动作是一致的，待幼儿熟悉演奏后，教师的指挥改为规范的指挥动作。此外还要提醒幼儿，在演奏中应注意倾听他人的声音，声部之间要和谐，以培养孩子的合作意识。

（5）教学建议

由于演奏是集体性质的游戏活动，因此要时刻告诉幼儿看清老师的演奏和指挥动作；让幼儿用听觉来感受乐器的音色特点，鼓励他们寻找丰富的配器方案，给他们更多的空间表现自己，表达自己的音乐情感。

4. 游戏性欣赏活动的设计与指导

（1）音乐的选择

小班：在音乐的选择上可以是歌曲或乐曲。在歌曲方面，可以选择内容丰富、贴近幼儿生活的歌曲；乐曲方面，可以选择各种不同风格的中外民族乐曲。

中班：在音乐的选择上，可以挑选一些比较有特色的音乐作品，如不同地域的段落对比明显、内容较为广泛的作品。

大班：这个阶段幼儿的听辨能力更强了，能感受和辨别较为复杂的器乐结构、音色以及情绪风格的变化。根据大班幼儿的发展特点，可以选择中外名曲和民族音乐供他们欣赏，从而拓展其音乐视野，增强其对音乐的感受力与鉴赏力。

（2）活动目标

小班：丰富幼儿的想象，用自己的感受体验音乐、表达音乐。

中班：通过教师的引导初步感受乐曲的结构特点，听出段落、乐句之间的重复以及乐曲在情绪上的明显差异，并且能够理解音乐所表达的情感，由此产生联想和想象。

大班：能对器乐作品进行分辨，并且理解音乐作品的节奏、速度、力度、音色等表现手段的变化。在音乐欣赏的过程中有丰富、多样的创造表现，如身体动作、语言描述、图片描绘、人声表达等。

（3）活动准备

资料的准备：课件、参考资料等。

教师材料的准备：音乐作品信息、风格等材料的引入，相关的物质准备。

环境的准备：场景的布置，调整光线等。

教具的准备：乐谱、图形乐谱、故事情节图片、头饰、服装、玩具、模型、相关的教具等。

多媒体的准备：音频、视频等。

（4）活动过程

引导阶段做一些熟悉的知识和场景复习与再现，避免幼儿有一种茫然陌生的感觉。在欣赏过程中可以进行一些如表演、语言描述、编故事、绘画等游戏，让每个幼儿参与其中。教师可用语言提示幼儿将音乐形象的想象范围缩小一点，用图片表现音乐描写的场景，将图片内容和音乐之间建立起联系，从视觉和听觉上共同感受音乐，帮助孩子理解音乐。

（5）教学建议

教师引导的时间不要过长，主要时间放在欣赏与游戏上。音乐欣赏游戏中可多参与节奏乐演奏、听乐绘画、听乐说话、动作表演等活动。

第五节　幼儿打击乐演奏活动

一、幼儿园常用的打击乐器

1．碰铃（图 6-1）

碰铃又称为碰钟和小铃。两个碰铃为一副，有的用绳子将两个碰铃连起来，有的有把柄，通过相互撞击引起振动而发音。演奏时，左右手各持一个碰铃，用类似拍手的方法使之相互发声。碰铃的音色清脆，在打击乐器中属高音乐器。它既可以表现音乐的强拍，也可以表现弱拍，是幼儿园用得最为普遍的一种乐器。

在幼儿打击乐中，碰铃一般负责全音符、二分音符、四分音符的节奏。

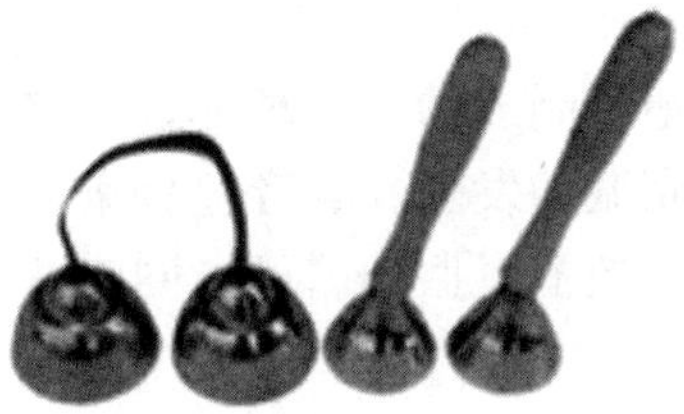

图 6-1　碰铃

图 6-2　手铃

图 6-3　串铃

2. 手铃（图 6-2）

用左手握着手铃，以拍手的方法挥动大臂，最后用右手拍击左手，使乐器发声。也可以双手各持一个手铃，用手腕按节奏向下摇动即可。在幼儿打击乐中，手铃一般负责四分音符或八分音符的节奏，也可以演奏长音，即快速摇动，记谱时需要加记震音记号。

3. 串铃（图 6-3）

串铃也称为摇铃，摇动发音，它由固定于手柄上的若干金属振动发音而成。演奏时，右手握串铃棒把柄，撞击左手掌发音；或者右手握串铃棒把柄，颤动手腕发音；双手各持一个串铃，用手腕按节奏向下摇动发音。在幼儿打击乐中，串铃与手铃大致一样，通常负责四分音符或八分音符的节奏，也可以演奏长音。

4. 响板（图 6-4）

响板又称为舞板或圆舞板，有木制和塑料两种。有两片贝壳状木块，中间用松紧带相连，通过两片木块的撞击引起振动而发音。其音色干脆、结实。演奏方法有两种：一种是将舞板置于左手掌上，用右手掌拍击而发出声音；另一种方法是左右手各握一个舞板，用拇指和其他四指捏拢或放开，互击发音，用这种方法可以演奏较快、较密的节奏。响板一般担任全音符、二分音符、四分音符的节奏。

图 6-4　响板（圆舞板）

图 6-5　铃鼓

5. 铃鼓（图 6-5）

铃鼓又称手鼓，由成人乐器演变而来。是在环形的木制鼓框上，单面蒙以羊皮、马皮或驴皮，鼓框上装有小钹形状的金属片。铃鼓是一种色彩性很强的节奏打击乐器，通过手指的敲击或手腕的抖动、摇晃引起振动而发音，可用作伴奏、伴舞和伴歌。演奏方法主要有以下几种：用手掌击鼓心，其音色柔和；用手掌击鼓边，其音色明朗干脆；用手腕连续地抖动，则会产生颤音的效果。

6. 沙球（图 6-6）

沙球又称为沙槌，由成人乐器演变而来。是用椰壳或塑料制成的空心球体，内装有细小的沙粒状物体，下端装有握柄，依靠臂的抖动、摇晃而振动发音。其音色轻柔而干脆。演奏方法：左右手各持一个沙球的手柄，用手臂带动手腕上下振动。可以同时两手进行，也可交替、轮换进行。

在幼儿打击乐中，沙球一般负责四分音符或八分音符的节奏。

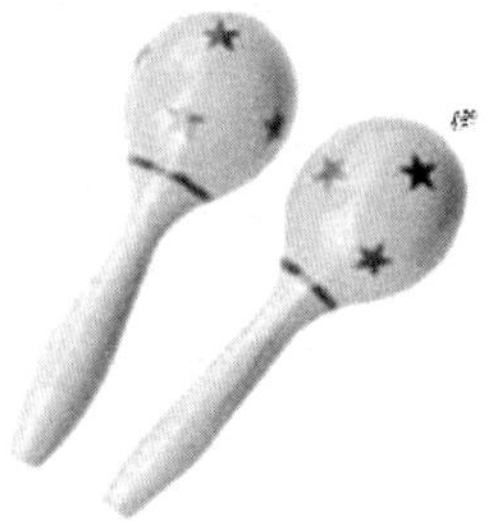

图 6-6　沙球

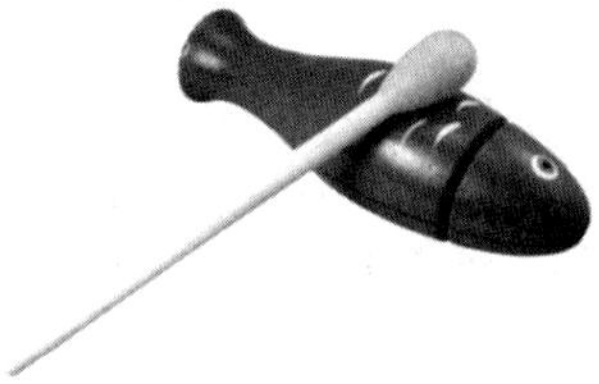

图 6-7　木鱼

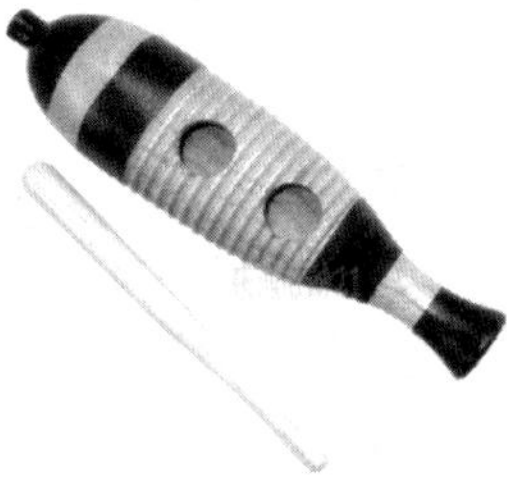

图 6-8　蛙鸣筒

7. 木鱼（图 6-7）

由成人打击乐器演变而来。用木头刻制，形似鱼状，中间空而头部开口，通过另一根木制的敲棒敲击鱼头而发音。演奏时，用左手握住木鱼，右手执木槌敲击。发音短促，音色清脆洪亮。木鱼一般负责四分音符、八分音符的节奏。

8. 蛙鸣筒（图 6-8）

刮奏乐器。由一段木质的圆筒和一根较细的木棍组成。圆筒中空，开有发音孔，筒身刻有整齐的浅沟。演奏时，左手持木质圆筒，右手用木棍按照节奏刮奏圆筒的浅沟而发音。其音色类似于青蛙的鸣叫声。在幼儿打击乐中，蛙鸣筒一般负责四分音符或八分音符的节奏。

9. 三角铁（图 6-9）

是有一根弯成三角形的钢条，用绳子悬挂一端，通过另一根金属棒敲击而发音的一种乐器。其音色接近于碰铃，但音量比碰铃大，延续音比碰铃长。演奏方法有两种：一种是左手提着三角铁的绳子，右手持金属棒敲打三角铁的底边，敲击动作要轻巧，富有弹性；另一种是在三角铁内，用金属棒快速地敲击左右两边或转圈敲击各边，会产生激烈而特殊的音响效果。

在幼儿打击乐中，三角铁一般负责全音符、二分音符、四分音符的节奏。

10. 双响筒（图 6-10）

为用木材制的空心乐器，中间装有握柄，通过另一木制敲击棒的敲击而发音。有高低两种不同的音高。演奏时，左手握木柄，右手持小木棒，低音置左侧，高音置右侧，先敲击低音，后敲击高音，高低音交替，音色清脆，通常用来模拟马蹄声。

在幼儿打击乐中，双响筒一般负责四分音符、八分音符的节奏。

图 6-9　三角铁

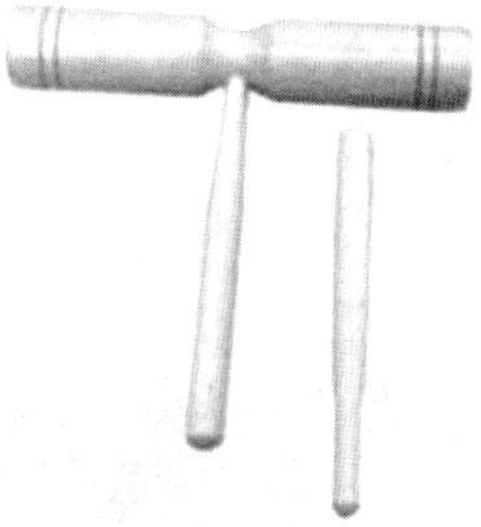

图 6-10　双响筒

11. 钹（图 6-11）

是一对用响铜制成的圆盘，中间微凸，相击后振动发音。其音色响亮，有较长的延续音。演奏方法有两种：一种是双手各持一片，相互撞击、摩擦而发音；另一种是将单片悬挂在支架上，右手持鼓槌敲打其边，可以得到另一种音响效果。

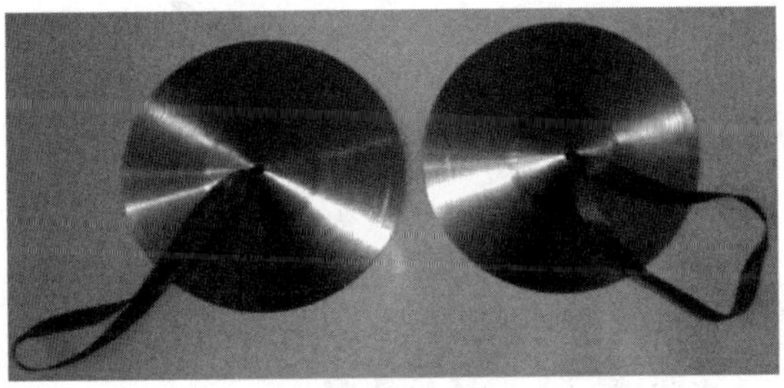

图 6-11　钹

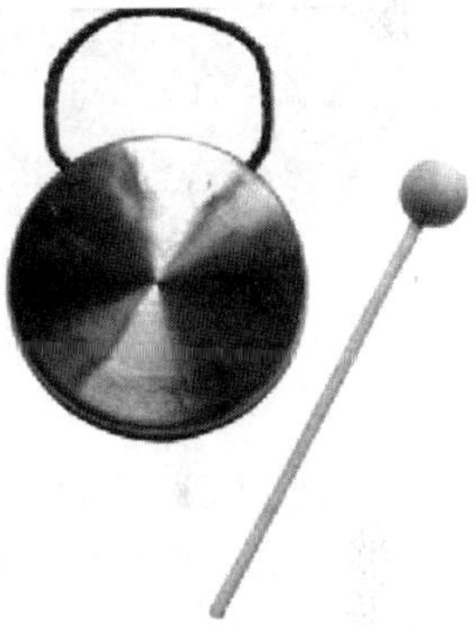

图 6-12　锣

12. 锣（图 6-12）

为用铜合金制成的圆盘，通过锣槌敲击锣面引起振动而发音。一般可以用在强拍的伴奏上，以突出节奏、渲染气氛。锣分为大锣和小锣两种。大锣音色低沉，共鸣强烈，有较长的延续音，一般用软槌敲击。小锣音色较明亮，也有一定的延续音，一般用硬槌敲击。

13. 鼓（图 6-13）

大鼓是用皮革蒙在桶状的共鸣箱上，通过鼓槌敲击引起振动而发音。其音色低沉，音量较大。大鼓用在强拍上，造成一种强烈渲染的气氛；用在弱拍上，会产生柔和而绵长的音响。击鼓时，手臂放松，手腕有力而富有弹性地敲击。击鼓心，会产生浓厚的音色且有较长的延续尾音；击鼓边，则音色脆、硬而单薄，延续音较短。

堂鼓的外形与制作与大鼓相同，但体积较小。

小军鼓的音色清晰、明快，并伴有沙沙的声音，别具特色。演奏方式分为单奏、双奏和滚奏三种，其中滚奏法与小军鼓的演奏法最为接近。

大军鼓用一支或两支沉重而柔软的槌头敲击，发音低沉宏大，稍有延续音。强奏可用以表现炮击、雷鸣、战争、狂热等气氛；弱奏能表示神秘、庄严等气氛。

大鼓

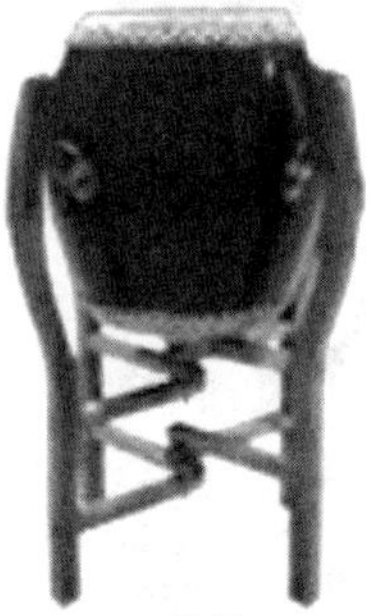

堂鼓

小军鼓

大军鼓

图 6-13　各种鼓的造型

14. 木琴（图 6-14）

木琴是打击乐器的一种。将木制琴键置于共鸣管之上，以琴棒敲打产生旋律。琴键排列方式类似于钢琴键盘。木琴的琴键较窄，音域较高，音色清脆。

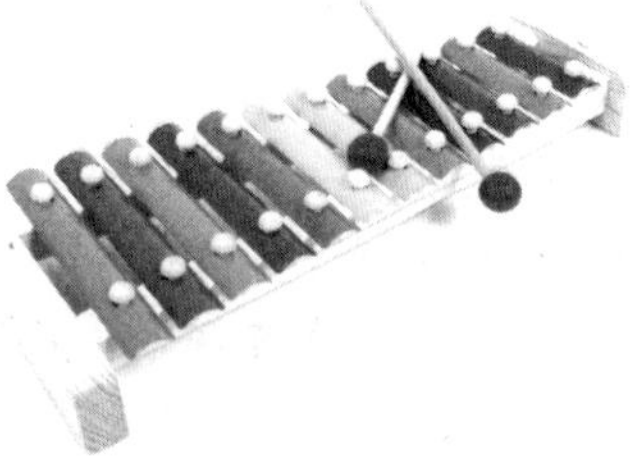

图 6-14　木琴

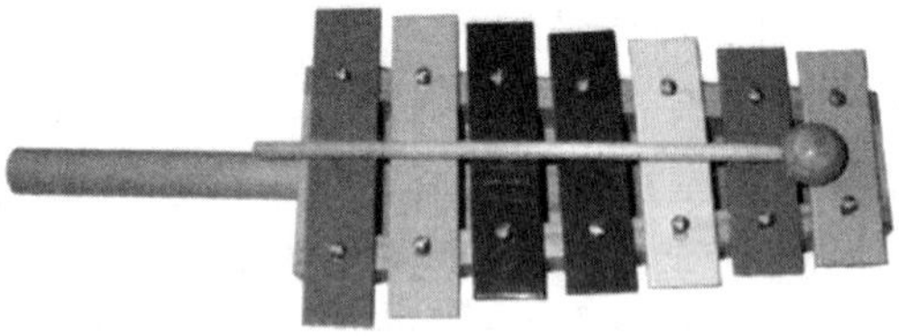

图 6-15　铝板琴

15. 铝板琴（图 6-15）

铝板琴属于击奏体鸣乐器。音条和共鸣管均以铝制作。用棒槌敲击琴键，音色优美动听，适合演奏简单的旋律。

二、幼儿打击乐的记谱

幼儿打击乐的记谱方法一般采用五线谱、简谱、变通总谱、图形谱等。

1. 五线谱的记谱

例如：

新　年　好

英国儿歌
夏志刚编配

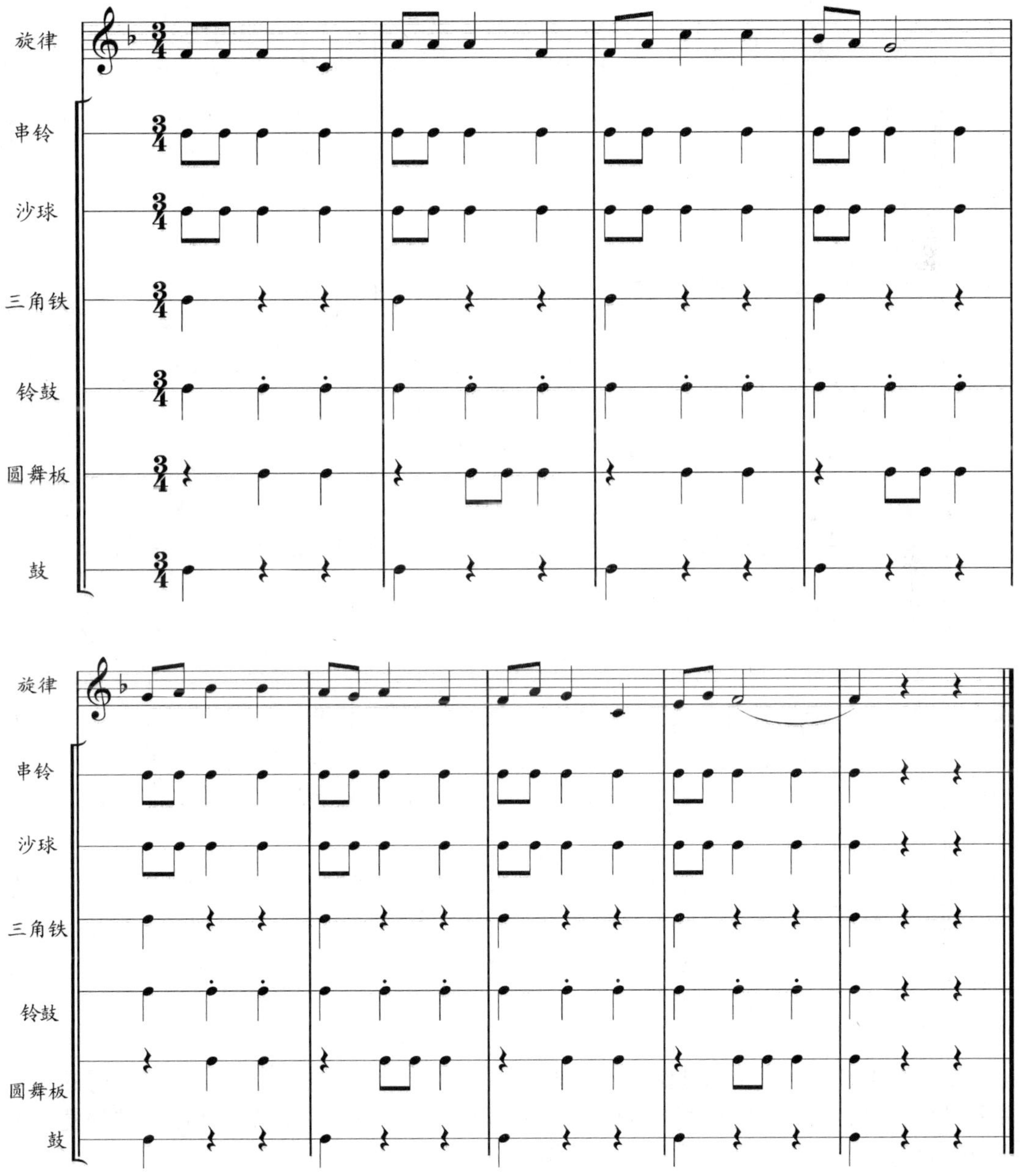

2. 简谱记谱

例如：

小雨沙沙

1＝C $\frac{2}{4}$

王天荣曲
夏志刚编配

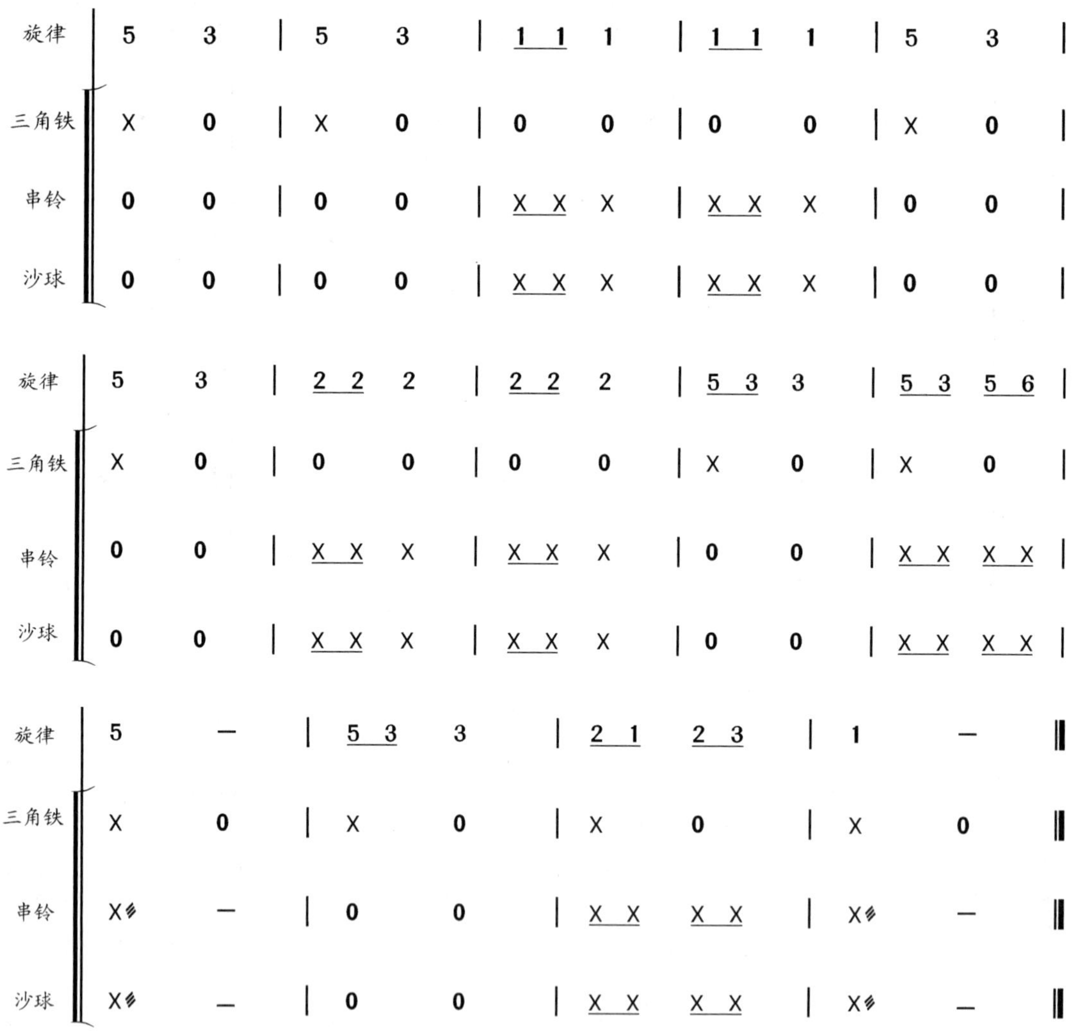

3. 变通总谱

对于幼儿来说，变通总谱比简谱总谱容易掌握得多。它主要是通过使用不同的动作来表现配器的记谱。在活动中，可以先组织小朋友进行动作的学习，然后再转到具体节奏乐器的实际演奏上来。

例如：

采茶扑蝶

1＝F $\frac{2}{4}$

福建民歌
夏志刚编配

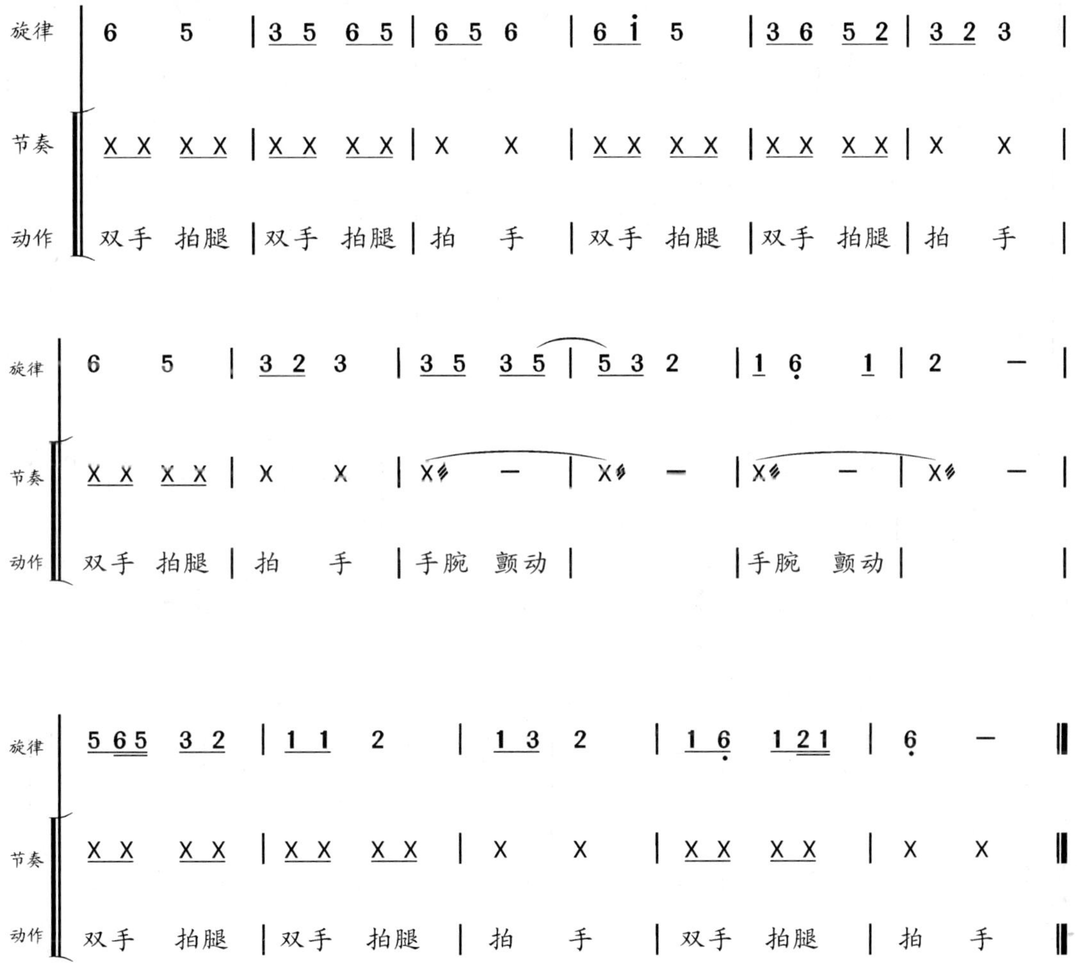

提示：双手拍腿——圆舞板。拍手——碰铃、手铃、圆舞板。手腕颤动——铃鼓摇奏。

4. 图形谱

把总谱简化成图形、记号或者符号而成。

例如：

土耳其进行曲

1 = C $\frac{2}{4}$

轻快的行进风格

贝多芬曲

许卓娅编配

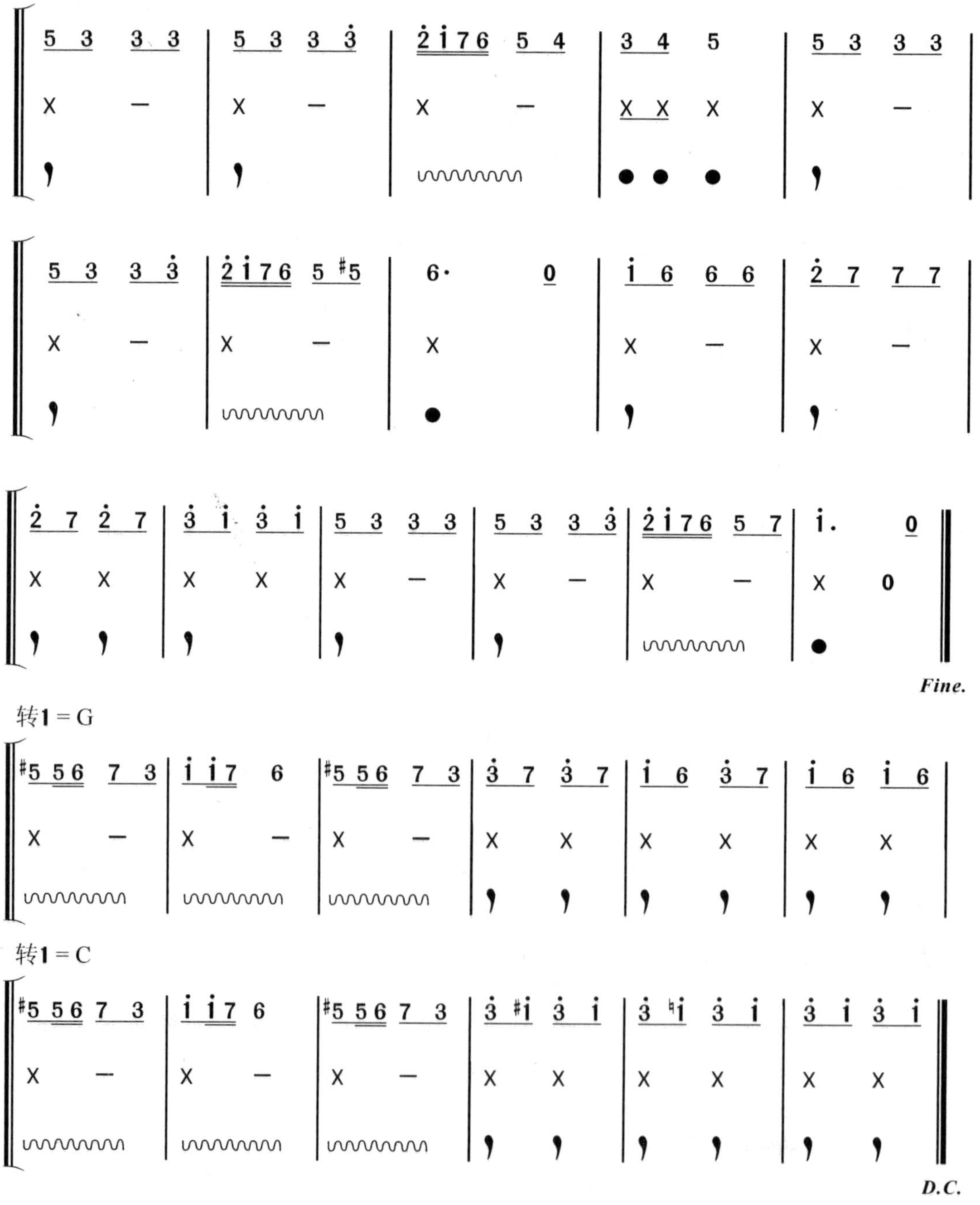

提示：ｊ：碰铃、大鼓、吊钹。●：圆舞板。∽∽∽∽：铃鼓摇奏。

上面的记谱还可以使用宫格的形式标记。

例如：

A

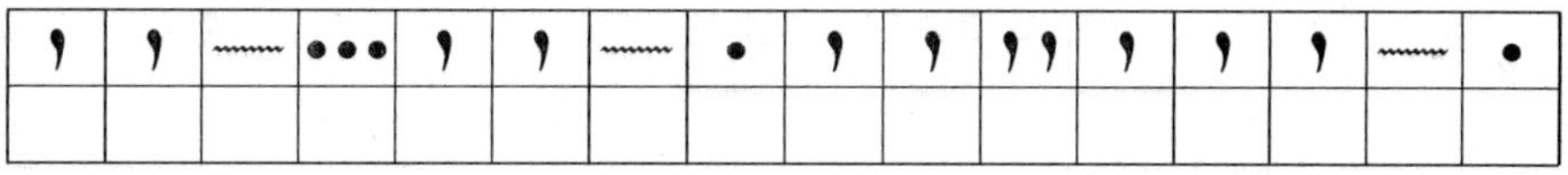

Fine.

B

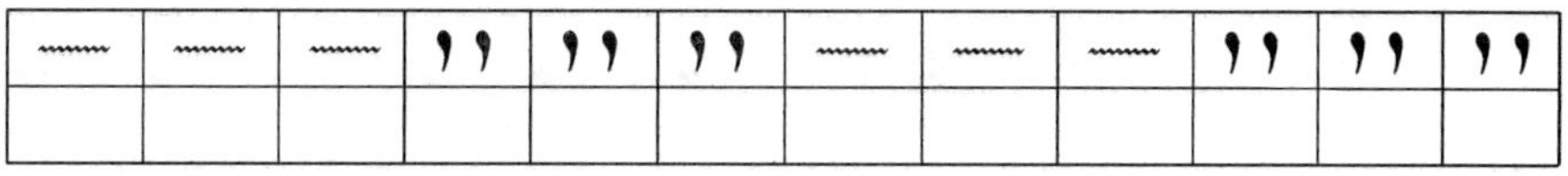

D.C.

三、打击乐的配器方法

1. 选择乐曲

幼儿打击乐曲，一般选择速度适中、节奏较鲜明、音乐主题清晰、结构整齐的歌曲或乐曲作为练习内容。通常包括中外儿童歌曲（尤其是已开展的音乐活动中幼儿唱过的歌曲作为首选）、中外民歌、中外器乐名曲等。选择的歌曲或乐曲应当带有主旋律相配的录音。如果没有录音，一般可用钢琴、电子琴弹出来，或者用人声演唱。

3～4 岁的幼儿选用的乐器有串铃、手铃、沙球、碰铃、铃鼓等；4～5 岁的幼儿选用的乐器，可在 3～4 岁幼儿使用乐器的基础上，增加木鱼、蛙鸣筒、小锣、小钹等；5～6 岁的幼儿选用的乐器，可以在 3～5 岁幼儿使用乐器的基础上，增加三角铁、双响筒等。在乐器奏法上更加丰富多样。

2. 音色分类

为节奏乐配器，要懂得幼儿打击乐器的音色分类。碰铃、三角铁等音色较为明亮、清脆，通常分为一类；圆舞板、木鱼、双响筒等音色较为干脆、坚实，通常分为一类；铃鼓、手铃、串铃、沙球等摇动时有一定的波动感，通常分为一类；大鼓音色低沉，锣、钹、镲的音色较为尖锐，通常单独使用。

3. 选择乐器

根据歌曲、乐曲的不同风格特点，一般选择 1～2 种或 3～4 种乐器，或更多种。

活泼、欢快类型：碰铃、三角铁、串铃、手铃、铃鼓、响板、双响筒、沙球、蛙鸣筒、木琴、小镲、大军鼓、小军鼓等。

优美安静类型：三角铁、碰铃、圆舞板、沙球、串铃、手铃、铃鼓、钟琴、大军鼓等。

威武雄壮类型：鼓、镲、锣，各种打击乐器。

另外，在选择乐器时，还要考虑把强音乐器用在强拍，弱音乐器用在弱拍上；对于多声部的，各声部的音色对比度要大。

4. 选择节奏型

根据歌曲、乐曲的音乐形象、情绪、风格特征等，选择 1～4 种与之相符的节奏型。

（1）四二拍子常用的节奏型为：

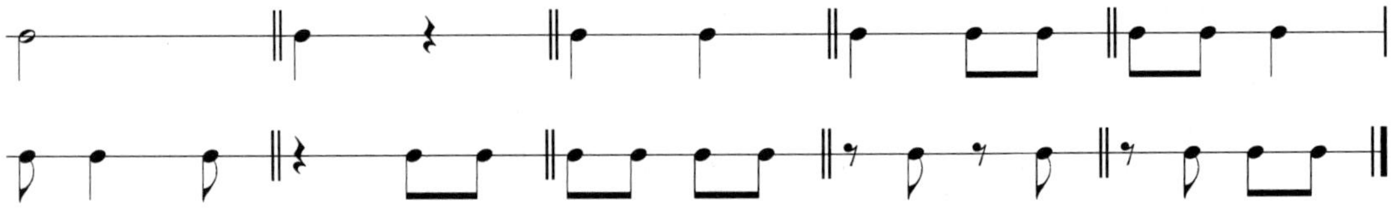

（2）四三拍子常用的节奏型为：

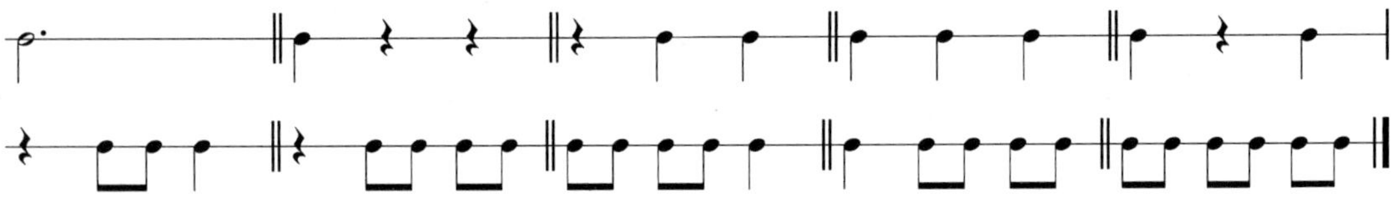

（3）四四拍子常用的节奏型为：

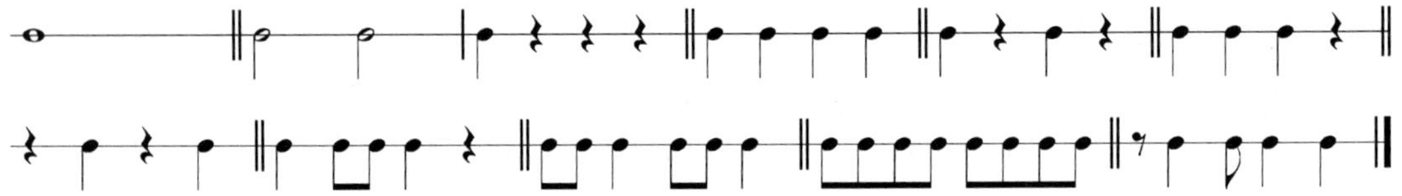

范例：

小鸟飞来了

德国民歌

配器方案：摇手腕——摇铃鼓。拍头——碰铃。拍肩——圆舞板。

5. 编写总谱

①声部排列的原则：按从高到低的顺序记录从上到下的声部。

②注明作品名称、词作者、曲作者、编配者的姓名。

③如果是简谱，要写清调号、拍号等。

④小节线、节拍都要对整齐。

⑤设计时，也可采用五线谱或简谱软件记谱。

例如：

作品名称

词作者姓名
曲作者姓名
编配者姓名

四、幼儿园打击乐活动指导

1. 熟悉和欣赏音乐

告诉幼儿打击乐使用的歌曲或乐曲的名称、主要内容，然后引导幼儿仔细聆听音乐，能弄懂音乐的内容、情绪、速度、力度、风格、节奏等知识。

2. 认读节奏谱

教师出示乐曲中的节奏型，引领幼儿进行认读。分组、分声部组织学习。

3 岁幼儿经过学习，一般可以掌握简单的五线谱和节奏谱。认识乐谱，主要包括全音符、二分音符、四分音符、八分音符的节奏谱，四分休止符和八分休止符等。

3. 把节奏谱用动作表现出来

本章已介绍过变通总谱方面的知识。对于幼儿来说，变通总谱比较容易掌握，即通过不同的动作来表现配器的记谱。在活动中，可以先组织小朋友用动作来学习各声部的节奏型，或者先用拍手的动作熟悉和掌握节奏。

4. 介绍乐器的名称与演奏方法

在掌握了各声部节奏型的基础上，教师可以向幼儿介绍打击乐器的名称，指导幼儿学习正确的演奏方法，引导他们体验和感受打击乐器的表现力与音色特征。

5. 随音乐节拍进行乐器演奏

运用变通总谱的教学方法，待幼儿能够大致用动作流畅地表现节奏型以后，再转到具体节奏乐器的实际演奏上来。组织幼儿分乐器、分声部练习，等熟练掌握相关知识以后，再逐步进行完整的合奏。

6. 学会看指挥的手势

在幼儿打击乐教学活动中，大多是教师担任指挥。幼儿作为打击乐的演奏者，必须学会看指挥的手势，了解、遵照指挥的手势、动作、意图进行乐曲的演奏。

7. 建立良好的活动常规

由于打击乐器的新奇性和可以发出声响等特性，幼儿常常有各种反应。如果不建立严谨的活动常规，这一活动的开展过程中将难以保证有良好的秩序。打击乐演奏活动的常规一般包括以下几点：

①取乐器、放乐器要有统一的指令。让幼儿听音乐信号，整齐地将乐器从座椅下面取出或放回。

②除演奏需要，乐器不可以随意发声。乐器拿出后，不演奏时须将乐器放在腿上，不发出声音，眼睛也不看乐器。

③开始演奏前，按照指挥的手势整齐地将乐器拿好，做好演奏的准备；演奏结束后，按照指挥的手势将乐器放回腿上。

④演奏时要注意力集中，不做与演奏无关的事情。

⑤交换乐器时，先将原来使用的乐器放在座椅上，再迅速无声地找到新的座位。交换过程中，注意不要与他人或座椅相互碰撞。

五、幼儿园打击乐活动与创造能力的培养

1. 自制打击乐器

为了培养幼儿的创造性思维和动手能力，可以充分利用废旧材料让幼儿制作一些简易、生动的乐器。自制乐器也可以奏出自然美妙的声音。如用竹筷敲击玻璃杯、酒瓶，可模仿三角铁的声音；用易拉罐、塑料瓶装入容量四分之一的沙或豆粒，可制成沙球；竹板可以制成响板；用大小不同的玻璃杯排成一行，通过装水的多少，组成玻璃木琴；吃饭的小金属碗，用筷子敲击，组成碗钟；收集若干个金属瓶盖，用铁钉在瓶盖中央钉一个孔，然后用一根细铁丝将这些瓶盖串起来，可以做成串铃或手铃；用大纸箱或塑料盒糊多层硬纸，可以做成接近鼓声的纸箱鼓等。

2. 进行声音探索活动

音乐探索活动中，可以组织幼儿自制乐器，带领小朋友通过感知、探索、游戏等，帮助他们认识周围世界，尝试创造美妙的声音。探索的内容有声音的大小、高低，有趣的声音，奇妙的声音，好听的声音，或者是营造情境效果、场景特性以及声音造型等。

另外还可以组织小朋友开自制小乐器的演奏会。

3. 进行节奏创编

①即兴的节奏伴奏。

②节奏创编。

③节奏问答。

④节奏接龙。

⑤参与节奏总谱设计。

【思考与练习】

一、自定活动内容，写一篇幼儿唱歌教案，然后以小组为单位进行试教。

二、幼儿韵律活动发展的特点是什么？

三、不同年龄班韵律活动有哪些要求？

四、以小组为单位，分别为小、中、大班设计一个韵律活动方案并进行试讲。

五、选择一段集体舞或邀请舞，拟出指导步骤与具体方法。

六、自定活动内容，写一篇幼儿音乐欣赏教案，然后以小组为单位进行模拟试教。

七、试着把本节《小鸟飞来了》改编成简谱与图形谱，然后模仿该配器方法（三种乐器）自选一首儿歌，为其编配简谱与图形谱。

八、为下面的歌曲设计节奏乐伴奏，并将全班分为四组进行试奏表演。

《娃哈哈》《洋娃娃和小熊跳舞》《拉德斯基进行曲》片段、《卖报歌》。

九、声音造型设计与表演。将全班分成3～4组，自定主题情境或场景，故事要有情节，构思、设计采用声音的表现手段（音乐元素、人声的、乐器的、模拟的），将主题情境（场景）形象地表现与表演出来。

第七章

幼儿园美术教育活动

第一节　幼儿美术欣赏活动

美术欣赏是对美术作品的观察感悟，与美术鉴赏不同。美术鉴赏是运用感知、记忆、经验、知识，对美术作品进行感受、体验、分析、判断，而获得审美享受、美术知识或辨别美术真假的过程。美术鉴赏能力不会随着人的一般理解能力的增强而自发地得到发展。在日常生活中，有时那些智力超群的人在艺术鉴赏方面却表现出十分低下的能力和水平，因此，美术鉴赏力并不能与一个人的智力或一般理解力完全画等号。美术鉴赏力是经过专门训练而形成的一种特殊能力。由于学龄前儿童的年龄特点以及有限的知识经验，他们更多的是从感性层面来认知艺术作品，因此还谈不上真正意义上的鉴赏，只是欣赏而已。活动中，教师要根据各年龄阶段儿童美术欣赏的特点进行指导。

儿童对美的欣赏的需求一般是自发的，然而纯粹自发的美术欣赏可能产生双重效应：正效应与美术欣赏教育的目标相一致，表达了儿童发展的正确方向；负效应则是儿童可能会受到美术欣赏中消极因素的不良影响。那种在自然状态下无意识的、不自觉的、缺乏指导的美术欣赏活动，其发展内容在方向上是盲目的，其发展价值的呈现是处于游移状态的。因此，教师必须对儿童的美术欣赏活动进行指导。

一、分年龄阶段儿童美术欣赏指导

1. 小班萌发期的美术欣赏

三岁左右的儿童开始具备审美心理。这时的儿童已具备审美心理结构雏形，即优美形态的审美态度，对优美事物的偏爱和识别优美物体的审美敏感性及相应的美感体验。因此，教师在指导小班儿童开展美术欣赏活动时，要注意以下几点：

第一，激发幼儿美术欣赏的兴趣。该阶段儿童一般都能接受优美而易识别形态的艺术品，如色彩亮丽的几何形与动物图画、漂亮的玩具、欢快的舞蹈、具有节奏感的儿歌等。教师可让小班儿童走进自然，从接触身边的美的事物开始。如带孩子散步时，欣赏柳树的婀娜多姿、松树的挺拔；到动物园游玩时，感受动物的不同姿态和各色皮毛。在各种随机的或专门的美术欣赏活动中培养儿童对欣赏活动的兴趣。

第二，布置多样而优美的环境。在儿童生活和受教育的场所，为儿童创设优美的环境可以对儿童进行美的熏陶，使其经常感受到环境中的美。幼儿园环境的设计要兼具实用性和美观性。环境美包括室内与室外环境的布置。室内环境的设计除了让儿童具有足够的活动空间以外，应在室内可利用的空间中做多种装饰，展示各种图片和儿童作品。在教学楼的过道、楼梯边的墙上可陈列幼儿的创作作品和名画复制品。有条件的幼儿园还可专设一间幼儿美术活动室。

环境布置须有色彩和形式的特点，应做到整洁化、艺术化、儿童化，成为幼儿活动与学习的花园和乐园。环境设备力求实用、美观、整洁、有序。美的环境可以唤起儿童的美感。儿童在多样而美观的环境中，能随时观察各种事物，或者动手进行操作，有助于提高其对美的欣赏力和审美能力。

2. 中班偏爱期的美术欣赏

中班儿童已有了明显的审美观念。他们一般偏爱色彩鲜艳、具有夸张和拟人表现风格的美术作品，喜欢那些能带给他们愉快情绪体验的自然风光和景物。但他们还没有一般的审美标准，喜爱或不喜爱某一幅作品往往取决于个人的喜好或是其生活经验。教师指导中班儿童开展美术欣赏活动时要注意：

第一，鼓励幼儿用简短的话语大胆地表达自己的感受。幼儿表达的过程就是一个体验的过程，一个进一步感受、理解美术作品和美的事物的过程。教师必须给幼儿表达和交流的机会，让幼儿把自己对所欣赏对象的感受用语言、肢体动作等表达出来。同时，教师也要有意识地用一些优美的语言感染他们，如对自然景物、美术作品带有感情的艺术性描绘——蓝蓝的天、绿油油的田、色彩斑斓的花海等，让幼儿在一个良好的语言环境中学习，这对培养幼儿的艺术感觉是非常必要的。

第二，引导幼儿对美术作品进行简单的形式分析。随着幼儿美术欣赏能力的提高，教师应逐步要求幼儿对美术作品进行简单的形式分析，从美术作品的形式美角度分析作品中的线条、色彩、形状、构图等，并用口头语言表达自己的感受和对欣赏对象的简单描述。例如，欣赏马蒂斯的作品《罗马尼亚罩衫》时，教师可根据画面内容引导幼儿感受作品中的美——衣服上对称的图案以及简洁的红、白、蓝三种颜色。

3. 大班摇摆期的美术欣赏

大班大部分儿童已能区分什么是美、什么是丑，并有了一定的审美标准，但带有明显的个体倾向。即他们在对美术作品、歌曲、舞蹈等方面的评价上倾向于用自己的评价标准进行评价。其审美评价往往容易受到周围其他人评价的影响。这也表明，他们的审美评价标准还较为模糊，正处于初步的、低级的摇摆期。教师在指导大班儿童开展美术欣赏活动时，要注意以下几点：

第一，引导儿童多角度地欣赏美术作品、自然景物和周围环境中的美好事物。随着儿童知识面的扩大，教师要有意识地培养幼儿多角度地欣赏美术作品、自然景物和周围环境中的美好事物的欣赏意识和方法。如从美术语言的角度，侧重于观察与分析作品的色彩、线条、构图等是怎样围绕主题表达作者的思想感情的；也可从文化视角出发，将不同历史时期、不同国家的美术作品中同一类题材放在一起欣赏。例如，在幼儿用绘画方式表现天空中的云朵前，教师可引导幼儿先欣赏不同天气天空中云朵的造型、色彩，再欣赏不同画家笔下的云，如凡·高的《星夜》、奥基弗的《晚星》，然后再让幼儿用各种绘画工具和材料来表现主题。

第二，运用多种手段引导幼儿进行欣赏。教师可采用视觉、听觉、触觉等手段加深幼儿对自然美、艺术作品的美的体验。例如，幼儿欣赏插花艺术时，教师可引导幼儿闻闻花的香味，数一数并记录不同花的花瓣数，根据插花造型书上的图例学着插花，利用花瓣进行拼贴或拓印等。幼儿通过眼、嘴、耳、鼻等多种感觉通道的协同活动，加深了对插花艺术的了解。多种手段的并用较之教师单一的示范讲解，更能引起幼儿的探究和制作兴趣。

二、分类型美术欣赏活动指导

根据欣赏内容的不同，可以把学龄前儿童美术欣赏活动分为欣赏自然景物、欣赏美术作品和欣赏周围环境三类。教师在指导儿童开展美术欣赏活动时，应根据欣赏内容的特点来加以指导。

（一）美术作品欣赏

美术作品一般指美术领域中的绘画、工艺品、建筑、雕塑等。根据学龄前儿童绘画感受能力发展的特点，学龄前儿童美术作品欣赏活动指导可分为以下几个阶段：

1. 直觉描述阶段的指导

对作品的直觉描述是指儿童看到美术作品时马上对外在的、可立即指称的视觉对象的简单描述。这种描述不涉及对作品内容和价值的探讨及评价。描述的前提是观看，所以观看美术作品是这一阶段的首要活动。这时，教师要给儿童充分观看作品的时间，然后鼓励儿童用简短的语言大胆地表达自己的感受。当儿童进行相关描述时，教师要耐心地倾听他们的描述，并让儿童能说话、开口说话、充分表达。当儿童遇到一些感到困惑的作品时，教师可以通过提问，如“看看画上有什么？他们在做些什么？有没有看到有棵树？看上去像什么”等，给儿童提供一些观看线索。

2. 形式分析阶段的指导

对作品的形式分析是指分析视觉对象内容的深层关系，也就是分析作品所表现的美的形式，如造型、色彩、构图等形式语言，以及对称、均衡、变化、节奏、统一等构成原理的应用。对作品的形式进行分析，可加深儿童的审美体验。

儿童由于受其心理发展水平的限制，还不能把注意力集中在对象的形式和结构上面，多半是注意作品的内容。对内容的理解往往能获得实用价值和求知的满足，是求实压倒了求美，内容压倒了形式。但是，幼儿全身心投入作品中去的倾向，使他们与较成熟的欣赏者非常相近。那种与对象保持距离的能力，在这一阶段不会得到充分发展，但这一事实并不会严重地影响作为欣赏者的儿童对相关作品的欣赏，他们已经懂得了卡通片、故事或歌曲只不过是假的而已，已经有了某种解释普遍符号系统的能力。这说明，教师有必要也有可能引导儿童把注意力集中到作品的形式上来。

3. 内容解释阶段的指导

内容解释是指探讨一件美术作品所蕴含的内在意义。每一幅作品的背后都有一个故事。对有些作品的理解需要联系一定的社会历史背景来进行，对这类作品的欣赏不必苛求儿童完全按照画家的原意来理解。教师应鼓励儿童不要拘泥于原有的或权威的解释，要鼓励他们根据自己对作品所传达的信息的体验和理解，站在自己的角度重新诠释作品。对于那些儿童能够理解的作品，教师可根据作品的内容适当地介绍画家的小故事、作品创作的背景等，以更好地帮助儿童理解作品。例如，中班儿童欣赏马蒂斯的《蜗牛》时，教师可结合作品内容介绍马蒂斯创作剪纸作品的背景。

4. 主动评价阶段的指导

主动评价是指积极判断一件美术作品的价值和表达对作品的审美理解。对美术作品进行评价，需要综合各方面的知识，包括美术创作、美术欣赏、美术史、美术批评等，是一个较为高级的阶段。对学前儿童来讲，评价作品不是重点，重点是思维表达的需要。儿童对作品的评价只是简单地说出自己喜欢或不喜欢这幅画的理由，或是说出对作品含义的某些理解而已。儿童的评价易受教师和同伴评价的影响。因此，教师在这一阶段可对作品的内容作较为综合性的、具有一定指导意义的总结，帮助儿童加深印象，提高审美判断能力。

5. 启发创作阶段的指导

儿童欣赏美术活动中常常会引发表现冲动，这种需求的实现，需要教师的引导和启发。事实上，每一个儿童在进行审美创造时，都迫切需要他人即同伴、教师或家长等的适时帮助。从观察的方法到表达的方式，从欣赏的技巧到运用艺术媒介的技巧，对儿童来说，都是有待解决的问题和需要克服的困难。强调儿童审美创造与表现的自发与自由固然重要，但是倘若只是鼓励，他们的表现动力就不会得到支持，表现质量也不会提高；他们会随心智的成长而陷入审美创造与表现的力不从心或眼高手低的困境，最终失去对审美和艺术生活的热情与信心。这个阶段需要足够的创建条件，营造良好的表达情境。

（二）自然景物和社会环境的欣赏

自然景物和社会环境的欣赏一般在户外进行，因此教师在指导儿童欣赏时要注意以下几点：

第一，尽量安排感知类识景物。

感知类识景物就是要观看欣赏已经认识过的似曾相识的事物。心理学家舒帕尔·卡格安（Schubel Kagan）经过观察发现，儿童对于那些十分熟悉或是完全陌生的事物会表现出毫无兴趣，只有那些与他们熟悉的事物有所不同，但又可以看得出与它们有一定联系的事物，才能真正吸引他们。由此可见，只有那些与儿童心中图式有似曾相识感觉的事物，并且还具有一定距离，才能引起他们的敏锐知觉。

距离是会变化的，它随对象的性质而变化，也随个人保持距离的能力不同而变化。审美时不能丧失距离，不能使距离达到极限或零点，否则，就等于丧失美感。因此，教师在引导幼儿欣赏景物时，应经常有距离上的变化，帮助儿童从不同的角度、不同的距离上去感知。欣赏中，儿童对心理距离的把握，依赖于他们的知识经验、审美经验、情感经验的体验。美术欣赏教育虽然不是让每个孩子成为专家级的人物，但应该通过美术欣赏教育让孩子们既有审美的眼睛，又有审美的耳朵，更有审美的大脑，能运用艺术家的眼光去欣赏周围的各种事物。

第二，尽量激发积极情绪体验。移情是儿童情感发展中一个很重要的特点。儿童常常把自己的想法和情感与有生命或无生命的物体联系起来。这为他们欣赏各种景物提供了情感基础，因为美术欣赏本身就是一种感情的投入。

美术欣赏中，儿童的审美感受始终伴随着明显的情绪体验。积极的情绪可以提高儿童美术欣赏的效率，起着正向的推动作用，消极的情绪则会阻碍美术欣赏活动的展开。体验性使儿童的美术欣赏教育始终具有独特的感情色彩。

（三）儿童欣赏美术作品的指导要点

实践表明，儿童是介入者还是旁观者，是动态地操作还是静态地观看，效果是很不一样的。在这一阶段中，教师可为儿童提供良好的绘画表现环境，如给予儿童各种表现的媒材、宽敞而舒适的教室环境、宽松而愉快的心理环境等，帮助儿童积累视觉经验和美术表现的经验。教师在指导儿童欣赏美术作品时，要注意以下几点：

第一，教师是沟通儿童与美术作品的桥梁。教师在美术欣赏教学过程中更多的是扮演引导者、帮助者、观察者和倾听者的角色，帮助儿童与美术作品进行对话。教师不再是传统教学中知识的灌输者。作为引导儿童与美术作品对话的中介，教师不应以自己的权威来压制儿童，在开放式的文本面前，师生双方均有说话的权利。

第二，尊重儿童对作品的感受。通过与教师的共同观赏、分析和讨论，儿童对美术作品必然会产生不同的评价，如喜欢或不喜欢。由于儿童经验、认识能力有限，这些看法也许是十分可笑的，但只要是他们在对作品感知和体验基础上产生的，教师都应予以尊重和认可。教师可作一些适当的提示或补充，但切不可轻易地将自己的观点强加于儿童。

第三，鼓励儿童用简短的语言大胆地表达自己的感受，这既可以加深儿童对美术作品的感受，又可以锻炼儿童的语言表达能力。

第二节　幼儿绘画活动

幼儿绘画活动是指幼儿使用各种工具材料，运用点、线、形、色彩等艺术语言，以及造型、涂色和构图等艺术表现形式，把个人的生活体验、感受与思想情感通过加工改造成生动有趣的画面图式形象，以培养形象思维能力和审美能力的活动。

绘画的对象及内容不是关键，绘画的过程表现才是重点。幼儿的视觉思维一般是从平面向立体发展的。儿童画的种类很多，但归纳起来可以分为平面性绘画和立体性绘画两大类。

幼儿平面绘画活动是指在平面媒介上表达图像和思维的活动，是幼儿主要的绘画形式，其种类较多，很难全部概括。因当前科技的发展，媒介、材料、观念更新较快，因此其种类还在不断丰富。幼儿立体绘画活动是指在立体媒介表面表达图像和思维的活动，是幼儿美术实践的领域。与平面绘画相比，只是媒介载体不同而已。平面绘画涉及的工具、材料等都可以运用于立体绘画中。立体绘画在生活中很常见，比如儿童在墙壁上、在衣服上画的画都属于立体画，古代的壁画就是一种立体画。

下面就部分已经被美术教育工作者探索实践过的平面和立体绘画活动进行归纳和分析。比较常见的有手指画、实物版画、水彩笔画、油画棒画、水粉画、线描画、刮版画、水墨画、炫彩棒画、物体画等。

一、各年龄班儿童的绘画活动指导

（一）小班儿童绘画活动指导

小班儿童处于涂鸦后期和象征期的早期，因此在造型上，他们所表现的形象还不能表现出物体的基本结构和特征。由于该阶段儿童在观察事物时没有明确的目的，观察的顺序比较紊乱，常常是碰到什么看什么，看到什么画什么，想到什么画什么，而且只看事物的粗略轮廓，因此在构图上比较零乱。从形象的主次关系看，小班儿童常将物体一个个罗列在纸上，且这些物体都是孤立的，画面上布满了各个毫不相干的形象，并且这些形象都偏向于纸的边缘。这是他们在画画时常常边画边转动纸张所造成的。“他满足于事物与表现所建立起来的关系，他完全满足于表现本身，他并不在意物体之间是否发生关系。在儿童最早的绘画里，物体在空间里的相互关系并没有任何法则。”因此，教师在指导小班儿童绘画时可从以下几个方面着手：

第一，为孩子准备适合涂鸦的工具和材料。给孩子创造一个相对属于自己的绘画天地，使孩子能经常接触到绘画的工具材料。涂鸦的早期阶段，最佳的材料是水彩笔、炫彩棒、油画棒、手指颜料和平滑的大张纸。这些材料适合儿童完成他的动作，因为它们能使儿童的运动经验以最清晰的方式体现出来。需要注意的是，铅笔不太适合儿童涂鸦，因为尖锐的铅笔尖不能流畅地在纸上滑动，而且笔尖容易划伤孩子。

第二，鼓励儿童大胆地作画。对于刚入园的儿童来说，能大胆地在画纸上自由自在地画画，便是一个好的开端。由于该阶段部分儿童还处在涂鸦后期，因此教师不必苛求儿童画出像样的东西来，而是要鼓励儿童大胆画画，让儿童在看看、想想、玩玩的过程中进行绘画表现。小班后期，可引导儿童在观察的基础上表现单一的物体。在上课引导的形式上可以采用图片、视频或实物来展示表现对象，也可以拿事先准备好的作品或以讲故事的方式来描述。

第三，为幼儿创设绘画的情境。小班幼儿常凭主观直觉印象来描绘物体的粗略形象。由于他们的兴奋强于抑制，情绪多变，很容易受外界因素干扰，因此作画时没有明确的目的，往往由所画的图形联想到自己经验中的某些事物，绘画的内容在不断地变化。所以，教师可为幼儿创设一个绘画的情境。例如，让幼儿练习画各种线条时，教师事先在墙上画一幅海底世界，还得准备各种已经剪好的“海鱼”，然后让孩子们各自为“海鱼”设计漂亮的衣服，就是用线条装饰“海鱼”，最后让他们把装饰好的“海鱼”贴在“海底”。幼儿在教师创设的环境中，一般都能有目的地进行绘画。

（二）中班儿童绘画活动指导

该阶段的儿童在与外界接触的过程中已经表现出了较高程度的社会意识。他们不再专注于直接的自我，而是对外在事物兴趣浓厚。这种兴趣可能是片段的，并没有特别的秩序，或是这种秩序可以由感情的意义来决定。但是，在这个阶段的儿童美术作品中已经可以看到，他们不仅表现了自己和事物间感情上的关系，同时还表现了一种空间关系。

从构图上看，此时儿童的作品中往往不止一两个形象，有时有三四个甚至更多形象。他们把这些形象以排队的方式放置在基底线上，形成并列式的构图方式。他们已有了初步的表现目的，虽然画中的形象并不都是与主题相关。他们也不太注意物体之间的大小关系，但已开始试图表现物体之间的空间关系。这一阶段的儿童在形象的分布和形象主次关系的处理上，其能力有了一定提高。教师可通过下列方式来指导儿童构图：

第一，通过多种形式观察物体。由于此时的儿童作品已经开始表现出事物的空间关系，因此教师应引导儿童注意观察、积累生活经验，让儿童比较物体在不同空间中的关系。同时，教师还要引导儿童把不同的事物联系起来，即从单一的表现过渡到表现一定的情节。

写生是培养儿童空间知觉能力的有效方式。在写生之前，教师要引导儿童观察自己所看到的物体的空间位置，然后用绘画的形式表现出来，让儿童了解同一物体可以从不同的角度进行观察和描绘。

第二，进行简单的构图练习。教师可以给儿童提供与主题相关的各种单张图片，如人物、交通工具、动植物、建筑物等，让儿童根据主题进行构图。例如，儿童可以选择太阳、各种花卉、人物等图片来构成一幅主题为“美丽的花园”的图画。随着年龄的增长，在中班后期，教师可提供部分图片，其余的由儿童添画来完成一幅完整的画。

第三，通过情感体验来表现空间关系。罗恩菲尔德指出：“第一个空间关系通常是透过感情来体验的，因此，有关主观关系的经验，是具有刺激性的，如‘你喜欢洋娃娃吗’‘画你自己跟洋娃娃’。在这类绘画中，我们可能看到，儿童与身外的物体间并没有关系，而儿童和洋娃娃的感情关系则清楚地表现出来。这种反应显示了，在早期阶段里，空间关系受到价值判断很大的支配。”因此，教师在指导时，应尽可能地使所画内容和儿童的生活经验、情感体验相联系。

第四，通过拼贴形式来表现空间关系。程明太老师在一次讲座中提到，现代儿童美术作品在后现代主义的影响下发生了变化，即作品从平面向立体过渡，表现为拼贴作品逐渐增加。儿童美术也是如此，通过拼贴的体验，给予了儿童更多的构图尝试和自主的权利，学习和感悟了主体与背景的处理，在尝试中强调了色彩对比的意识，能轻而易举地建立起最简单的空间关系（遮挡），还使多样化艺术表现形式的意识得到了增强。雅克·德比奇在《西方艺术史》一文中写道：“日常生活中一些成分，画的、勾的以及直接取自现实的，比如剪下的报纸，或者取物品的一截，把它放在画面，都使画找到了新的合成。”艺术的传统边界被逾越了，传统艺术种类之间的壁垒崩溃了，当然线描、剪纸、雕塑、水墨、油画依然存在，但它们却可以整合到一起，成为一件作品，使画面具有物质感、触摸感以及设计的巧妙感。而这恰好是儿童美术中的综合创作方式，不但对儿童形成空间意识有帮助，对创造性思维的提高更有帮助。

（三）大班儿童绘画活动指导

进入该阶段的儿童，其绘画的主要特点之一是散点式构图。大班后期，有一部分儿童已能熟练地用遮挡的方式来表现物体之间的关系，尤其是拼贴作品体现得比较成熟，在形象的主次关系上，能以空间关系来安排形象，并形成主题和背景。因此，对他们在绘画构图上应该提出更高的要求。教师可通过下列方式来指导儿童创作：

第一，鼓励儿童进行情节画的创作。如果说中班儿童的画面还停留在把所画物体一字排列在基底线上，只有简单的太阳、小树、花草、小鸟作为背景的话，那么到了大班以后，孩子们便逐步开始使自己所画的人、物都能围绕着绘画的主题而“各具神通”。这个阶段的儿童画具有一定情节，因此，教师要鼓励儿童把自己表现的人、物与周围的环境联系起来，在充分观察、体验的基础上，借助绘画形式表达自己独特的感受。

第二，开展多种形式的绘画练习。大班幼儿已具有一定的绘画技能，并能综合、灵活地运用各种绘画工具和材料。因此，对同一个主题，教师可为幼儿准备各种绘画工具和材料，让幼儿自由选择，并用自己喜欢的工具材料来创作。但在一节课内要尽量安排相同的内容。例如，在“奇怪的蝴蝶”的主题性绘画活动中，第一次教师应为幼儿创设画线描画的条件，第二次应创设画对印画的条件，第三次再创设作剪贴画的条件等，这样一来，活动中孩子们才会用各种形式来表现他们心目中奇怪的蝴蝶。

由上述内容可以看出，教师在指导儿童绘画时必须遵循儿童心理发展、绘画发展的规律，根据不同年龄班儿童的绘画特点进行指导。在指导的过程中，教师经常会碰到的问题便是如何处理创造性与技能之间的关系。如果技能教得太多，会限制儿童创造力、想象力的发挥，使孩子们画的画如出一辙；但是不教技能，儿童又无法把自己的内心所想用画笔表现出来，往往需要用语言来补充说明画面的内容。所以，教师在指导儿童绘画时，要把技能技巧的学习和儿童的生活经验紧密地联系起来。例如，教师在指导儿童用蜡笔或油画棒涂色时，常常把颜色涂在轮廓线的外面，涂色不均匀，线条连接不紧密，由此造成许多空白点。当然，不是要求一定要避免这些情况，儿童美术作品的效果有很多种，只是我们在指导时要让儿童具备不同表现效果的技法。教师在指导儿童作画时，应尽可能贴近儿童的生活经验，巧妙设计情感需求或情境驱动环节以帮助他们作画。如在画“冬天的人们”时告诉孩子：“冬天人们为了抵御寒冷，要穿上厚厚的衣服，衣服上不要有小孔，别让冷风吹进来。”在画“小狗”时告诉孩子：“我们比一比，看看哪个小主人把小狗养得好，毛色最漂亮，身上没有杂毛。”这样，儿童在涂色时想到的不是怎样涂满、涂均匀，而是要给冬天的人们穿上厚厚的衣服，或把小狗的毛梳理得整整齐齐……

二、各种类型绘画活动指导

学龄前儿童的绘画活动一般可分为意愿画、情节画、物体画和图案装饰画四种形式。由于儿童在这几种绘画形式中的表现特点不同，因此教师要根据儿童的绘画表现特点来加以指导。

1. 意愿画创作指导

意愿画一般受儿童年龄的限制，主要指随儿童自己的意愿创作的没有特定规则或样式的绘画形式。是儿童绘画活动的起点，也是培养儿童造型能力的基础。幼儿由于不能协调自己与客体的关系，加上缺乏经验和知识，在思维时总是把注意力集中在自己的愿望、需要、动作上，形成了特有的儿童思维，即以自我为中心。这些特殊的表现特征在儿童绘画作品中有时会同时出现。如：幼儿在画纸中央画一个大大的脑袋，这是一种典型的夸张形式的表现。孩子的脑袋里想什么呢？通过透明式的表现，孩子画出了自己的“想法”：有一天，自己变成一个三头六臂的人，可同时玩游戏、看电视、玩玩具，嘴里还不忘吃点零食。这些特殊的表现特征，会随着儿童年龄的增加、观察的客观化、绘画表现的自然化而逐步消失。教师在指导儿童画意愿画时，要注意以下几点：

第一，要引导儿童观察物体的基本结构和主要特征。教师应根据不同年龄班儿童的特点引导儿童观察物体。由于小班儿童认识能力较差，还不会表现物体的基本结构和特征，因此教师只需引导儿童观察物体的大致轮廓，对物体形成基本的视觉印象即可。随着认识能力的提高，中班儿童已能逐步有目的地作画。教师可引导中班儿童观察物体的基本结构和主要特征，如人物、动物、植物、交通工具、建筑物等的形状、颜色、结构。大班儿童已积累了较多的知识经验和绘画造型技能，教师可引导大班儿童细致地观察物体的形状、颜色、结构和特征，并要求儿童能辨别物体的异同。

第二，要引导儿童从不同角度表现物体。意愿画主要是表现绘画对象的结构和特征，如果观察的角度有限，那么儿童在画纸上表现的物体形象就单一。因此，教师应帮助儿童学会从不同角度来观察、描绘物体的不同造型特点。例如，儿童学习建筑物的造型表现时，教师可以组织儿童进行一系列有序的、循序渐进的绘画活动。即先表现房子的一般特征，接着表现几幢组合在一起的房子，再表现“我”的家、我们的儿童乐园、街道，最后让儿童设计房子、想象未来的房子等。这一系列绘画活动能让儿童从不同角度来描绘房子的造型特征，使画面越来越生动，从而促进主题的表现。

2. 情节画创作指导

情节画是指儿童根据一个情节或情境来创作的绘画形式。一般是根据作品的故事情节绘画，把文字变成画面，这是一种艺术的再创造。儿童从富有情趣的故事之中有事可想，有事可明，有事可认，为儿童自主学习提供了条件。鼓励孩子在读完一部文学作品后作画，可丰富孩子的想象力和创造力。根据故事情节作画，有助于发展孩子的思维能力。我们在儿童的绘画实践中会发现，儿童创作情节画对儿童的绘画能力、形象思维能力、想象力的培养和发展都有很大帮助。可借助故事激发儿童学习兴趣，使他们在轻松愉快的气氛中学习知识，感悟道理。因此，如果能让儿童掌握完成情节画必须具备的几个前提，就能收到较好的效果。

首先，要有一定的绘画基础。让儿童进行画线条的训练，从画线条的练习到各种形态的简笔画，启发他们大胆地作画。熟悉各种动物、人物的坐、立、行、跑姿势，景物的设置。如马路上的情景，树林里、海洋里的情景，人物的动态，各种季节的特征等。掌握了这些，儿童画起来就能得心应手。

其次，是选择合理的故事。情节画一定要有一个比较完整的故事，因此，在选择故事时要选择情节简单、易被儿童接受、段落层次清楚的故事。选择故事时，注意选些容易理解的，如故事《蝌蚪找妈妈》中的蝌蚪、鸭、鱼、乌龟、大白鹅以及青蛙，由于平时接触多，加上掌握了一些画法，画起来并不困难。此外，还可组织孩子们画《猴子捞月》《龟兔赛跑》《小马过河》等，他们画起来也会很感兴趣，效果较好。

第三，熟悉故事内容。选择故事后，最主要的是要熟悉故事内容，只有对故事有了理解，才能用情节画表现故事内容，并注意故事中情节的变化、景物的变化，从而更好地画好情节画。

第四，启发幼儿构思画面。熟悉了故事，那么在绘画之前，就要和幼儿一起来商量故事可以分成几个画面。让儿童发挥想象，讨论情节，根据情节设定画面。比如，首先让儿童听故事《龟兔赛跑》，然后让儿童发挥想象，用绘画形式反映故事情节。有的画了乌龟领奖的场面，有的画了兔子在树旁睡大觉，有的画了兔子难为情地捂住了脸……又如《小蝌蚪找妈妈》，我们把它分成六个段落，即六幅情节画：第一幅为春天景象，小蝌蚪在游玩；第二幅是小蝌蚪遇到了鸭妈妈；第三幅是小蝌蚪遇上鱼妈妈；第四幅是小蝌蚪遇上了乌龟妈妈；第五幅是小蝌蚪遇上了白鹅妈妈；第六幅是小蝌蚪遇上了自己的妈妈——青蛙。在绘画过程中提醒幼儿注意前后画面的连贯，并要体现情节发展前后环境的变化与形象的变化。像《小马过河》《猴子捞月》《老鹰捉小鸡》的情节画，景物环境变化不多，形象变化多；《龟兔赛跑》的情节画，形象变化少，环境变化多，在画面上应反映这些变化。

3. 物体画创作指导

物体画是指在平面或立体物体的表面创作表现的绘画形式。与艺术领域中的装置艺术作品类似，是当前儿童美术的热门绘画形式。一成不变地在普通平面纸上画画没有新鲜感，不利于提高儿童的表现兴趣和表现欲望，物体画可以在许多可触物体表面表现主题，只要是适合勾线、涂色的材质表面都可以作为绘画媒介，如常见的衣服、鞋子、毛巾、瓷砖、下水管、玻璃、木板、石头、树叶等，再如废弃的电器、汽车、泡沫板、礼品盒、墙面等物体都可以作画。从广义的角度来看，人体皮肤的文身和彩绘都是物体画的范畴。

物体画能更好地激发儿童的创作欲望，具有美术实践的性质。在创作中，儿童能得到满足感，增强自信心，同时，其作品还能作为环境创设的主要组成部分。在安排和指导物体画活动的时候，我们可以从以下几个方面进行思考：

首先，媒介选材要便捷安全。不同年龄层次的儿童其班级选择的媒介要有区别：小班适合轻便小型的物体，大班可以安排较重的大型物体。可以采用个体和集体创作的方式进行，但总的要求是安全、便捷，容易收集和准备。

其次，表现工具要合理恰当。选择了绘画材料后，应提供适合在此物体表面绘画的工具，有些材质不是所有工具都能在它表面涂画的。比如在瓷砖上画时，水性的勾线笔作画很容易抹掉……因此，需要老师事先做尝试，再给儿童准备相关材料。

第三，任务安排要难易适中。物体画和在平面纸上表现的内容要求上基本相同，而在立体物体表面作画的难度稍微大些，因此不需要太高的要求，或安排难度较大的创作任务。一般可以从点、线、面符号开始入手，慢慢转向画具体的形象。

第四，创作过程要监控及时。美术活动重在过程，我们不但要让儿童在过程中体验、发现，还要使儿童有成就感。同时，还必须强调行为习惯和卫生问题，使儿童做到快快乐乐参与、规规矩矩体验、干干净净成长。

4. 图案装饰画创作指导

图案装饰画是儿童在视觉、动作日趋精细，空间知觉能力发展到一定程度时才进行的绘画活动。因此，一般从中班开始进行图案装饰画。儿童在图案装饰活动中具有以下几个特点：

首先，儿童喜欢用具象的花纹进行装饰。儿童在选择和运用花纹进行装饰时，往往喜欢一些具象的花纹，如小花、小草、汽车、树、动物等，而不太喜欢抽象的点、线条、几何图形等；并且，在选用图案花纹上表现出明显的男女性别差异，如男孩较喜欢选房子、机器人、车子等物体形象做图案画中的花纹，而女孩则喜欢用小花、小草等物体形象做图案画的花纹。

其次，儿童还不能掌握图案构图的规律。由于儿童的视觉和动作尚不能协调配合，因此描绘图案、花纹时不能准确地辨别各花纹之间的距离，也不能准确地在固定的位置上描绘花纹。在他们的作品中，图案不对称、不均衡、不规则的现象时常出现。如图案的间距不相等，花纹的排列不对称，相对位置上的花纹大小不一致，花纹距中心、边缘、四角的距离不一致等。

根据上述儿童在图案装饰画中的表现特点，教师在进行图案装饰画的指导时，可以从以下几点进行思考：

第一，多欣赏图案装饰作品，开阔儿童的视野。图案装饰美在我们的日常生活中随处可见。教师可以引导儿童欣赏一些装饰性强、造型独特，具有民族特色、多元化的装饰花纹和图案构成。教师可以从儿童最熟悉的物品着手，在认识形状的基础上，让儿童观察欣赏这些物品上面的图案。例如，引导儿童观察、欣赏伞面的图案，启发儿童思考伞与人们生活的关系，探索伞面图案装饰的特点，通过欣赏了解装饰画与生活的关系。

欣赏的形式是多种多样的。如在儿童的日常生活中有意识地引导儿童观察各种生活用品上的图案装饰，欣赏身边丰富多彩的民间装饰艺术，和父母逛街时观察橱窗里陈列商品的图案，欣赏专门的图案装饰画等。这些欣赏活动，能开阔儿童的视野，培养儿童对图案装饰美的感受，使儿童认识和理解图案装饰的实用价值，初步了解图案装饰的规律，激发儿童对图案装饰画的兴趣。

第二，引导儿童循序渐进地学习图案装饰画。图案装饰画的描绘过程比较规范、精细，因此，教师要为儿童安排循序渐进的学习过程，让儿童由浅入深、由易到难地学习图案装饰画。从提供的装饰物品上看，小班儿童可以再类似纸盒、“桌布”“毛巾”等规格的纸型上进行装饰，也可以直接在这些物体上作画；大龄儿童可在剪好的“手套”“领带”“衣服”“靴子”等不规则的纸型上进行装饰，也可以直接在这些物体表面作画。从装饰纹样来看，小龄儿童可用点、线、简单的几何图形等简单纹样进行装饰；大龄儿童可用自然界的花草、树木、房子等较为复杂的纹样进行装饰。从装饰的色彩上看，小龄儿童可用两至三种颜色进行装饰；大龄儿童可用多种颜色较为协调地进行装饰。

第三，图案练习的方法要多样化。图案装饰画的描绘过程规范性较强，如果教师只是要求儿童反复用同一种形式练习某种表现技法的话，会不同程度地抑制儿童的想象力和创造力的发挥，使图案装饰画的练习变得枯燥乏味，也容易使儿童失去图案装饰的兴趣。因此，教师要采取多样的练习方法培养儿童对装饰的兴趣。例如，小组间进行竞赛，看看哪组小朋友设计的纹样最多；结合节日，如三八妇女节、父亲节，为妈妈设计“服装”，为爸爸设计“领带”。这些多样化的练习，能让儿童在轻松的氛围中掌握装饰技能。

在儿童作画过程中，指导的重点是启发儿童画出不同人物的动作和姿态造型。引导儿童安排画面空间，使用多种色彩工具直接作画，画出温暖的阳光和快乐游戏的感情色彩。多进行表扬鼓励，启发诱导。指导作业的过程中，能敏锐地发现儿童随时表露出来的创作灵感和表现出的技术特长，引导他们通过自己的艺术直觉进行创造性的艺术表现。

三、几种常见创作方法的运用与指导

1. 拼合创作指导

分别选择与意愿主题有关的不同物体，将其临摹拼合成一幅画，这就是拼合创作法。这种创作方法适合各种绘画形式。比如表现画面情节是音乐会，可以从不同途径中找一个唱歌的人物和几个演奏乐器的动物，然后照着画下来，拼合成一幅画。指导小朋友们在采用拼合创作法时要注意：第一，照图临摹的主要物体，应该围绕画面情节来选择，而有些次要物体，如凡是自己会画的，就尽量不要去临摹；第二，画面情节需要描绘多个人物或动物时，选择临摹范图尽可能有区别和变化。比如画人要有“四不同”：①性别不同。有男有女。②发型不同。长发、短发，女孩可梳各种辫子，男孩可戴各种帽子。③服装不同。可以从衣服样式、图案花纹上来区别。④动作不同。站的、蹬的、坐的、跳的等。除非你设想的画面情节要求动作一致，否则都要有形状的不同变化。如果是画动物，还要加上一条，即种类不同。不同的描绘方法，不仅仅是在拼合创作法中要有体现，在选择临摹范图时也要注意加以运用，以及在后面各种创作训练中，都应该始终将它牢记在心。只有这样，小朋友们的画才能更耐看，才能促使幼儿不断提高观察能力和思考能力。

2. 借换创作指导

借换创作就是临摹创作，指在创作时参照他人的作品，借用部分信息如内容、构图、色彩等来完成自己的创作。也可以理解为模仿别人的作品但不完全照搬，要有区别，有自己的想法。具体指导时，可以找一幅儿童最感兴趣的画，然后让儿童临摹这幅画的一部分，而其余部分则按照自己的想法另外设计变化。刚开始采用借换法，小朋友可借多换少，借难换易。就是大部分借，小部分换；复杂而难的部分借，简单容易的部分换；主要物体借（临摹），背景换；动作形状借，服装换。这样画几次后，再借少换多、借易换难，直到把这幅画大部分换成他自己的设想。

3. 拟人创作指导

幼小的孩子相信世间万物都有像人一样的心理和感情，认为世界上所有的东西都是有生命的。他们以自我为中心去推想一切事物。表现在绘画中，最常见的便是给太阳添上五官，把动物画成直立的，跟人非常相像，并把自己所想的搬到所画的动物身上去。在孩子们的画中，星星们可以为月亮打扮，有漂亮的头饰、项链，其他星星围着月亮在跳舞。拟人化这一特点主要是由幼儿未分化的心理特征决定的。对于幼儿来讲，他们把自己的意识和情感赋予整个世界，使之生命化。拟人化是他们心理发展中泛灵论的反映。这类创作在指导时重在强调情感的沟通，尽量提供多的卡通形象诱发儿童思考。其实就是引导儿童把无生命的变成有生命的，把有生命的赋予人的特征。

4. 放大联想创作指导

放大联想就是根据某个物体的形状特点，进行放大想象，并添加相应的人或动物组成画面。比如两只很普通的靴子，如果我们把它想象成很大很大，那么，它可以用来做什么呢？把它想象成靴子房行吗？当然可行。可以想象有小兔和小猫住在这样的房子里，看它们的模样感觉还挺满意呢。再如一只很一般的杯子，杯子变成了游泳池，男男女女、老老少少都在里面游泳，玩得可高兴呢。任何物体都可以进行这样的放大联想或者叫缩小联想。这种创作方法在儿童画中是经常见到的，比如描绘一群小朋友在花叶上唱歌、跳舞或者做游戏，各种动物住在蘑菇房或者葫芦、西瓜房里上课、打球等。在指导儿童采用这种方法创作时，强调在将物体放大联想成其他物体时，应尽可能设计得新奇有趣。

5. 随形联想创作指导

随便勾画一个外形或一个笔画，根据它来想象画成多种不同物体，这就是随形联想。很多小朋友都受过这样的训练，比如老师在黑板上画一个圈，你觉得它可以画成什么物体呢？可以画成气球，可以画成太阳，可以画成云，可以画成脸……再如，使用几种形状联想同一种物象。在进行联想时要注意，不但可以在外形内描绘物体，有些部分如实在不好画，也可以在其外面添加物体，还可以稍稍超出外形，从形内画到形外。

6. 写生创作指导

写生就是把自然界中各种真实物体作为自己的描绘对象。写生大致可以分为四类：画杯、碗、瓶、罐等各种静止不动的物体，叫静物写生；画山、水、树、屋等各种景物，叫风景写生；画各种各样的人物或者动物呢，就叫人物写生、动物写生。通过写生来创作，是成人绘画中最常见的方法。对于小朋友们来说，采用写生创作法，可以比成人更大胆、更自由。儿童可以在写生的基础上，随意设想生动有趣的故事情节，随意添加各种物体来组成画面，这就是写生创作。比如画一幅水果和罐的写生，画好后，想一想，如果这些水果晚上不放好，会怎么样？会不会有老鼠来偷吃呢？有了老鼠，当然少不了猫。于是，一个猫和老鼠围着水果和罐子捉迷藏的故事情节就这样设想好了。要把它画出来，还可以进一步设想：如果把这些水果和罐子都放大，摆在草地上，小朋友们见到后会怎么样？想不想爬到罐子上去荡秋千？想不想把香蕉当马骑？上面说了静物写生创作法，其实风景写生和人物、动物写生创作法和静物写生创作法差不多，既可以在写生基础上随意设想、添画，也可以把各种写生加工拼合成一幅画。比如先画一张风景写生，然后再画一幅人物或者动物写生，最后将两幅写生经过选择加工拼合成一幅画。

7. 接讲创作指导

小朋友们都喜欢听故事，有的小朋友还特别乐意画故事。这里讲的接讲法就是由故事画变通而来的，它和故事画的区别在于：不是有老师讲、小朋友们听，然后再画，而是由老师和儿童共同编讲故事。具体做法是：首先可由老师开头，或者任由一个小朋友开头，然后由另一个小朋友按照开头的故事情节接着讲，不要讲多，两三句就行。就这样，轮流接讲。故事可长可短，可有结尾，也可以没有结尾，下次再接着讲。通过亲自参与编讲，小朋友对故事情节就会印象更深、记得更牢，待画起来，才能更生动。而且最好是将故事中的一段情节采用连续几幅画的方法画出来。

接讲法不光是考验小朋友们的绘画能力，它还能直接培养儿童的知识应用能力、语言表达能力和想象创造能力，甚至对小朋友的写作能力都能起到提高作用。所以，幼儿在老师以及爸爸、妈妈的参与下可以多进行这样的练习。

8. 透明创作指导

儿童在表现形象时，常从自己的想象出发，把视觉上看不到的部分像X光透视一样表现出来。如幼儿画的是动物妈妈和动物宝宝，透过动物妈妈的肚子，我们能看见里面可爱的动物宝宝；又如为了表现房子里的人物特征，把房子画成透明的。透明式的表现，是孩子们画其所知的表现特征。幼儿还没有学会如何合理地去表现物体之间的关系，透明式的表现是幼儿机械地表现事物之间的关系，如把相关的物体简单地重叠在一起，到客观表现事物间关系的过渡。这种创作方式多出现在低龄儿童中，在指导时不需要强调遮挡关系，要引导他们描绘知道的东西，可以没有看见关系。

9. 展开式创作指导

儿童画中的人物、事物大都由中心向四周或上下或左右展开。如儿童画一家人围着桌子吃饭，画面上的人一个个都“躺”在地上，呈放射状；整张画呈现出不同的视角，由上往下俯瞰，桌子上的一盘“菜”、桌边的人从不同的角度都可看清楚。因此，画面给人的感觉非常奇怪。这主要是因为此阶段的儿童在描绘物体时，总是从已有的知识经验出发，想把自己知道的事物全都画出来，而不考虑当时的观察角度。也就是说，儿童在绘画时，用自己的认识代替了知觉，是“画他所知而非画他所见”。儿童作画时的视点是不固定的，在不断地游走，属于动态视角。因此，从儿童的绘画作品中我们可以看到，他们把在多个不同视角看到的不同物体在同一张画面上呈现出来。这里的指导可以故意强调物体的周围还有什么，以激发儿童进行思考、记忆或想象。

10. 夸张变形创作指导

夸张变形是儿童在绘画中的一种主观表现现象，也是常见的创作方法。他们根据自己的经验作出图式的变化，对自己认为重要的部分或是感兴趣的东西画得特别突出和仔细。这种创作其实分无意创作和有意创作两种情况，前者大多体现在低龄儿童时期，后者一般多出现在大龄儿童时期。无意夸张变形是儿童的主要绘画特点，幼儿园的儿童在这方面表现得较为明显，原因在于幼儿本来就很难画准一个形象，很容易画得变形，变形了就会出现夸张效果。这个时候再要求孩子们故意画得不一样、要求画得特别的话，得到的结果肯定会意想不到——儿童不但兴趣高，而且自信心也会增强，会变得更加愿意画画以体现自己的与众不同。

四、构图方法的指导

构图是绘画语言的要素之一。在儿童绘画中，构图有着与线条、色彩同等重要的地位。构图是指在一定的空间安排中，处理人、物的关系和位置，把个别或局部的形象组成一个整体。同时，构图也能反映儿童认知的发展水平和特征。根据儿童构图能力发展的水平和特点，教师可从以下几方面进行指导：

第一，有意识地引导儿童观察。儿童天生就是艺术家，教师应引导儿童用自己的眼睛去观察世界，用自己的心灵去感受世界，从而用儿童自己的语言去表现世界。儿童已开始尝试运用自己掌握的图形大胆地表现物象。教师应引导儿童在日常生活和学习中多观察，帮助儿童在象征符号与现实中各种事物之间建立联系，从而积累起较为丰富的视觉经验和情感经验，为艺术表现打下基础。

第二，开展多种形式的构图练习。儿童要发展个人技巧，就必须通过练习来达到这一目的。但是，技巧练习的形式要多样化，这样才能引起孩子的兴趣。同时，教师要结合不同年龄儿童构图发展的特点选择适宜他们的练习形式。对于中班儿童，教师可先提出一个主题，然后让幼儿根据主题选择一些与之相关的图片进行构图练习。例如，以“有趣的动物园”为主题，教师可给幼儿提供若干个动物造型，让幼儿根据主题来选择相应的动物贴在纸上，最后构成一幅动物园的图。中班后期，教师可以先在纸上画上部分形象，其余的由儿童添画来完成一幅完整的画。

对于大班儿童，教师可运用合成、连画等形式进行构图练习。合成就是在美术活动中把两个或两个以上的基本图形（包括点、线、面、体等）作有意义的联结，从而构成一幅完整的作品的过程。如把废旧的图书、广告纸上的图片剪下来，根据主题重新组合，并添加一些内容，使其成为一幅完整的画。

有趣的连画活动。首先，由儿童 A 设计一主题，例如题名为“快乐的儿童园”的连环画，A 先完成第一张画，然后由 B 完成第二张画，再由 C 完成第三张……以此类推，直至整套连环画完成。

第三，通过情感体验来表现空间关系。在早期阶段里，儿童主要是通过情感体验来感知和判断空间关系的。因此，教师在指导时应尽可能地使所画内容和儿童的生活经验、情感体验相联系。例如，让儿童画他们喜欢的小动物、洋娃娃等。

第四，通过欣赏感受大师作品中的构图形式。在儿童积累了一定的构图经验后，可以让儿童欣赏一些大师的作品，如马蒂斯、保罗·克利、奥基弗、凡·高等的作品，从中感受不同的构图形式所带来的不同视觉效果，以此了解相同的主题可以有不同的构图方式。欣赏大师的作品能帮助儿童丰富构图形式，逐渐提高自己的构图技巧。

第三节　幼儿手工活动

儿童的手工制作活动是在教师指导下，儿童通过操作简单的工具，并对可变性较强的物质材料进行加工、改造，制作出各种艺术形象的教育活动。它对发展儿童手部肌肉动作的协调性、灵活性和实际操作能力，对于培养其观察力、注意力、耐心细致的习惯，以及想象力、创造力等都有着极为重要的影响。手工制作有其自身的特点，因此教师应根据手工制作的特点，对儿童进行合理、有针对性的指导。

一、各年龄班儿童的手工活动指导

1. 小班儿童手工活动指导

第一，让儿童充分接触材料。小班儿童制作的目的多是在与材料的接触中产生的，为此要多为他们提供与制作材料接触的机会。例如，让儿童在团、搓、拉、挖、压等活动中，了解材料的可塑性；让儿童在撕、折、剪、卷等活动中，了解材料的软硬程度，是否容易变化等特性。教师要引导儿童在与材料的接触过程中，了解材料的性能，在玩耍的过程中对手工制作产生兴趣。

第二，帮助儿童明确制作意图。小班初期的儿童没有明确的制作意图，其手工制作纯粹是一种玩耍；到了小班后期，儿童借助教师的指导渐渐对制作有了想法。因此，在制作活动中，教师应引导儿童明确制作意图。例如，有的儿童手上拿着泥在任意地玩，教师可启发儿童："你想用它来做自己喜欢的东西吗?""你想不想用这块彩泥来变魔术?"这样，儿童就会逐渐意识到自己可以用泥做出喜欢的东西。手工制作的过程中，教师可向儿童建议："你想不想也来做一个?""你想不想做一个送给爸爸妈妈?"借此来激发儿童提高制作的兴趣，让儿童明确制作的目的。

2. 中班儿童手工活动指导

第一，帮助儿童确立制作形象。中班儿童在手工制作过程中，常常受外界环境的影响而随时调整变换制作形象。如在剪纸活动中，随着纸张的变长，儿童会想到剪"面条""筷子"等；纸张变圆，会想到剪"苹果""太阳"等。根据儿童"借形造物"的特点，教师应有步骤地引导，帮助儿童借助已有的形状来塑造新的形象。例如，儿童见到纸张变方，想到剪"电视机"，教师可建议儿童把剪好的方形贴到纸上，让儿童添画上"电视机"的屏幕、按钮等，甚至还可以添画上看电视的人。

第二，了解制作工具和材料的基本使用方法。如何使用工具和材料是制作的关键，教师应根据中班儿童的年龄特点有选择地让他们掌握一些工具和材料的使用方法。例如，剪刀是剪贴用的工具，教师要引导儿童学会使用剪刀；接着再认识剪贴材料，如纸、树叶、布等。只有让儿童初步掌握制作工具和材料的使用方法，才能帮助儿童形成技能，并最终实现孩子的制作目的。

第三，多提供机会，让儿童练习各种制作技能。就中班儿童来说，他们的手部肌肉还不够协调和灵活，而手部肌肉的协调性、灵活性能体现出手工制作水平的高低，因此技能的练习便显得非常重要。教师可引导儿童先进行分步练习，即让儿童通过各种形式的练习来掌握每一种技能及要领。例如，剪纸时要让儿童练习剪直线、弧线及其他各种形状（如圆形、方形、三角形等），还要练习沿轮廓线剪、目测剪。分步练习可多次进行，时间可长些，在孩子们逐步熟练掌握基本步骤后，再进行整体练习。整体练习可让儿童掌握动作间的协调性。在进行分步和整体练习时，应尽量多采用游戏的形式，以激发儿童练习的兴趣，因为单纯技能的练习由于其过程过于枯燥而易使儿童产生疲劳感。

3. 大班儿童手工活动指导

第一，给儿童提供多种制作材料，引导儿童进行丰富想象。不同的造型要用不同的制作材料，教师要充分了解各类材料的特性。如纸容易变形，便于加工（折、叠、剪）；泥具有可塑性，但湿度大，造型粗大；铁丝易塑造，但也容易使线条不圆润不流畅等。教师应为儿童提供多种材料，让儿童根据自己的需要进行选择，充分想象，构思制作方案。但是，为儿童提供的材料并非越多越好，太多的材料反而容易使儿童把时间耗在材料的选择上而忽略制作的构思。因此，教师应为儿童提供适合他们表现的材料。

第二，帮助儿童实现自己的制作目的。大班儿童虽然已有了制作的想法，也能根据这些想法进行制作，但是有的儿童在手工制作时，即便有了明确的制作目的，也不一定能实现。为避免使儿童产生挫败感或对手工制作失去信心，教师应及时帮助、指导，让儿童实现自己的制作目的，体验成功的喜悦。比如折纸小鸟，有的儿童能顺利折出，并做装饰，成功后的喜悦挂在脸上；但未折出的儿童却面带焦虑。这时，教师应及时指导帮助其完成折纸，使其同样获得成功，和同伴一起体验成功的快乐。

第三，引导儿童欣赏手工佳作，学习制作手法。一般来说，儿童欣赏的内容大致分为三类：一是单一材料的多种表现，如各种泥工、剪纸作品等；二是多种材料制成的单一形象，如用金属、木头、布、纸等表现的人物形象；三是多种材料制作的多种形象。

教师要引导儿童欣赏不同内容、不同风格的手工作品，使儿童了解艺术家的表现风格、表现手法和表现特点，从而拓宽儿童的视野，让他们从中学习到如何选材、如何进行搭配等技能。儿童经常欣赏佳作，可以丰富他们的手工制作内容，并于潜移默化中提高审美能力。

二、各种类型手工活动指导

根据学龄前儿童手工制作的特点和幼儿园教师指导的特点，将学龄前儿童的手工制作活动分为平面手工活动和立体手工活动两种。

（一）平面手工活动的指导

平面手工活动是指学龄前儿童对手工工具和材料进行加工，制作出平面手工作品的活动。学龄前儿童的平面手工活动主要有粘贴、剪纸、撕纸、剪（撕）贴等形式。儿童在平面手工活动中有以下特点：

首先，儿童不能很好地掌握和使用手工工具和材料。粘贴、剪（撕）纸使用的工具和材料较多，由于儿童手眼配合不太协调，动作不准确，常常不能根据教师的要求进行剪、撕、粘。粘贴时，儿童容易把粘贴剂，如胶水、糨糊等涂得满纸都是，手上也会沾上不少；剪纸时，剪刀与被剪物之间不能很好地配合，常常剪坏画面形象。

其次，粘贴时不注意先后顺序。儿童在粘贴时常常没有目的性、计划性，不能有步骤地按先后顺序进行粘贴。往往粘贴好了，又想撕了重新再贴，而没有想到在粘贴前先在底纸上摆放好粘贴物，确定后再用胶水粘牢。

根据儿童平面手工活动的特点，并结合各类型平面手工活动的不同功能，教师在指导儿童进行手工活动时的侧重点有所不同。

1. 粘贴活动指导

粘贴是用点状、线状、面状材料粘贴在平面材料的适当位置上，从而形成新的物体形象或情节的表现形式。粘贴活动能使儿童逐渐学会用各种材料制作成浮雕状或平面状画面。在粘贴活动中，教师的指导要点是：

第一，引导儿童掌握粘贴工具和材料的性质。粘贴工具和材料比较简单，一般使用粘贴剂、底纸和各种粘贴物即可开展活动。粘贴剂主要有固体胶、胶水、糨糊等。由于儿童在使用胶水与糨糊时掌握不好使用的量，因此常常涂上过多的胶水和糨糊，致使纸张变得黏稠而褪色，破坏了纸的造型。有条件的幼儿园可以让儿童使用固体胶，因为固体胶的使用方法非常简便，儿童容易掌握使用的量。底纸可选择与粘贴物颜色差别较大的纸张，但要注意与粘贴物之间的颜色搭配。粘贴物主要有纸、布、树叶、花草、五谷等。在粘贴之前，教师应引导儿童认识粘贴的工具和材料，了解它们的性质及用途，并学习其使用方法。例如如何使粘贴剂均匀地涂在粘贴物上，如何使粘贴物与底纸协调地搭配等。

第二，引导儿童了解粘贴的步骤和方法。粘贴是有先后顺序的，因此教师要引导儿童了解粘贴的步骤和方法。即在完成粘贴物的形象创造后，先在底纸上摆放形象，并在布局时先确定主要的、大的形象，然后再确定次要的、小的形象；将主要形象摆放在底纸的主要位置上，再根据画面的需要安排次要形象的位置；然后，在粘贴物的背面一部分一部分地涂抹上粘贴剂（注意要涂一部分粘贴一部分，否则如果将粘贴物全部都涂抹上粘贴剂再来粘贴，则粘贴剂易干，不好粘贴）；把粘贴物摊平放置在确定好的位置上，用手轻轻抹平，使得粘贴物平整、牢固。

第三，一次活动中不宜提供给儿童过多的材料。材料是为活动服务的，但并不是材料越多越好，因为太多的材料容易使儿童将注意力转移到材料的翻找上，从而影响完成作品的进程。教师在准备材料时，应针对不同年龄儿童的活动特点，适度地提供不同的材料。

2. 剪（撕）贴活动指导

剪（撕）贴是指运用剪刀或手将面状材料剪或撕成一定形状后再拼贴起来的造型活动。剪（撕）贴的主要目的在于学习使用剪刀，锻炼儿童手指肌肉动作的灵活性、协调性，发展儿童手眼的协调能力。剪贴重在剪，而撕贴则重在撕。剪（撕）贴的材料主要是各色纸张，以及布、树叶等。教师在指导儿童开展剪（撕）贴活动时，要注意以下几点：

第一，为儿童提供合适的工具和材料。剪刀是剪贴的主要工具。儿童使用剪刀要以安全为主，因此为儿童选择剪刀时要注意：剪刀头为圆形或方形；剪刀刀刃的长短要以能剪出一些长的直线和大的曲线为宜；刀刃不宜过快，以免儿童在使用时发生意外事故。剪（撕）贴的材料主要是各种纸张，一般以儿童能剪（撕）、不薄不厚的纸张为好。另外，一些自然物以及废弃物也可以作为剪（撕）贴的材料，如树叶、花瓣、羽毛、零碎布等。同时，要为儿童准备粘贴时用的底纸、抹布、粘贴剂等工具材料。

第二，循序渐进地指导儿童进行练习。根据儿童剪纸与撕纸技能发展的特点，教师应由易到难、由简单到复杂地对儿童进行指导。对于小龄儿童来说，教师可向他们提供安全的剪刀，让他们尝试学习使用剪刀；另外，提供各种纸张，让他们在撕、揉的过程中了解纸的性质。由于目测剪（撕）没有任何限制，因此在儿童开始学习剪和撕时可采用这种方法。

对于中班儿童，随着小肌肉的发育，让他们学习剪一些简单的图形，逐步学会剪弧线、圆曲线，并能根据教师的要求沿轮廓线剪出物体图形。最初剪（撕）的轮廓线要简单，所剪（撕）的形象要大。随着儿童年龄的增长，可供他们剪（撕）的轮廓线应越来越复杂。

对于大班儿童，随着手部肌肉的不断成熟，已较熟练地掌握了剪纸和撕纸的技能，因此教师可指导儿童综合运用剪、撕纸的技能进行主题创作。儿童根据故事情节，将故事中的角色先剪（撕）下来，并添画相应的背景，最后进行粘贴。这样，既能丰富儿童的想象力，又可发展其语言表达能力和动手能力。

大班儿童开始学习折叠剪（撕）的方法。折叠剪（撕）的第一步是折叠。由于学前儿童手部肌肉发育不成熟，因此教师在引导儿童进行折叠时应注意：纸的折叠层数不宜过多，以2～3层为宜。折叠后再剪（撕）时，要提醒儿童不能把两边全部剪（撕）断，否则便无法形成对称的纹样。剪（撕）完后，教师还要指导儿童学习按折叠层逐层地揭开并摊平，揭开时的动作要轻，以保证作品完好无损。

第三，引导儿童对剪（撕）坏的形象进行修改。由于学前儿童手部肌肉尚未发育成熟，他们在剪（撕）时常常不能很准确地剪（撕）出完整的形象，甚至会剪（撕）断连接的部分。因此，教师对儿童剪（撕）出的形象不必过于苛求。如果与所构思的形象有较大出入，教师可鼓励儿童想象自己手中的纸形像什么，通过添画或装饰可以把它变成另外一个形象或一幅有意义的画。

（二）立体手工活动的指导

立体手工活动是学龄前儿童通过对工具和材料进行操作，制作出立体手工作品的活动。学龄前儿童的立体手工活动主要有折纸、泥塑和废旧材料制作等。

1. 折纸活动指导

折纸是用纸按一定的折叠方法折出各种立体形象的造型活动。折纸活动可以培养儿童的目测能力和空间知觉能力。折纸所用的工具材料比较简单，一般用纸就可开展活动，但要注意应选择那些厚薄适度、具有一定的韧性、便于折叠的纸张。教师指导儿童折纸活动的要点如下：

第一，引导儿童学习折纸的基本技法。折纸活动中教师要引导儿童学习折纸的基本技法，如对角折、对边折、集中一角折、双正方形折、四角向中心折、双三角形折等；在学习基本技法的同时，还要学习一些折纸的基本术语，如边、角、中心线、对角折、对边折等，以使儿童能理解教师的指导意思。在折叠的过程中，教师还要引导幼儿掌握折纸的基本规则，如一定要对齐、抹平，这样折出的物体形象就平整，不会松松垮垮、歪歪扭扭等。

第二，利用图示，激发儿童的折纸兴趣。传统的折纸教学，往往在一个活动中只有一项单一的内容，这严重阻碍了儿童想象力和创造力的发展。在折纸活动中，教师可以给儿童提供已折好的成品以及折纸示意图，让儿童通过感知对图获得感性认识，激发儿童探索折纸的愿望。教师可在手工角或活动区的墙壁上贴上各种纸工图示。儿童根据自己的兴趣、能力，自由选择折叠的内容，在轻松、愉快的氛围中进行折纸活动。

第三，引导儿童进行创造性的折纸。折纸经常容易使儿童按部就班地根据教师的示范或图示折出相同的物体形象。但是，在儿童掌握了基本的折纸技法后，教师可引导儿童把折纸与添画、折纸与剪纸结合起来，根据造型的表现需要，配合使用剪刀，或在折叠的物体上添加部分描绘内容，使形象更加生动。

另外，折纸是一种需要经过反复练习才能获得技能的活动。在进行基本技法练习时，教师可发挥孩子们的想象力和创造力，对折叠的造型进行加工改造，形成一件有创意的作品。例如，儿童用长方形纸学习对边折，在把纸对折后，教师可让孩子在纸上画上车窗、坐车的人，再添画上轮子就可变成一列火车、一辆大巴士等；也可让孩子把对折后的纸竖立起来，在上面添画上窗、人物等，或是用剪刀开几扇窗，便成了一幢高楼。通过折叠和添画训练，孩子们在活动中就能兴致盎然地学习折纸的基本技法。

2. 泥塑活动指导

泥塑是指儿童以彩泥、橡皮泥、面团、泥等为材料，用双手及简单的泥工工具塑造出半立体或立体形象的一种手工活动。泥塑活动的目的在于锻炼儿童手指肌肉动作的灵活性，发展儿童手眼协调能力，培养儿童空间感知能力。教师在指导泥塑活动时，要注意以下几点：

第一，引导儿童了解泥塑材料的特性。教师指导儿童学习泥塑，首先要让儿童通过与泥工材料的接触来了解泥的性质，知道泥既柔软，又可任意变形。教师应给儿童特别是年龄小儿童充足的时间，让他们接触各种泥工材料，如面团、彩泥等，在玩泥的过程中逐渐了解泥的性质，而不是一上来便教孩子塑造某一物体。同时，教师要让儿童了解，除了泥以外，还可用其他辅助材料来装饰自己的作品，使作品变得更加生动。

第二，教学计划系列化。系列化教学具体到泥塑而言，是指将事物通过归类，找出个别要素的共同特点后，儿童先学习每一系列的基本制作方法，然后在此基础上进行变化，塑造出同一系列却各不相同的作品来。例如圆球形系列，将基本的圆球通过简单变形、添加，使之变成苹果、梨、柿子、橘子、茶壶等不同形态的物品；为使塑造出的物品更加形象、逼真，还可借助一些辅助材料，如把苹果、橘子的把儿、叶子添加上去。教师在教学中可根据自己的经验，结合儿童学习泥塑的特点，将日常物品进行归类，并由易到难、循序渐进地形成各种系列。

第二，挖掘儿童对泥塑活动的兴趣点。在泥工活动中，教师应采用灵活多样的练习方法和形式，激发儿童学习泥塑的兴趣，练习掌握泥塑的表现技能。例如彩泥贴画，让儿童根据表现内容的需要，选择合适颜色的彩泥，分别团成球、搓成条或拍成片，粘贴在一次性纸盘上，塑造成一个有趣的脸谱。另外，也可让儿童直接用面团或彩泥做成各种水果，放在塑料果盘中，用来布置娃娃家中的餐桌，或是制作成各种动物、人物、瓜果蔬菜等，用来充实游戏材料。

3. 废旧材料制作活动指导

废旧材料制作是指运用废旧的、卫生的、安全的物质材料和一定的造型手段，围绕一定的目的和用途进行设计和制作，培养儿童综合使用各种工具和材料能力的活动。它对于培养儿童的想象力、创造力具有重要意义。废旧材料大多来源于日常生活，提供给幼儿的废旧材料必须是安全、无毒、卫生的，通过儿童的再次利用能发挥材料的潜在价值。儿童通过与材料的互动，手的肌肉动作得到了协调，想象力、创造力等都得到了发展。教师在指导儿童开展废旧材料的制作活动时，要注意以下几点：

第一，材料要丰富多样。由于幼儿有许多潜能，且儿童之间存在着个别差异性，因此要为他们提供丰富多样的材料。废旧材料的选择范围是很广的，我们生活中存在的物品都可成为儿童制作活动的材料，从植物、农作物到石块、树皮、陶土，还有塑料、金属、零件等。这些丰富的材料，可以启发儿童进行大量不同的创造活动，发展儿童的探索和创造能力。

第二，材料要特别新鲜。如果只提供成品类的、定型类的、变化单一的材料，儿童不能进行多种组合，就很难激发他们制作的兴趣。因此，教师要鼓励儿童尝试各种可能的方法，发现不同的材料中能吸引视觉、触觉、听觉、味觉和嗅觉的要素，选择不定型的、变化多样的废旧材料。这些材料需要教师和儿童共同去发现，并发动家长一起收集。收集来的废旧材料需要分门别类地存放，以方便教师和孩子拿取。

第三，创作要突出求变。在操作技能日趋熟练的基础上，儿童逐渐表现出与众不同、创造性解决问题的能力，此时，教师应鼓励儿童运用多种技能进行制作。例如，要求儿童制作一架飞机，教师可以给儿童提供纸张、木头、铁丝、塑料瓶等各种材料，让儿童选择自己喜欢的材料来表现。制作过程中，儿童必须考虑不同的材料要用不同的粘贴剂，有的可用胶水、固体胶、糨糊等进行粘贴，有的可用针、线等进行缝合，还有的可用双面胶、订书机、万能胶等进行接合。

【思考与练习】

一、美术欣赏是一种什么样的活动？

二、美术欣赏对人的成长作用有哪些？

三、学龄前儿童绘画活动内容设计包括哪些方面？

四、教师在为幼儿提供手工活动材料时要注意哪几点？

五、教师应如何指导中班幼儿的绘画活动？

六、结合实际谈谈教师应如何指导幼儿作物体画。

七、结合实际谈谈教师应如何指导幼儿作装饰画。

八、结合实际谈谈教师应如何指导幼儿进行粘贴活动。

九、教师在指导幼儿进行美术作品欣赏时，各阶段的指导要点各是什么？

第八章

说课艺术

第一节　音乐说课技巧

一、说课的含义

1. 说课的定义

说课，是指教师根据教材内容、幼儿情况，在备课的基础上，向同行、评委和有关专家、学者、领导，以教育理论为基础，阐述自己的教学理念、教学构想、教学设计，旨在提高教学效果和教师业务素质的一种教学研究活动。针对教学内容而言，说课可以是一单元、一课时，或一个知识点。主要是针对为什么这样设计、其理论依据是什么、这样设计要达到什么样的目的等进行分析、解释与陈述。

幼儿园音乐活动的说课内容主要包括活动教材、活动目标、活动准备、活动过程、活动延伸、活动特色等。

2. 说课与讲课的区别

①目的不同。幼儿园开展音乐教育活动的目的，是将音乐的基本知识转化为幼儿参与音乐活动的知识与技能，培养幼儿感受美、表现美、创造美的能力；说课的目的，则是向听众陈述一节课的教学设想。

②内容不同。音乐教学活动主要内容在于教什么，怎么教；说课则不仅要讲清上述内容，而且重点要讲清为什么这样教。

③对象不同。音乐教学活动参与的对象是幼儿，说课的对象是同行、专家、领导或评委。

④方法不同。音乐教学活动是教师与幼儿的双边活动，在教师的引领下，幼儿通过唱歌、韵律、演奏、聆听、创编、表演、游戏等形式完成教学活动任务；说课则是以教师自己的解说为主，是一种突出说的艺术。

二、说课的内容

1. 说活动教材

①课题名称。说清活动课题的名称、册数、所在单元主题以及音乐教学活动的类型。音乐活动课的具体类型分为唱歌、韵律、打击乐演奏、音乐欣赏等活动。

②教材内容。介绍教材内容，不仅是为了让听众了解所授课的内容，也是为听众提供随后要说的根据教材内容所采取的教法、学法等教学活动是否合理、科学作出判断的前提条件。因此，教材介绍是说课内容的重要组成部分，无论说课时间长短，都不能缺少这一重点。

③教材分析。分析所选活动主题的内容特点，把握知识点、技能要点、学科领域的联系，音乐作品的时代背景、风格特征、曲式结构、表现内容特点，幼儿的接受水平、

心理特点、思维规律等。说课质量的高低，取决于对教材分析的深度与广度。吃透了教材，你的说课也就成功了一半。说课最忌讳的就是对教材的一知半解。

④教育价值。对教材的选择、组合，重在挖掘教材的知识价值、能力价值和审美价值。教材的知识价值，是由这部分知识在整个领域体系中所占的地位所决定的。教材的能力价值，是指知识本身所含有的对人的能力发展有促进作用的因素。知识的能力价值有隐蔽性，它存在于知识中，因而即使掌握了知识，也不一定就能发挥知识的能力价值。教材中隐含的审美教育价值，主要是在教学中通过活动过程于潜移默化中对幼儿进行一种润物细无声的渗透。

⑤《幼儿园教育指导纲要（试行）》《3—6岁儿童学习与发展指南》（以下简称《纲要》《指南》）。《纲要》与《指南》是幼儿园教育活动的依据，也是说课中运用教材进行教学的依据。说课时要说清《纲要》与《指南》对所说课和有关的幼儿，在音乐教育活动诸方面的要求，以及在教育活动中如何体现和落实《纲要》与《指南》的要求。

2. 说活动目标

说活动目标要全面、具体、恰当。所谓全面，是指三维目标的认知目标、能力目标、情感目标这三个维度方面的目标相对齐全，将各项目标与活动内容有机整合；所谓具体，不要空话套话，应说明在什么活动过程中具体能获得什么；所谓恰当，即指要求的程度要符合《纲要》《指南》的要求和幼儿实际。总之，活动目标越科学合理、明确具体，就表明教师的备课设计与讲课思路越清晰明了。

3. 说活动教法

说明活动中采用的教法组合及其依据。教学方法是完成教学任务、提高教学效果的重要条件。教学方法是否得当，直接关系到教学效果。因此，教师必须根据教学内容和幼儿的能力慎重选择。教学中，往往要运用多种教学方法，所以说教法应说出以哪种教法为主，哪些教学方法为辅，以及选择这些教法的理论依据。具体应重点说清以下问题：

①说出本节课所采用的一组教学方法及其所依据的教学原理或教学意图。

②说出整个活动用什么教学形式与方法，是集体的、分组的还是个别进行的，说清为什么用这种形式方法、教师如何指导、为什么要这样指导等。

③说明教师的教法与幼儿应采用的学法之间的联系。

④说明突出重点、化解难点的方法。

4. 说活动准备

①知识经验的准备。如通过观察，了解……知道……

②前期生活经验的准备。如春游、乘车的经验等。

③教具的准备。主要有课件、钢琴、电子琴、音频、视频、图画、图片、卡片、情境与场景道具、头饰、胸饰、服装、节奏乐器、实物等。

④教师的准备。

5. 说活动过程

说活动过程是说课的最重要部分，它反映了教师的教学思想、教学个性与风格。只有通过对活动过程设计的阐述，才能看到教学活动安排是否合理、科学，是否具有艺术性。因此，说教学过程是说课中的重头戏。

①说清完整的活动程序。主要是如何导入、新课怎样进行、练习如何设计安排、幼儿如何参与等。活动过程要层次分明，过渡自然，环环紧扣，结构严谨。

②说活动流程设计的合理性。每一环节的教学内容、具体操作方式、教法、学法、教学技术手段的应用科学合理，统一协调。

③说教学中突出重点、突破难点、抓好关键点的理由和方法。

④说活动设计的创新性。教师对教材的处理创新，对教法的选择创新，对课程资源的利用创新；幼儿的学法、参与创新，活动过程中思维的创新，等等。

6. 说活动延伸

说出怎样延伸、延伸的作用、延伸的依据，从而体现教师对幼儿音乐发展水平的掌握程度，对因材施教、个别教育原理运用于促进幼儿不同水平上发展的理解认识与做法。

活动延伸，是为了保证教学活动的完整性、连贯性。如延伸到下一个活动，延伸到户外观察，延伸到区域活动，延伸到家庭和社会活动中，等等。

7. 说活动特色

突出说明自身教学活动设计的特色与亮点。

①幼儿音乐教育的新理念。

②创设幼儿音乐教育环境。

③搭建表演、展示的平台。

④园本特色课程、教材的开发。

⑤倡导幼儿自主学习。

⑥音乐探索与创造活动。

⑦团队精神、合作能力的培养。

⑧国外音乐教学方法的借鉴与应用。

……

三、说课的基本要求

1. 突出“说”字

说课不等于备课，不能照教案读；说课不等于讲课，不能视听课对象为幼儿去说；说课不等于读课，不能拿事先写好的说课稿去读。说课时，要抓住一节课的基本环节去说，说思路、说教材、说目标、说教法、说过程、说幼儿、说特色，紧紧围绕一个“说”字，突出说课特点，完成说课的进程与内容。

2. 结构清晰，层次分明

说课过程中，结构、层次要环环相扣，要体现说课的科学性、逻辑性、完整性。教材分析要正确、透彻；学情分析要客观、准确；活动目标的确定要符合《纲要》《指南》的要求，符合教材内容和幼儿实际；教法、学法的设计要紧扣活动目标，要符合课型特点和音乐学科特点，有利于发展幼儿智能；活动程序要完整、有特色。

3. 教学设计有特色，富有创新

对教学活动的个性设计是说课稿成功的生命线。活动设计要体现说课人的教学特长、教学风格，符合教学内容实际、符合幼儿实际，有一定的独创性，给听者以启示和耳目一新的感觉。

4. 合理分配时间

时间控制在10～15分钟为宜。一般说来，教材分析、活动目标、教学方法以2～3分钟为宜，活动过程以8～10分钟为宜。在有时间限定的情况下，不必面面俱到，但重点部分一定要说透。

5. 语言简练、准确、流畅，富有激情

①说课要有自信，要富有激情和个性，保持最佳的心理状态。

②语言要富有艺术性，声音洪亮、抑扬顿挫、诙谐幽默，富有感染力。

③注意与听课老师的交流、互动。

④说课的同时尽可能应用多媒体课件，渗透新的教学理念。

⑤说课的语言要生动形象，连贯流畅，善于描绘，善于展示自己的亮点。

四、说课案例

案例

树叶宝宝的摇篮

选自《幼儿园说课稿精选》

1. 说活动教材

这是一首2拍子的摇篮曲。作品的旋律结构简单、平整，音域比较狭窄，在do到mi三个音之间回荡，产生了一种摇晃感；歌词短小，通俗易懂，朗朗上口。《摇篮曲》表现的内容一般是哄宝宝睡觉，对于幼儿来说有一定的生活体验。他们常听到、看到大人们哄宝宝睡觉，同时也在“娃娃家”的游戏中模仿成人，即他们有了一定的生活经验作铺垫，因此是幼儿比较感兴趣的一个音乐活动，适合低幼儿童进行欣赏、演唱与表演。

这首《摇篮曲》虽然简单，但蕴含了较多的教育价值，即实施情感教育，激发幼儿对小树叶关爱的情感；让幼儿了解秋天树叶飘落的季节特征；让幼儿感受摇篮曲的宁静与优美，通过唱与表演，更好地表现歌曲内容。由于歌词比较简单，为幼儿的歌词创编提供了条件，还可以通过从大自然中寻找其他“宝宝”，并哄着睡觉，充分发挥孩子的想象力。

对于小班幼儿来说，《摇篮曲》既熟悉又陌生。熟悉的是《摇篮曲》曾陪伴着他们入睡，陌生的是他们第一次用《摇篮曲》来表演哄宝宝睡觉。在“娃娃家”的活动中，他们曾经表演过哄宝宝睡觉的场面，但往往是无声的。在音乐的伴随下，则更有利于幼儿在过去经验的基础上进行表现。基于小班幼儿思维带有直觉行动的特点，创造性地创编歌词对他们来说有一定的难度，应以感受、表现音乐为主。

秋天最明显的特征就是有许多落叶，这些落叶也是大自然中的一大教育资源。如何将它较好地利用起来呢？本次活动，我们将抓住这个季节的特征，打破《摇篮曲》教学放在室内的常规活动模式，带孩子们到落叶最多的户外，为他们设置一个落叶宝宝的摇篮场景，让孩子们捡落叶、哄落叶宝宝睡觉的同时来感受音乐之美，表现音乐，从而激发幼儿爱护树木的情感和积极参与音乐活动的兴趣。

2. 说活动目标

（1）活动目标

①感受摇篮曲的宁静与优美，并能用歌声与动作表现音乐。

②激发幼儿爱护树木的情感和乐于参与音乐活动的兴趣。

（2）活动重点

①感受摇篮曲的宁静与优美，并能用歌声与动作表现音乐。

②在对小树叶产生关心、喜爱之情的同时，懂得要爱护树木的道理。

【分析】由于这首歌曲比较简单，因此在本次音乐活动中，主要培养幼儿既会演唱又善于表达的能力。

（3）活动难点

能用歌声与动作表现音乐。

【分析】对于小班第一学期的幼儿来说，动作的学习以模仿为主。如果让幼儿编出哄宝宝入睡的动作，对他们来说具有一定开放性和创造性。解决难点的方法：用替代物或各种动作来表达哄宝宝入睡的情景以及音乐作品的思想感情。

3. 说活动准备

（1）知识经验的准备：观察秋天的落叶，知道秋天到了，树叶有的变黄，有的变红，会落下来。

【分析】知识经验的准备是让幼儿知道秋天有很多落叶，并为活动中的捡落叶提供帮助。

（2）物质准备：树叶宝宝一个；将一块丝巾的四个角系在椅背相对的两把小椅子上，做成“摇篮”，将其分别放在树下。

【分析】将树叶制成树叶宝宝的形象，目的是吸引幼儿参与到音乐活动中来。自制摇篮放于大树下是一种场景创设，为感受、表现歌曲提供帮助。

4. 说活动过程

环节	具体内容	分析	目标的达成
环节一：通过聆听音乐，看教师表演，初步感受摇篮曲的风格与内容	①出示落叶宝宝以引起幼儿兴趣 ②欣赏音乐	教师以神秘的口吻激起幼儿欣赏音乐的兴趣，如“听听落叶宝宝要干什么了” 教师抱起落叶宝宝，让幼儿通过听、看等多种感官的刺激来感受歌曲的美	此环节以吸引幼儿欣赏为主，为“感受摇篮曲的宁静与优美”目标服务

续表

环　节	具体内容	分　析	目标的达成
环节二：通过情景创设、捡落叶等活动进一步感受摇篮曲的意境	将幼儿带到户外有落叶、有摇篮的情景中，教师启发幼儿去捡落叶（边放音乐边捡落叶）	让幼儿边听音乐边捡落叶，既创造条件让幼儿再次感受歌曲，又避免了捡落叶时的拥挤碰撞，引导幼儿轻轻地将落叶捡起来	这一环节是为“感受摇篮曲的宁静与优美”目标服务的，让幼儿在自然的情景下感受音乐，同时为下一环节学习歌曲作铺垫
环节三：通过念歌词、模仿动作初步表现歌曲	①运用示范法，教师边摇摇篮边念歌词（提醒要小声点） ②运用集体学习法，幼儿模仿，边做动作边念歌词 ③运用跟唱法，随录音机哼唱歌曲	小班幼儿喜欢模仿动作，因此教师的示范能感染幼儿，使其积极参与模仿 模仿学习是为后面大胆地表现歌曲服务的。因为只有在经验的基础上，幼儿才有能力自我发挥 由于歌词比较简单，幼儿的情感更投入	此环节让幼儿熟悉歌词，为下一环节的动作表演，特别是自己创编动作奠定了基础
环节四：通过边唱歌边做动作进一步表现音乐美	①创编哄娃娃睡觉的动作。 ②幼儿听音乐进行表现。	教师预设以摇摇篮、抱落叶娃娃等动作来表现音乐，另外鼓励幼儿生成新的动作来表现音乐（引导幼儿转圈、抱着摇晃、两人手拉手做摇篮等动作） 教师用语言提示，引导幼儿用动作来表现对树木的热爱之情	此环节是重点和难点的聚集之处。难点的解决主要是运用引导法及身体动作的感染法得以实现

5. 说活动延伸

（1）活动一：活动后将小树叶带回教室，贴到墙上的“大树”周围。

【分析】可进一步激发幼儿对小树叶产生关心、喜爱的情感，同时也能让幼儿积极参与到环境的创设中。

（2）活动二：在美工区中让幼儿欣赏教师做的树叶粘贴作品。

【分析】既让幼儿发现树叶的妙用，又给幼儿创造美的环境，让其享受这种美的意境。

（3）活动三：在娃娃家中鼓励妈妈用此歌曲哄娃娃睡觉。

【分析】提供机会让幼儿进一步表现歌曲的美。

6. 说活动特色

①注重在自然情境中学习。《纲要》指出：“引导幼儿接触周围环境，丰富他们的感性经验和审美情感，激发他们表现美、创造美的情趣。”我们特意将本次活动

安排在户外进行，通过在自然环境中捡落叶、哄落叶宝宝睡觉等情节，引发幼儿大胆地进行表演。

②注重环境的创设。最新的觉醒理论认为："适度的新异刺激更能激发幼儿学习的积极性。"本次活动我们提供了一个自制的"摇篮"，这对于幼儿来说是新鲜的，更能激励幼儿积极投入到活动中来。

③注重以情促情。在活动中教师以自己的情感来感染幼儿，语言亲切、柔和，将幼儿带入宁静、温馨的气氛。最后将小树叶带回教室，并粘贴在大树周围，以引起孩子的情感共鸣。

第二节　美术说课技巧

随着幼儿园教育教学改革的深入和教育科研形式的拓展，说课已经成为幼儿园教师开展教育教学研究中重要而普遍的方式，它不仅是加强课堂教学活动研讨、提高教学质量的重要措施，还是提高幼儿教师自身素质的有效途径。有的幼儿园还以说课的方式来考核教师、选拔教师，因此，说课也是幼儿园教师必备的专业素质和专业技能之一。

一、什么是美术说课

美术说课是幼儿园教师依据《幼儿园教育指导纲要标准》和《3—6岁儿童学习与发展指南》以及幼儿园美术教育理论，对美术教育活动内容、活动目标、活动方法、活动过程等进行创造性设计和阐述的一种教研形式。它要求教师说出这节课怎样教、为什么这样教，还要说出这样教的好处。

说课是介于备课和上课之间的一种教研形式。

1. 说课不同于备课

备课是教师在吃透教材的基础上写出教案；说课是在教师把握教学内容的基础上，说出教学活动过程中教师对各个环节具体操作的思路和步骤，以及这些想法和步骤的理论依据。也就是说，备课解决教什么和怎样教的问题；说课回答为什么要教这些内容和为什么这么教的问题，其中"为什么这样教"是说课的核心。

2. 说课不同于上课

上课是教师对幼儿进行具体的美术教学活动的过程，其对象是幼儿。而说课是把教师的备课转化为"教学活动"的一种教学方法，是授课前的一个独立环节，展开的是具体教学活动操作过程的理论阐述，属于教研性质，其目的是帮助教师对具体教学活动的操作从深层次上加以认识，从而使教师从知其然到知其所以然，提高其教学水平和整体素质。说课是教师在独立备课基础上，向同行系统地阐述自己的教学设想及其理论依据，然后由同行评议，达到互相交流、共同提高的一种教研活动。它的对象是幼儿教师、专家、教研工作者。

二、说什么、怎样说

（一）说课题

说课题的目的在于让听者或评委首先知道你说的课题是什么及出处。它既可以是教科书中规定的教学内容，也可以是教师自主开发的校本课程。根据《纲要》和《指南》要求，一般将幼儿园美术教育活动的内容分为美术欣赏、绘画、手工活动三部分，“感受与欣赏”“表现与创造”两大领域。

例如：“一串糖葫芦”，选自未来出版社出版的《渗透式小主题领域课程·艺术》小班下册泥工活动，属于“表现与创造”的学习领域。（以下以该课题为例进行分析）

（二）说教材

1. 说教材分析

是说教材所选活动主题内容的地位和作用。教科书是教学内容具体集中的体现，是教师进行教学实践的依据。美术课总体上是循序渐进的，因此教师在说课中一定要明确教材之间的逻辑联系和所说课题在整体或主题网络教学中的地位。如果在选材方面涉及地域特色，甚至是幼儿园特色，就要更加突出说明这一点，以此来发展幼儿园的园本课程。幼儿园里的说教材不单指说教材内容，还包括说幼儿的情况分析，说活动目标，说重点、难度，说活动准备等。

说幼儿现状：简要分析的对象主要包括幼儿的年龄特点、身心发展状况，幼儿原有知识和基础技能的掌握情况，智力的发展情况；幼儿的非智力因素，包括幼儿的兴趣、动机、行为习惯、意志等发展状况。这一环节，教师要将平时对幼儿观察的零散印象，逐步条理化、明晰化，有针对性地表述出来，这样既能更清楚地了解幼儿，又能使教师将幼儿的发展水平与教学活动设计的关系紧密联系起来去考虑目标、内容的确定与选择，从而逐步真正做到使教育活动能有效促进幼儿的发展。

例如：该课是幼儿园美术教学中的重要内容。小班的小朋友对什么都感兴趣，尤其对于各种各样颜色的橡皮泥更感兴趣。俗话说“兴趣是幼儿最好的老师”，而且新《纲要》指出：幼儿是教育活动的积极参与者，而非被动接受者。活动内容必须与幼儿的兴趣、需要及接受能力相吻合。在小班安排这样的内容，是让幼儿通过学习制作“一串糖葫芦”，初步了解和掌握“两两分泥法”和团圆的技能，从而培养幼儿手眼协调的能力、动手能力，让幼儿感受泥工活动的乐趣。本课所学习的“两两分泥法”和团圆的技能，对接下来所要学习的搓条、压扁、捏等简单泥工技能有很大帮助。

2. 说活动目标

教育活动目标是教育活动设计的重要环节，它既是教育活动设计的起点，又是教育活动设计的终点，对教育活动起着导向作用。说活动目标，主要是情感、认知、技能等方面目标的综合表达，并能体现主题的教育要求。最后说确立此目标的依据。在一般课时教学活动计划中，要写出最有特色又能达成的目标，不必求全，宁缺毋滥。

例如根据小班幼儿美术发展的实际水平、年龄特点和兴趣需要制定了以下活动目标：

①审美认知目标：引导幼儿观察糖葫芦的形状和色彩。

②审美技能目标：引导幼儿学习分泥、团圆的技能，培养幼儿手眼协调的能力。

③审美情感目标：让幼儿感受泥工活动所带来的乐趣。

3. 说重点和难点

活动重点是指在教材的知识体系中要求幼儿必须掌握的知识或技能，通常就是审美认知目标和审美技能目标的内容。活动难点是指教材中需要幼儿掌握而幼儿却难以理解或难以掌握的知识或技能，通常也包含于认知目标与技能目标之中，与活动重点有必然联系，即说出重点、难点是什么以及确立这一重点和难点的理由。

例如活动重点：引导幼儿学习分泥、团圆的技能是本活动的重点。活动难点：培养幼儿手眼协调能力是本活动的难点。

4. 说活动准备

活动准备，包括活动前的准备（家长工作、社区协调、环境创设、资料收集、幼儿园活动等）和活动中的准备（即有关玩具、教具等材料，包括幼儿用书、教学挂图等）。活动准备是为让幼儿通过与环境、材料的相互作用来获得发展，因此，活动准备必须与幼儿的能力、兴趣、需要等相适应。这一点在说课时必须说清楚。

例如该课题的活动准备：糖葫芦的教具、橡皮泥、小棍、《冰糖葫芦歌》的音乐。

（三）说教法、学法

采取什么样的教法和教给幼儿什么样的学法，培养幼儿的哪些方面能力，应依据幼儿美术教育的有关理论，从幼儿和教学内容的实际出发，做到恰如其分，不能胡乱拼凑，标新立异。教学有法，教无定法，贵在得法。我们在教学活动中应根据教学活动内容、对象、课型等来决定教学方法。因此教师应手中有法，灵活用法，千篇一律就会使教学显得呆板。说课教师既要讲清教法，又要在说课中体现教法，既要强调教师的主导作用，更要强调幼儿的主体积极性、主动性和创造性，活跃课堂气氛。选择和运用教法关键要突出一个“活”字。

学法指导实质上是教学方法的一部分，科学的学习方法必定会促进学习效果的提高，达到事半功倍的良好效果。而学法指导突出一个“会”字，使幼儿做到会学——主动去学，会思——独立思考，会探究——想方设法去探索。

例如说教法：猜谜语导入法、观察欣赏法、讲解演示法、情景激励法。

①猜谜语导入法：这一教学方法激发了幼儿的学习兴趣，调剂了课堂美术教育活动的气氛和节奏。

②观察欣赏法：引导幼儿观察欣赏糖葫芦，了解糖葫芦的数量、形状、色彩、味道，为接下来学习分泥、团圆的技巧做好准备。

③讲解演示法：教学中通过边讲解边演示，让幼儿更直观、更深刻地了解并掌握两两分泥法和团圆等技能技巧。

④情景激励法：教师通过播放《冰糖葫芦歌》创设一个充满情感色彩的情境，使整个活动轻松、愉快，让幼儿能更好地理解主题，并享受这一过程。

练习法：幼儿根据教师的演示进行练习，掌握分泥、团圆等技能技巧，培养手眼协调能力。

在教学中把教法与学法有机联系起来，有意识地进行学法的指导和渗透，不但可以让幼儿学会，还会让幼儿会学。

（四）说教学过程

说教学过程是说课的重点部分，它反映了教师的教学思想、教学个性与风格，也只有通过对活动过程设计的阐述，才能看到其活动安排是否合理、科学，是否具有艺术性。说教学过程就是说明整个活动的流程，即各个活动环节的实施过程。活动步骤的安排、方式方法的选择必须以活动目标为核心，而活动目标既有赖于整体的教育活动过程，又以不同的侧重点来体现各个活动步骤。因此，教师必须分解活动目标，并分析各层次活动目标与各步骤及方式方法之间的适应性。一般包括活动导入、活动讲授、练习指导、活动评价、活动延伸等。在这一说课过程中，应注意体现是怎样突出重点、突破难点的，教法、学法是怎样得以落实的，目标是怎样达成的。

“一串糖葫芦”泥工活动教程的具体内容见“案例：‘幼儿园小班美术活动说课：一串糖葫芦’”。

三、说课的要求及应注意的问题

①切忌把说课变成上课。许多老师说课的败笔所在，就是把说课在不自觉中变成了上课，而问题在于对对象认识模糊，乃至于不重视，以至于无的放矢，最终结果可想而知。

②说课的重点应放在说教学过程上。有些老师说课非常重视对前面几个环节的处理，即对“说教材”与“说教法、学法”花较多的时间，投入较多的“智力”，都忽视了对“说教学活动过程”的处理。其实，恰恰相反，说课的重点应放在说教学活动过程上。

③说教材强调一个“准”字；选择和运用教法突出一个“活”字；说学法指导突出一个“会”字。

④语言优美、语速适中、抑扬顿挫、自然大方、充满激情。

激情是一种迅速强烈地爆发而时间短暂的情感。积极的激情与冷静、理智、坚强的意志相联系，能激励说课人克服困难、攻克难关，成为说课活动的巨大动力。所以说课人必须有激情。

⑤基本功扎实。最大限度表现自己的综合素质和能力，要体现现代教学思想和理念。

⑥说课要有良好的心境。心境是一种微弱平静而持续的情绪状态。在心境产生的全部时间里，它能影响人的整个行动表现。在现实生活中，心境的作用是很明显的，积极良好的心境可使人振奋，从而战胜困难，完成任务。

说课要求说课人具有稳定的情绪，不急不躁，在说课中树立起坚定的信心。通过自己不断努力，教学水平一定能充分发挥。因此说课人必须有良好的心境。否则，无论准备得多么充分，也有可能发挥失常。

总之，说课是一种新型教学研究活动。它要求严格，教师既要有深厚的文化专业知识，又要有较好的教育教学理论知识，更需要充分体现现代教育思想、理念，有较强的理论联系实际的应用能力和研究能力。

【附】幼儿园说课评分标准：

表 8-1 幼儿园说课评分标准

<table>
<tr><td colspan="2">说课者姓名</td><td colspan="3"><table><tr><td></td><td>班级</td><td></td><td>说课内容</td></tr></table></td><td colspan="2"></td></tr>
<tr><td>项目</td><td>分值</td><td colspan="3">评分要点</td><td>分值</td><td>得分</td></tr>
<tr><td rowspan="5">说教材</td><td rowspan="5">25</td><td colspan="3">准确清晰地讲清教学目标（活动目标明确、具体恰当，符合幼儿实际，并能说出依据）</td><td>5</td><td></td></tr>
<tr><td colspan="3">讲清活动内容、作用和特点</td><td>5</td><td></td></tr>
<tr><td colspan="3">讲清活动前和活动中必要的准备工作</td><td>5</td><td></td></tr>
<tr><td colspan="3">客观分析幼儿的发展状况</td><td>5</td><td></td></tr>
<tr><td colspan="3">教学重点、难点把握准确</td><td>5</td><td></td></tr>
<tr><td rowspan="5">说教法学法</td><td rowspan="5">25</td><td colspan="3">本次活动教法选择及其依据</td><td>5</td><td></td></tr>
<tr><td colspan="3">既关注大多数幼儿，又注重个体差异</td><td>5</td><td></td></tr>
<tr><td colspan="3">注重实践，充分调动幼儿的积极性、主动性</td><td>5</td><td></td></tr>
<tr><td colspan="3">注重学习兴趣和情感培养</td><td>5</td><td></td></tr>
<tr><td colspan="3">重视学习方法的指导、学习习惯的培养和活动能力的提高（探究、合作、分享、记录等）</td><td>5</td><td></td></tr>
<tr><td rowspan="5">说教学程序</td><td rowspan="5">40</td><td colspan="3">整体设计新颖、合理</td><td>8</td><td></td></tr>
<tr><td colspan="3">各环节过渡中有承上启下的引领性问题，转换自然</td><td>8</td><td></td></tr>
<tr><td colspan="3">教学方法、手段的选择符合教学原理，切合幼儿实际，适合教学内容要求</td><td>8</td><td></td></tr>
<tr><td colspan="3">教学过程中充分发挥幼儿的主体作用，使幼儿积极主动地参与教学活动</td><td>8</td><td></td></tr>
<tr><td colspan="3">过程中教师注重观察、参与、帮助和指导，教学目标较高</td><td>8</td><td></td></tr>
<tr><td rowspan="4">表达展示</td><td rowspan="4">10</td><td colspan="3">普通话标准、语言规范，表达生动、流畅，逻辑性强</td><td>2</td><td></td></tr>
<tr><td colspan="3">基本功扎实，最大限度表现自己的综合素质和能力</td><td>3</td><td></td></tr>
<tr><td colspan="3">教学态度自然大方、仪表端庄</td><td>2</td><td></td></tr>
<tr><td colspan="3">教学各个环节中理论联系实际，有理有据</td><td>3</td><td></td></tr>
<tr><td>总 分</td><td colspan="4"></td><td colspan="2"></td></tr>
</table>

案例

幼儿园小班美术活动说课：一串糖葫芦

尊敬的各位领导，评委老师：

大家好！今天我说课的内容是选自未来出版社出版的《渗透式小主题领域课程·艺术》小班下册泥工活动“一串糖葫芦”，属于“表现与创造”学习领域。

一、说教材

1. 教材分析

该课是幼儿园美术教学中的重要内容。小班的小朋友对什么都感兴趣，尤其对于各种各样颜色的橡皮泥更感兴趣。俗话说“兴趣是幼儿最好的老师”。而且新

《纲要》指出：幼儿是教育活动的积极参与者，而非被动接受者，活动内容必须与幼儿的兴趣、需要及接受能力相吻合。在小班安排这样的内容，是让幼儿通过学习制作“一串糖葫芦”，初步了解和掌握“两两分泥法”和团圆技能，从而培养幼儿手眼协调的能力、动手能力，让幼儿感受泥工活动的乐趣。本课所学习的“两两分泥法”和团圆技能，对接下来所要学习的搓条、压扁、捏等简单泥工技能有着明显的帮助作用。

2. 活动目标

根据小班幼儿美术发展的实际水平、年龄特点和兴趣需要制定了以下活动目标：

①审美认知目标：引导幼儿观察糖葫芦的形状和色彩。

②审美技能目标：引导幼儿学习分泥、团圆的技能，培养幼儿手眼协调的能力。

③审美情感目标：激发幼儿感受泥工活动所带来的乐趣。

3. 教学重点和难点

活动重点：引导幼儿学习分泥、团圆的技能是本活动的重点。

活动难点：培养幼儿手眼协调能力是本活动的难点。

4. 活动准备

活动准备是为完成具体活动目标服务的，活动准备必须与目标以及活动主体的能力、兴趣、需要等相适应。为此，我做了如下活动准备。

物质准备：糖葫芦教具、橡皮泥、小棍以及《冰糖葫芦歌》音乐。

二、说教法

针对这次教学活动的目标、设计和幼儿的实际情况，我在整个教学活动过程中运用了猜谜语导入法、观察欣赏法、讲解演示法、情景激励法。

①猜谜语导入法：这一教学方法激发了幼儿的学习兴趣，调剂了课堂美术教育活动的气氛和节奏。

②观察欣赏法：引导幼儿观察欣赏糖葫芦，了解糖葫芦的数量、形状、色彩、味道，为接下来学习分泥、团圆的技巧做好准备。

③讲解演示法：教学中，通过边讲解边演示，让幼儿更直观、更深刻地了解并掌握两两分泥法和团圆等技能技巧。

④情景激励法：通过教师播放《冰糖葫芦歌》创设一个充满情感色彩的情境，使整个活动轻松、愉快，让幼儿能更好地理解主题并享受这一过程。

三、说学法

在教学活动中教师通过引导、提示的方法，让幼儿发挥自己的思维能力积极思考。陶行知先生说过：“在做中教，做中学，做中求进步。”因此我在活动中引导幼儿根据教师的演示进行练习，掌握分泥、团圆等技能技巧，培养手眼协调能力。

在教学中把教法与学法有机联系起来，有意识地进行学法的指导和渗透，不但可以让幼儿学会，还让幼儿会学。

四、说活动过程

根据小班幼儿的美术发展实际水平、年龄特点和兴趣需要，为了实现活动目标，突出重点，解决难度，我设计的活动过程是：激发兴趣，活动导入→活动新授，练习指导→活动评价，情感升华→活动小结，拓展延伸。

1. 激发兴趣，活动导入

在导入这个环节中，我运用猜谜语导入法，先出示一个用纸包裹着、露出小棍的东西让幼儿猜：小朋友，你们猜猜老师手上拿着什么东西？（根据幼儿的发言，我打开纸顺势引导幼儿观察糖葫芦。点出了课题。）

2. 活动新授，练习指导

（1）引导幼儿观察糖葫芦的形状和色彩

教师运用观察欣赏法引导幼儿观察糖葫芦。问：小朋友，这串糖葫芦有几个呢？是什么形状？那又是什么颜色的呢？你们吃过糖葫芦吗？（幼儿观察、交流、回答。我总结归纳出：四个糖葫芦，圆形，红色，酸酸甜甜的。）

（2）糖葫芦的制作方法与步骤。

我边讲解示范，边指导幼儿一起练习。

第一步，将橡皮泥分成小块。

首先拿出红色橡皮泥，并指导幼儿在泥工板上分泥。在分泥的过程中，尽量将泥分得均匀一些。示范两两分泥的方法：将泥分成同样大小的两块，取其中的一块再分成同样大小的两块（本次活动分成同样大小四块就行）。

第二步，将小块橡皮泥团圆。

指导幼儿将泥块放在两手掌中间，手掌不断画圆揉搓，将泥块逐渐揉成光滑浑圆的球体。

第三步，依次将团圆的橡皮泥轻轻地插在小棍上。

注意用力要轻，同时不要伤到手。看谁做得又快又好，但千万不能将其放入嘴里。

最后教师播放《冰糖葫芦歌》创设情境，幼儿自己再练习一次，熟悉制作方法。

3. 活动评价，情感升华

对幼儿制作的糖葫芦进行评价，给予鼓励，以培养幼儿的自信心，让幼儿乐意参加泥工活动，并体会泥工活动所带来的快乐。最后，在音乐声中欣赏自己的作品，将幼儿的情感推向一个高潮，激发他们学习美术的兴趣。

4. 活动小结，拓展延伸

小朋友，今天我们学习了用橡皮泥制作糖葫芦，掌握了分泥、团圆的方法，你们想一想还能不能做出其他形状的糖葫芦，回家后和爸爸、妈妈一起再做一串糖葫芦，好吗？通过活动延伸巩固知识技能，培养幼儿的创新能力。

以上是我对整个活动的理解、分析，如有不当之处请各位老师多包涵，谢谢大家。

【思考与练习】

撰写一份幼儿园美术教育活动说课稿。

第九章

幼儿艺术教育评价

第一节　幼儿音乐教育的评价

一、幼儿音乐教育评价的功能与原则

1. 幼儿音乐教育评价的功能

幼儿音乐教育的评价是一个整体评价，不仅包括对幼儿音乐学习结果和音乐发展状况的测量和评价，还包括幼儿音乐教育活动中教师的活动设计、活动组织、活动指导以及活动效果的评估。

①反馈功能。通过评价，让教师了解幼儿的当前水平，包括他们的音乐能力水平和音乐活动过程中的身心发展水平，从而改进、调整教育进程与内容，优化教学结构。教师根据评价结果及信息反馈，可以大大提高自我教育评价能力和改进教育教学工作。

②诊断功能。通过评价，不仅可以了解现状和其中存在的差异，还能够得出造成现状和产生差异的原因，从而给教育活动的诊断与改进提供帮助。通过评价，验证教师制定的音乐教育目标、选择的音乐教育活动内容、教学方法、活动的组织过程是否符合儿童的年龄特点和音乐能力发展水平，从而准确地把握幼儿音乐教育活动中儿童的差异性、教学内容的适应性、教学方法的可行性，思考改进音乐教育教学的方法。

③发展功能。对音乐教育评价的根本目的就是促进音乐教育的发展。通过对幼儿音乐教育能力与音乐教育活动的评价与反思，教师应根据对幼儿以往发展水平的了解和自己的知识与经验来预测幼儿的发展方向，并进一步制定、完善目标，使之与新的教育目标以及教育方案相适应，以便更好地促进儿童音乐教育的发展。

2. 幼儿音乐教育评价的原则

①客观性原则。幼儿音乐教育评价，要体现客观、公正、科学、准确、实事求是的原则。只有确定科学的、合理的评价，才能促进幼儿音乐教育的深入开展，真正发挥教育评价的功能和作用。

②针对性原则。幼儿音乐教育评价要有针对性，即针对一定范畴的具体问题或课题展开诊断评估，也可以围绕幼儿音乐教育活动中存在的主要问题，或针对某个幼儿对象。通过教育评价，分析原因，促进被评价对象形成继续努力或在今后的活动中克服不足之处，增强改善活动效果的动机或期望。

③参照性原则。参照性原则是指制定的幼儿音乐教育评价标准要有一定的依据。首先，要依据国家有关法规性质的文件来进行正确评价，这是确定幼儿音乐教育评价目标的根本依据。其次，要依据幼儿音乐发展的基本规律，根据幼儿每一年龄阶段应有的发展水平作出恰当的规定，不可任意提高或降低评价标准。再次，要依据幼儿音乐教育的总目标来确定评价标准。总目标不但是幼儿音乐教育活动的指南，也是幼儿音乐教育评价的指南与参照依据。

④实效性原则。音乐教育评价的实效性原则，是指评价要有实际作用，即要有指导幼儿音乐教育实践、改进工作作风的效用。尤其是幼儿往往缺乏正确、客观评价自己的

能力，他们对自己的认识和评价取决于成人对自己的认识和评价，特别是教师的认识和评价，因此，在音乐教育活动中，教师要以积极的态度对待每一个幼儿，哪怕是一个眼神、一个微笑、一个动作、一句赞美，幼儿都会得到满足和鼓励。

二、幼儿音乐教育评价的模式

幼儿音乐教育的目标，应突出音乐的审美价值取向，体现出音乐教育的本质就是审美教育，但这并不意味着幼儿的音乐教育活动不重视知识、技能的学习。音乐知识、技能是审美的基础，掌握一定的音乐知识、技能有助于幼儿不断提高审美能力。对于幼儿音乐教育的评价，应根据幼儿音乐教育的目标确定评价的维度，建立幼儿音乐教育的评价模式。

1. 静态评价

静态评价是对幼儿当前音乐能力，即音乐的认知能力的测试。主要是对音乐的构成要素（节奏、速度、力度、曲式等）、审美意义在感知觉层面上的敏感辨别与分析判断，进而更加详细地了解幼儿的音乐发展状况，了解每个幼儿音乐学习方面的优势和不足，如有的音准很好，有的听觉好，有的节奏感强，有的则动作的协调性稍欠缺。通过测试，便于教师因材施教。这种评价通常在学期开始和期末各进行一次，学期开始的评价是前期测评，前期测评旨在了解幼儿音乐方面的基本状况与个体差异；期末再做一次后期测评，旨在了解幼儿通过教师音乐教学的干预后音乐能力的发展与变化状况。

2. 动态评价

动态评价是在指导幼儿音乐学习的基础上，观察幼儿在音乐活动中的行为表现，收集相关方面的资料。要根据音乐教育目标制定观察指标，呈现对每个年龄阶段幼儿发展上的适宜期望，对幼儿进行形成性评价。教师在音乐教育活动中，收集幼儿唱歌、韵律活动、节奏演奏、动作表演或其他音乐活动的照片、录音、录像，展示幼儿的学习成果，了解幼儿的音乐能力、参与音乐活动的兴趣如何，了解幼儿的音乐学习过程、音乐学习上的优点与缺点。还可以让家长、社会音乐工作者收集幼儿在家中和课外音乐学习中的表现资料，对幼儿进行综合性评价。

3. 综合评价

将本学期幼儿音乐认知能力的后期测评与动态评价相结合，综合评价幼儿音乐学习的表现。这种评价活动是一种动态与静态相结合的评价方法，既有对幼儿音乐学习过程的评价，也有对幼儿音乐学习结果的评价。总之，综合评价是较全面、合理、科学的一种教育评价方法。

三、幼儿音乐教育评价的内容与指标

1. 音乐才能测量

20 世纪初，美国音乐教育界兴起了一场实施音乐测量和评价的运动，即通过较为客观、可靠而有效的测量手段来收集音乐教育过程中有关儿童在音乐上的发展特征和成就，从而使音乐教育能够依据测量得来的客观资料，评价音乐教育及其过程，并修订和改进音乐教育的目标、课程、过程及其教学方法。由此诞生了世界上第一套标准化的音乐测量工具，它就是由美国音乐心理学的代表人物卡尔·西肖尔编制的《西肖尔音乐才能测量》。西肖尔在做了大量研究工作的基础上，制作了测量音乐才能的六个测验项目。

表 9-1　标准化的音乐测量工具

项　目	内　容
音高感	即音高差别感受能力。用音高差别感觉阈限来测量，让被试者听两个不同音高的单音，要求回答第二个音较第一个音是高还是低
音强感	即音强差别感受能力。用音强差别阈限来衡量，让被试者听两个不同响度的单音，要求回答第二个音较第一个音是响还是轻
时值感	即音的长短差别感受能力。用音的长短差别阈限来测定，让被试者听两个不同时值的单音，要求回答第二个音较第一个音是长还是短
音色感	即对音色和音质的区分能力。让被试者听两个谐音有所差异的单音，要求回答两个音的音色是相同还是不同
音高记忆	即在重复呈现某些彼此无关的音时，能发现某音音高变化的能力。让被试者听两组音列，每条音列含三五个音，要求回答音高有何不同
节奏感	即在重复呈现敲击的节奏型时，发现节奏变化的能力。要求被试者听两组节奏音响，回答其节奏是相同还是不同

2. 幼儿音乐发展评价指标

表 9-2　幼儿音乐发展年龄段评价指标

年龄阶段	评价项目	评价内容	评价方式
小班上期	审美感受	能集中注意倾听或观看喜欢的音乐舞蹈表演	活动评价
	多元表现	随着音乐做简单的身体动作	测查
	想象创造	在韵律活动中，模仿熟悉的动物	测查
小班下期	审美感受	愿意参加音乐游戏和舞蹈活动，多形式参与体验、感受	活动评价
	多元表现	会唱简单、熟悉的歌曲，声音自然、发音清晰	测查
	想象创造	随音乐做简单的模仿动作	活动评价
中班上期	审美感受	会听前奏、间奏，感受不同性质的歌曲和乐曲	活动评价
	多元表现	随音乐做简单的舞蹈动作，体验情绪、情感的变化	情景测验
	想象创造	学习仿编歌词，能替换短小歌曲中的名词、动词	活动评价
中班下期	审美感受	感知音乐中明显的音高、速度的变化，感受二拍子、三拍子节拍的特点	活动评价
	多元表现	用自然的声音较有表情地歌唱，能随不同的音乐节拍打节奏	情景测验
	想象创造	将新编的歌词替换到歌曲中，有一定的想象力和创编能力	活动评价

续表

年龄阶段	评价项目	评价内容	评价方式
大班上期	审美感受	感受典型的不同类型的音乐，听辨明显的乐曲特点。养成安静地、专心地、有感情地参与倾听音乐，观赏舞蹈表演的习惯	活动评价
	多元表现	随音乐的变化改变动作的力度、速度，用动作、表情自然地表达情感	情景测验
	想象创造	利用各种小乐器、自制乐器进行奏乐活动	活动评价
大班下期	审美感受	感受、理解和欣赏有典型特征的音乐作品，能用色彩、线条、图形、语言等表现对作品的感受与理解	情景测验
	多元表现	吐字清晰，唱出歌曲中明显的力度和速度变化，恰当表现歌曲的情感；能读懂指挥手势，用多种乐器进行合奏	活动评价
	想象创造	随音乐想象创编舞蹈动作，用自己喜欢的方式表现音乐	情景测验

每期的评价结果分为四个等级：优、良、中、需加油。

3. 幼儿音乐教育活动的评价

表 9-3　幼儿音乐教育活动评价指标

评价内容	评价指标
活动目标	①活动目标与音乐教育的总目标、年龄阶段目标以及单元目标是否紧密联系 ②活动目标是否涵盖认知、情感与态度、技能三方面的要求 ③活动目标是否与本班幼儿的实际情况相适应
活动内容	①活动内容的选择是否与音乐教育目标相一致 ②活动内容的选择是否与音乐教育所涉及的范围、领域相一致 ③活动内容的选择是否与幼儿的能力发展水平相一致 ④活动内容的选择是否具有多样性、时代性、审美性、艺术性
活动方法	①活动方法的选择和运用是否与活动的目标和内容相呼应 ②活动方法的选择和运用是否顾及到幼儿的年龄特点和接受水平 ③活动的方法是否强调并体现了幼儿的自主性和主体性 ④活动的方法是否注意到了与音乐活动环境的创设、有关课件与多媒体设备的应用相符合
活动过程	①教师的行为：教师在活动中的教学态度是否亲切自然、精神饱满而有一定的热情；能否做到正确而清晰地示范讲解；是否善于调动幼儿的学习积极性；是否能巧妙而熟练地运用角色的变化引导幼儿学习；是否为幼儿提供有益的学习经验；是否善于设计有效的提问来激发幼儿的独立思考能力 ②教师与幼儿的互动情况：教师在活动中是否注意到为幼儿创设一定的活动环境，以引发幼儿主动、有效地学习；是否注意到充分激发幼儿的兴趣、意志、自信、独立等良好的心理品质；是否注意到与幼儿的情感交流以及为幼儿之间的情感沟通创设机会和条件等 ③活动的组织形式：在音乐活动的展开过程中，教师是否在活动过程中体现因材施教；是否适当地采用了集体活动、小组合作活动以及个别活动等多种组织形式，培养幼儿的人际交往能力 ④活动的结构安排：活动的安排是否紧凑、有序；是否注意到每一个环节和步骤之间的层次性、系列性、递进性；是否体现了结构安排上的动静交替等

续表

评价内容	评价指标
活动环境与材料	①环境和材料的选择与设计是否体现了音乐教育活动目标的达成和与音乐活动内容相适应 ②环境和材料的选择与设计是否适合幼儿的实际需要和操作水平 ③材料或道具是否适合音乐活动的展开，具有一定的艺术性和表现性，在数量上有所保证 ④环境和材料是否得到最大限度的开发和利用，充分发挥了环境和材料的作用
活动效果	①幼儿在活动过程中的参与和学习态度，包括注意力是否集中、表现是否积极主动等 ②幼儿在活动过程中的情绪情感反应如精神是否饱满，情绪是否愉快、轻松等 ③幼儿在音乐教育活动中达成预期目标的情况，包括音乐知识、技能的掌握情况，以及情感、社会性和实际能力的培养等 ④是否兼顾群体需要和个体差异，使每个幼儿都能得到发展，都有成功感

教育评价是幼儿园教育工作的重要组成部分，管理人员、教师、幼儿及其家长均是评价工作的参与者。评价的过程，是教师运用专业知识审视教育实践，发现、分析、研究、解决问题的过程，也是自我成长的过程。

第二节　幼儿美术教育的评价

教育部颁布的《幼儿园教育指导纲要（试行）》中明确指出：“教育评价是幼儿园教育的重要组成部分。教师应自觉地运用评价手段，了解教育活动对幼儿发展的适宜性和有效性，以利调整、改进工作，提高教育质量。”美术教育评价是整个美术教育系统中的一个重要组成部分。学龄前儿童美术教育评价是有目的、有系统地对学龄前儿童美术能力发展和学前儿童美术活动进行客观了解，为下一步的美术教育和指导提供依据。

一、学龄前儿童美术教育评价的目的

学前儿童美术教育的评价是一种整体的评价，不仅包括对儿童美术学习结果和儿童美术发展状况的测量和评价，还包括对美术教育活动中教师的活动设计、活动组织、活动指导和活动效果的评估。学龄前儿童美术教育评价要达到如下目的：

1. 了解学龄前儿童当前的音乐水平

通过评价，教师了解幼儿当前的音乐水平，包括他们的美术能力水平和美术活动过程中的身心发展水平。《幼儿园教育指导纲要（试行）》中指出，通过“了解幼儿的发展需要，以便提供更加适宜的帮助和指导”，“全面了解幼儿的发展状况，防止片面性，尤其要避免只重知识技能的掌握，忽略情感的社会性和实际能力的倾向”。根据评价的结果，教师可以总结出儿童美术发展的规律和一般特征，为今后设计美术教育活动提供依据。

2. 对以往的美术教育作出反思

通过对学龄前儿童美术教育的评价，可以及时发现美术教育过程中出现的新问题、新情况，验证教师制定的美术教育目标、选择的美术教育内容、活动的组织过程等是否符合儿童的年龄特点、发展水平，从而对教育活动的各个环节作出反思，总结出成功的经验和失败的教训。

3. 促进美术教育的发展

对美术教育评价的根本目的是促进美术教育的发展。美术教育的发展有赖于学龄前儿童美术能力和教师美术教育质量的提高。经过对幼儿美术能力及美术活动的评价和反思，教师还应根据对幼儿以往发展水平的了解和自己的教育知识与经验来预测儿童未来的发展，并进一步制定出新的教育目标以及与之相适应的教育方案，更好地促进美术教育的发展。

二、学龄前儿童美术教育评价的原则

1. 客观性原则

美术教育评价的客观性原则，是指进行相关评价时必须把握美术教育和美术教育评价的客观规律，实事求是，以客观事实为依据，从客观实际出发获取真实信息，依据科学的标准，对美术教育活动的过程和结果进行分析判断。

贯彻美术教育评价的客观性原则，要求评价者确定的评价指标必须符合评价的目的要求，反映被评价对象的本质特征；评价标准要合理，评价者要正确理解和把握评价标准，克服主观随意性和感情因素的影响；评价方法的选择要与评价内容的性质相适应，多种方法相结合，这样才能使评价信息的搜集更为全面准确，评价结论更可靠。

2. 激励性原则

美术教育评价的激励性原则，是指相关评价应促使被评对象形成继续努力或在进一步的活动中克服不足之处，增强提高活动效果的动机或期望。这是由美术教育评价要激励评价对象前进、促进其发展的目的所决定的。

贯彻美术教育评价的激励性原则，首先要使美术教育评价过程及其结果客观、公正、准确；其次，制定美术教育评价目标和具体标准时要从评价对象的实际出发，充分考虑评价对象的客观环境和条件，不要过高或过低；再次，要求评价的实施者注意评价对象个体的心理状态，了解并尊重评价对象的意见，及时反馈评价结果，以激发评价对象在进一步的活动和教育过程中保持优势、克服不足之处，从而提高美术水平。

3. 实效性原则

美术教育评价的实效性原则，是指评价要有实际作用，即要有指导美术教育实际、改进工作的效用。如果美术教育评价活动不能帮助被评对象找出工作或学习中的问题，并对其改进提出有价值的帮助，那么这种评价就不具有现实意义。

三、学龄前儿童美术教育评价的内容和标准

学龄前儿童美术教育评价内容包括三个方面：一是过程评价，二是效果评价，三是

教师工作的评价。包括对美术活动目标、内容、活动过程和活动效果等方面的评价。

（一）对学龄前儿童美术活动过程的评价

美术活动过程是从某一艺术表现的构思到完成作品的过程，其中既有内部的心理活动，又有外部的行为表现，这两方面在实际活动中是融为一体的。评价学龄前儿童美术活动的过程，要观察和记录儿童在美术教育活动中的行为表现，然后整理、分析材料，对记录作出解释。学龄前儿童美术活动过程的评价具体可分为九个方面，每方面又分为四种水平的行为表现评价。

1. 构思方面的评价

构思方面的评价是指观察和评价幼儿是否能在创造之前预先想好创造的主题和内容。幼儿在这方面的行为表现一般可以分为以下四种评价方法：

①事先构思出主题和主要内容，动手之后围绕构思进行创造；

②预想出局部内容，完成一项后再做新计划；

③动笔后构思，由动作痕迹出发，想到什么画什么；

④只有动作活动，没有形象创造，表现为在纸上随意涂抹或反复掰泥、撕纸。

2. 主动性方面的评价

主动性方面的评价是指观察与评价幼儿在开始和投入美术活动过程中的情况，一般可分为以下四种评价方法：

①由自身兴趣、愿望支配，自动进行美术活动；

②由特定材料引发，开始进行美术活动；

③看到别人从事美术活动，自己跟着做；

④在成人的要求下开始美术活动。

3. 兴趣方面的评价

兴趣方面的评价是指判断幼儿是否情愿投入美术活动，在活动中是否有热情，感到愉快和满足，一般分为以下四种评价方法：

①自动从事美术活动，对美术活动投入极大热情，完全沉浸在活动之中，专心致志作画；

②欣然接受任务，愉快地从事活动，在做的过程中不时流露出愉快情绪；

③对美术活动迟疑不前，活动中企图离开或张望别人做什么；

④拒绝参加美术活动。

4. 专注性方面的评价

专注性方面的评价是指观察评价幼儿对美术活动的注意集中度与持久程度。一般分为以下四种评价方法：

①能较长时间持续从事已选定的活动，不受外界因素影响，有时甚至第二天接着干；

②能在同年龄幼儿一般可维持的时间内持续从事活动，中途偶有离开的现象发生，但还会自动回来，直到活动完成；

③需要鼓励才能完成任务；

④不能把活动进行完，中途改变活动。

5. 独立性方面的评价

独立性方面的评价是指判断幼儿能否自己决定活动任务并完成任务。一般分为以下四种评价方法：

①自己确定活动任务，自行解决问题，拒绝别人干涉，独立完成任务；

②主动请教他人，考虑别人的建议，然后自己完成任务；

③模仿他人后再完成自己的作品；

④接受并在他人的帮助下完成作品。

6. 创造性方面的评价

创造性方面的评价是判断幼儿在美术活动中是否具有独创表现意识与能力。一般分为以下四种评价方法：

①别出心裁地构思与利用材料进行造型；

②重新组织以前学过的造型式样、方法和技能进行造型；

③重复以前学过的造型式样、方法与技能进行造型；

④只按教师当时传授的造型式样、方法与技能造型。

7. 操作的熟练程度方面的评价

操作的熟练程度方面的评价是指判断幼儿从事美术活动时动作是否灵活、准确。一般分为以下四种评价方法：

①掌握工具姿势正确、轻松，操作动作连贯、迅速、准确，一次完成操作，作品质量好；

②掌握工具姿势正确，操作动作平稳，但欠准确，中途修改，作品质量较好；

③掌握工具动作正确但笨拙，操作动作迟缓，准确性差，有失误不知修改，作品显得粗糙；

④掌握工具的姿势笨拙有误，只有重复性动作，不能完成作品。

8. 自我感觉方面的评价

自我感觉方面的评价，是指判断幼儿对自己美术成果的看法。一般分为以下四种评价：

①自己认为很成功，主动邀请别人看自己的作品，并讲解作品的含义，能慷慨地将作品赠人；

②对自己的作品感觉满意，但不主动展示，听到别人的称赞感到愉快，希望保留作品；

③认为不太成功，接受别人的看法，希望将作品交给老师；

④感到沮丧，对别人的反应无动于衷或抵触，对作品去向不关心或毁掉作品。

9. 习惯方面的评价

美术活动中的习惯是多方面的，习惯可以指个人的习惯做法、美术风格等，也可指大家都要自觉遵守的惯例和秩序。这里讲的是后者，共提出两项评价方法，目的在于判断幼儿在美术活动中能否有步骤、有秩序地完成作品。

从工作进程的顺序性方面而言，一般有以下说法：

①有顺序、有步骤地完成作品；

②弄错步骤，发现后主动纠正，完成作品；

③想到什么就做什么，混乱中完成作品，作品有缺陷；

④只完成局部，作品半途而废。

从保管工具材料的秩序方面而言，一般有以下说法：

①保持工具材料的固定位置，用时取出，用后放回；

②大致保持原位置，错放后能找到；

③一片混乱，用后乱放，取时找不到；

④不会取放，拿到什么用什么。

（二）对学龄前儿童美术活动效果的评价

主要是指从幼儿的行为表现和创作的作品中反映出来的教育效果，包括活动中幼儿的情绪是否愉快，注意力是否集中，是否坚持完成作品，完成作品的积极性、主动性如何，幼儿创作的作品其质量是好还是差等。对儿童绘画效果的评价一般分动态评价和静态评价两个方面。

1. 动态评价

目前在幼儿园教育效果评价中，档案袋评价方法是一种较为科学的评价方法。这既能体现学习结果，又能体现学习的动态过程，可以说是全面展示美术活动效果的最佳办法。档案袋评价是收集幼儿学习过程中具有代表性的作品和典型的表现记录，并以此为依据来判断幼儿的学习状况。这种评价强调真实材料的收集，强调幼儿学习的过程。

幼儿档案袋中最典型的内容就是幼儿的作品，“如果幼儿、教师和家长对学习的反思是档案评价的心脏，那么幼儿的作品就是档案评价的脊椎。幼儿原创的图画、写作和各种立体创作都是幼儿认知和创作能力的真实反映。持续收集和评价幼儿的作品，可以反映出幼儿的进步情况”。

虽然幼儿发展的速度各不相同，但是对大部分幼儿来说，美术能力的发展都是遵循可预测的途径，从最初的涂鸦期到象征期再到图式期。教师可选择较为经典的绘画作品、手工作品，以原始作品、照片、录像的形式加以保存。教师应在作品上注明幼儿的名字、创作日期和教师对幼儿美术发展能力的评价，同时记录幼儿对作品的解释以及背景资料。

2. 静态评价

这里的静态评价主要是对作品本身的评价。儿童绘画作品没有对与错，没有像不像，没有该不该，最简单的评价标准就是观众欣赏的兴趣度问题。如观众对该作品表现出浓厚的兴趣且可以观看很久，或者作者能把许多观众的目光吸引过来，就说明这是一幅成功的作品。

3. 学龄前儿童美术教育活动评价标准的制定

为了使美术教育活动评价能真正促进幼儿教育事业的发展，评价时首先要确定评价的标准。美术教育活动评价标准的制定对幼儿园的管理工作以及教师的自我调整、自我提高具有指导性作用。所以，在制定各种有关评价标准时，应考虑以下几个因素。

（1）美术教育目标

美术教育目标是制定美术教育活动评价标准的主要依据。教师通过对美术教育规律、幼儿美术活动特点的研究，以及对美术教育方法的改进来提高美术教育质量，实现学龄前儿童美术教育目标。因此，制定美术教育活动评价标准的第一步，就是要对美术教育目标进行恰当的分解，以便制定出切实可行的评价标准。

（2）实际情况

由于不同地区、不同幼儿园和不同班级的教师、幼儿及环境、物质条件是各不相同的，所以在制定美术教育评价标准时不要单纯追求统一的标准而忽视实际情况，因为这样会挫伤教师与幼儿美术活动的积极性。

（3）具体操作

美术教育活动的评价标准最终必须具体化，成为便于操作的评价工具。在评价工具中，各项评价标准应该能够体现方向性。评价标准要切合实际，不能要求过高。评价标准应尽量具体，描述明确，为操作者所理解和接受，否则便失去了存在的意义。

由于美术教育活动评价的具体目的、内容和评价者不同，在实际评价过程中，收集评价资料的方法、选择的评价工具以及分析、研究的工作方式都各不相同。在设计美术教育活动的评价方案时，必须综合考虑相关的因素，针对具体的目的、需要、条件来制定评价方案和选择、设计评价工具。

（三）对学龄前儿童美术教育活动中教师工作的评价

幼儿在美术活动中受到教育，美术表现能力得到提高。美术活动的过程如何，既要对幼儿美术能力发展水平进行考查，也要对教育者的美术活动组织质量进行考查。从改进教育工作的目标出发，学龄前儿童美术教育活动的评价主要针对教师的行为表现进行考查。评价教师在美术活动中的行为表现可以从以下几方面着手。

1. 对活动目标的评价

活动目标是指教师期望通过活动所达到的教育效果。评价活动的目标应从两方面着手：一是活动目标与分类目标、年龄目标以及总目标之间的联系是否紧密一致；二是活动目标与本班幼儿的实际情况是否相适应。学前儿童美术教育的目标是一个完整而有序的体系：每个具体的活动目标都是从总目标、年龄阶段目标、分类目标中分化而来的；每个活动目标的实现，都是向阶段目标和总目标迈近了一步。因此，在评价美术教育活动目标时，必须从目标体系的统一性出发，分析该目标与上级目标的关系，以此评价目标的合理性。

有时，当活动目标孤立起来看时可能是合理的，但和上级目标及本班幼儿实际情况联系起来看时，就有可能是不合理的，需要调整。因此，判断活动目标是否合理一定要结合上级目标和本班幼儿的实际情况来考虑。每个活动目标的制定还必须符合本班幼儿的实际情况，虽然年龄阶段目标概括的是某一具体年龄儿童一般的发展趋势和教育要求，但是对于不同幼儿园、不同的班级、不同的幼儿还是会有一定的差异。所以，评价活动目标时还要看教师制定的目标是否与本班幼儿的实际水平和发展特点相联系。

2. 对活动内容和工具材料准备的评价

评价活动内容，首先要看活动内容的选择是否与美术教育目标相一致，是否与儿童的美术能力发展水平相一致。其次，活动内容和工具材料与活动目标是否是相互联系、相互影响的。因此，在评价活动内容和工具材料时，必须考虑相关的因素，从活动的整体效果来评价各个因素存在状况的合理性。有什么样的活动内容，就应准备相应的活动工具和材料。活动的工具材料的准备要充分，并且要根据美术活动的主题准备相应的工具、材料。各种绘画材料都有其不同的用法、特征和特性。就以纸张为例，有些主题适合用长方形纸，如画高楼大厦、树木、电视塔等；有些主题适合用圆形纸，如花坛、游泳池、鸡场等。应给幼儿提供不同形状的纸张，使之体验不同的感觉。

另外，还应评价在一个具体的美术活动中各部分内容之间的比例关系是否恰当；评价活动内容与活动形式是否相适应；评价活动内容的组织安排是否突出重点、难点；评价活动内容各个部分之间的过渡衔接是否流畅等。

3. 对活动过程安排的评价

①教师的活动准备。主要包括能否熟悉活动的内容，了解幼儿的知识水平与技能水平的高低，了解幼儿一般水平和个别差异，对活动所需的材料、工具、场地因素的考虑充分程度。

②教师的活动设计。主要包括活动设计的目标是否明确，结构是否合理，内容是否为幼儿所理解、所接受，是否具有独创性。

③教师的活动组织。主要包括教师能否发挥和调动大多数幼儿的活动积极性、主动性，教师能否有次序地执行教育活动计划，教师能否根据幼儿的实际情况灵活地调整活动目标与计划等。

④教师的活动指导。主要包括讲解示范是否准确、熟练、清晰，能否了解幼儿的活动意图，帮助他们实现自己的构思；能否通过提问有效地激发幼儿创作的欲望；能否适时地给幼儿以具体帮助，针对个别差异进行指导。

四、对学龄前儿童美术作品的评价

美术作品是学龄前儿童美术教育活动的结果，它清晰地反映出儿童的美术能力、水平和特点。作品是静态的，可以长时间反复分析一幅作品或将不同作品放在一起对照比较，因此作品分析是一种简便易行的评价方法。

评价儿童美术作品同样可以涉及相关专业美术知识，一般站在作品类型的角度来欣赏或点评。对专业美术作品的评价会受很多因素影响，对儿童美术作品的评价也是如此。对儿童美术作品的评价由于评价者的视角不同，因此也就有了不同的评价方法和标准。这里主要从绘画学科的角度来分析。

1. 简笔画的评价

简笔画简单易画，非常适合少儿绘画，尤其是幼儿时期绘画。简笔画是小朋友绘画时最直接也最普遍的绘画内容，还是幼儿学习其他知识的有利手段。幼儿的简笔画不注重形象准不准确，而是注重传意是否精确。对于儿童而言，简笔画只是物象的表示符号，即象征。在评价时主要看能否表达出物象的基本特征，甚至是在此基础上的夸张变形带来的趣味性和随意美感。另外再看线条的流畅性和整洁度如何。

2. 线描画的评价

线描画重点在线条的运用和创造力的体现。儿童画的线条会慢慢走向规范、流畅、干脆。在评价时，首先是从线条本身入手，一般会用“流畅、干净、整洁”来评价；深入一点就会用“线条疏密处理得当、线条组合新颖、线条布局巧妙合理”来评价；再次是从画面的难易程度来考量，一般会用“画面细节丰富、很有耐心、画得非常仔细”来评价；第四是从绘画的形式美法则的角度来分析，一般会用“点线面关系明确、黑白灰关系和谐、画面主次分明”来评价；第五是从绘画主题和内容方面看，一般会用“主题鲜明、突出，内容多样，有创造力”来评价。总之，线描画是儿童画的基础画种，主要是训练儿童的独立创作能力，因此评价可以围绕这个方向而展开。

3. 色彩画的评价

色彩画的种类较多，由于当前少儿美术教育观念的变化，许多人对此的评价避而不谈。既然是站在美术学科的角度来评价，那就要突出其“专业性”。这里说的色彩主要是区别于黑白效果而言，色彩画评价的侧重点应该是对材料的使用与熟悉程度、调色和涂色方法、色彩整体关系如何等。因此，对色彩画的评价主要是根据一般规律和审美法则，围绕这些来进行，不管是哪种类型的色彩画。针对儿童而言，对幼儿色彩作品的最高评价一般有以下内容可供参考：很会使用工具，色彩使用很大胆，调色很漂亮，涂色很到位，干净整洁，有整体色调关系，画面色彩丰富多彩、非常完整。针对家长而言，对幼儿色彩作品的最高评价一般有以下内容可供参考：工具材料的使用非常娴熟，对色彩性能的了解非常熟悉，色彩调和熟练，涂色很有技巧，色彩整体协调，画面和谐，关系明确。这些评价语言可以根据实际情况加以调整，灵活运用，但必须基本符合实际情况，放大优点、亮点，缺点尽量采用建议的方式，以提高儿童的绘画积极性，然后建议修改或提出下次应注意和需改进的地方。

4. 手工作品的评价

完整性是看作品是否完整、牢固，便于收藏或展示，这是评价手工作品的基本标准，在指导儿童创作时，其基本目标就是能完成一件作品。在此基础上再看造型和创意。平面性手工作品除可以用绘画的评价标准进行评价外，还可以从材质的选择、做工的精细度、目的的达成方面进行评价。我们在评价幼儿作品时，不要急于用肯定或否定的语言评价，避免用一般性的、“放之四海而皆准”的评语，而是要认真对待每一件作品，说出它们各自的长处，应因人而异。让教师的评价能切实引发幼儿的内心共鸣，使他们体验到成功的快乐，让孩子充分感受到教师对他们的尊重和肯定，也产生对教师的尊重和信任，从而拉近师幼心灵的距离。对幼儿手工作品的一般评价主要从以下三个方面进行：

（1）材料与技巧方面

①材料选择或运用恰当，制作精细，技巧适合表现；

②材料选择或运用比较恰当，制作比较精细，技巧比较适合表现；

③材料选择或运用不够恰当，制作不够精细，技巧不太适合表现；

④不会选择材料或运用，制作粗糙，表现意图不明确。

（2）造型与修饰

①造型优美，修饰的主观性较强，技法多样；

②造型比较美，修饰的主观性一般，技法较好；

③造型美感不足，修饰较少，技法简单；

④造型不美，基本没有修饰，技法单一。

（3）创造与思维

①独立创作能力强，想象力丰富，思维活跃，构思巧妙新颖；

②独立创作能力较强，想象力较强，思维较活跃，构思比较新颖；

③独立创作能力一般，想象力一般，普通思维，构思平淡；

④独立创作能力较低，想象力较低，缺乏思维，构思平淡。

【思考与练习】

一、观摩幼儿音乐活动，并进行音乐教育活动评价（见表 9-4、表 9-5）。

表 9-4　幼儿音乐教育活动评价记录

<table>
<tr><td colspan="3">活动名称：</td><td>教师：</td></tr>
<tr><td colspan="3">活动时间：</td><td>班级：</td></tr>
<tr><td colspan="3">听课记录</td><td>分析评价</td></tr>
<tr><td colspan="2">活动目标</td><td></td><td></td></tr>
<tr><td colspan="2">活动准备</td><td></td><td></td></tr>
<tr><td colspan="2">活动方法</td><td></td><td></td></tr>
<tr><td colspan="2">活动内容</td><td></td><td></td></tr>
<tr><td rowspan="4">活动过程</td><td>教师表现</td><td></td><td></td></tr>
<tr><td>师幼互动</td><td></td><td></td></tr>
<tr><td>组织形式</td><td></td><td></td></tr>
<tr><td>结构安排</td><td></td><td></td></tr>
<tr><td rowspan="4">活动效果</td><td>情绪</td><td></td><td></td></tr>
<tr><td>注意力</td><td></td><td></td></tr>
<tr><td>参与性</td><td></td><td></td></tr>
<tr><td>目标达成</td><td></td><td></td></tr>
<tr><td colspan="2">简要评语</td><td colspan="2"></td></tr>
<tr><td colspan="2">听课反思</td><td colspan="2"></td></tr>
</table>

表 9-5　音乐教育活动定量评价表

评价项目		优秀	良好	一般	差
教师态度	活动准备				
	精神面貌				
教师能力	活动设计				
	活动组织				
	活动指导				
	音乐能力				
幼儿表现	情绪态度				
	内容掌握				
	能力锻炼				

说明：在你认为符合的评价意见栏内画√。

二、幼儿园美术教育评价的目的是什么？

三、进行幼儿园美术教育评价应遵循哪些原则？

四、结合幼儿园一个美术教育活动案例，对该美术教育活动进行评价。

五、对一幅幼儿绘画作品进行评价，用文字表述。

第十章

奥尔夫音乐教育

第一节　奥尔夫音乐教育理念

奥尔夫音乐教学法，为德国著名音乐家卡尔·奥尔夫（Carl. Orff，1895—1982）所创建。这是一个独创的音乐教育体系。它赋予音乐教育以全新的反传统的观念和方法，已经对许多国家和地区的音乐教育产生了深刻影响。反思我国音乐教育的现状，仍长期使用着以歌唱、教学乐理知识为主体的陈旧模式，忽视学生对音乐的情感激发和体验，忽视了学生在音乐学习过程中的主体性、主动性、个性和创造性的发挥。认真研究奥尔夫的音乐教育思想和体系，我们从中会得到许多有益的启示。

从音乐产生的本源和本质出发，即“诉诸感性，回归人本”，这是奥尔夫音乐教育的基本理念，这与我们原先对音乐教育本质和目的的认识有着根本的不同。奥尔夫认为，表达思想和情绪，是人类的本能欲望，并通过语言、歌唱（含乐器演奏）、舞蹈等形式自然地流露，自古如此。这是人原本固有的能力。音乐教育的首要任务，就是不断地启发和提升这种本能的表现力，而表现得好不好则不是追求的最终目标。

①奥尔夫音乐教学法强调艺术教育的综合性。它把语言、律动和音乐教学相结合，通过节奏朗诵、拍手跺脚等人体乐器、音乐游戏、歌唱、舞蹈、绘画、演小剧、演奏奥尔夫乐器等多种形式，使儿童不仅能兴致勃勃地参与音乐活动，而且能整体提高语言能力、理解力和表演能力。

②奥尔夫音乐教学法鼓励儿童的创新精神。音乐活动中有大量机会让孩子即兴创作，创新求异。特制的奥尔夫乐器使儿童能迅速在乐器上表述音乐的构想，享受创作的乐趣。

③奥尔夫教学法强调本土化。奥尔夫的教育思想能与当地文化遗产完美结合，这也是奥尔夫教学法能迅速传遍世界的重要原因之一。在进行奥尔夫教学的同时使儿童继承本民族的文化遗产，这一设想有着美好的前景。

④奥尔夫教学法的最大特点是关注对孩子内心世界的开发，在这样的学习中，孩子不会把学音乐当成一种负担或功利，而会全身心地投入音乐世界，用他们的肢体、语言、乐器自由地演绎，以独特的方式抒发内心世界。当音乐成为孩子自身的需求，孩子对乐理、乐感、表演、演奏以及语言文化的掌握自然轻松快速，而且根深蒂固，同时强调创造精神的塑造。在课堂上，孩子用蛙鸣筒模仿秋夜的蛙声，用腕铃描绘春江细雨，用语言与拍打肢体来演绎节奏，尤其一群孩子一起表演不同声部时，一部悦耳动人的交响乐就诞生了。奥尔夫音乐给孩子发展个性提供了无限的空间，也在集体表演中给了孩子集体意识与合作精神，让课程更有乐趣和意义。

第二节　奥尔夫音乐教育活动

在奥尔夫音乐教育活动中，幼儿不仅唱歌识谱、演奏乐器，还自由朗诵、即兴舞蹈、即兴歌唱、伴奏等。这是一种歌、舞、乐三位一体与创作、表演、欣赏三位一体的综合性的教学形式。它符合人类生活的原始性与原本性，也符合幼儿年龄特点决定的音乐学习的天性。

一、奥尔夫原本性音乐教育的原理

1. 综合性

随着科学的发展，艺术划分得越来越细，但音乐不是以单一的形式存在的，不是单纯用嘴唱或用耳朵听，它是一种综合的艺术，可以一边唱，一边跳，一边用乐器演奏。奥尔夫指出，原本的音乐是什么呢？原本的音乐绝不是单纯的音乐，它是和动作、舞蹈语言紧密结合在一起的。这是人类本来的状况，是原始的，也是最接近人心灵的。因此可以说音乐是综合的艺术。

2. 创造性

创造性，或者称即兴性。孩子的生活经验没有受太多的社会影响而定型，因此他们天然具有对音乐的创造性。在看到一幅图画后，他们可以根据自己的理解用音乐去表达，通过简单的乐器即兴演奏、即兴表演，使孩子也能从事艺术家的工作，用音乐去挖掘、去创作、去发挥想象力。当没有乐器时，他们能用手、脚、筷子、报纸等代替音乐进行演奏，充分体现对乐器的创造性。

3. 亲自参与、诉诸感性、回归人本

情商是人类智力发展的一个重要因素，以往人们不知道通过何种途径去培养，其实奥尔夫音乐就是一个培养情商的好方法。通过孩子的视、听、触、嗅，最大限度地调动孩子各个方面的能力，开发孩子的潜能。原本的音乐是一种人们必须自己参与的音乐。音乐在这里的作用在于，它使人成为一个主动者参与其间，而不仅仅是一个聆听者。当音乐响起，你可以用身体动作表达，就像有的小孩子听到电视里面唱歌或者跳舞，也扭动小屁股跳起来，嘴里也哼唱起来。这种自娱自乐的音乐形式，有助于情感的抒发与宣泄。

4. 从本土文化出发

奥尔夫的音乐教育思想及其教学方法呈现一种开放性，这使得奥尔夫音乐教育体系在任何一个国家、民族的传播必然形成本土化。奥尔夫音乐重在理念，没有规定一个标准的示范课程，鼓励人们依照本国的文化，将他的音乐理念融入其中。这样虽然给教学带来一定难度，但也给各国的奥尔夫教育工作者提供了一个无限发展的空间。

音乐教育从本土出发，中国的奥尔夫音乐教育结合了本民族的文化、语言、民歌、童谣甚至是方言。这种音乐更容易被人们所熟知，更容易为人们所接受，具有通俗性，人们更易懂。因此，各国的奥尔夫理念相同，却在具体内容上不同，不会使奥尔夫局限在某一时代、某一个国家，而是不断创新，世世代代发展下去。

5. 从儿童出发

音乐不是精英人才的专利品，在七种智能学说里面，其中提到可以通过艺术渠道对人进行培养。有些家长认为孩子没有音乐细胞，没必要对孩子进行音乐教育，这就大错特错了。艺术是每个人的本能，每个孩子都能感受和体验到音乐的魅力。

一个 6 岁以下的孩子，声带发育还不成熟，如果让孩子唱一个长音，他还唱不下来，有时出现唱歌唱不准的现象，也是正常的。但他的动作发展已经成熟，听觉也是成熟的，因此奥尔夫最适于孩子表演。应让孩子从小懂得节奏、韵律，了解音乐语言。

二、奥尔夫音乐教学法的基本内容

奥尔夫音乐教学的手段包括听力训练、节奏训练、律动训练、语言学习、创造力培养。

奥尔夫音乐教学内容包括以下内容：

①说白：内容取自本民族地区的儿歌、童谣等。在实际教学中常把所学歌词以说白形式教给幼儿，并配以音韵、节奏、速度、力度和情绪等。

②歌唱：对初学音乐的孩子，奥尔夫教学法并不要求他们学会读谱，它选择的歌曲多是五声调式，并采用听说法教学，从感知入手，使幼儿摆脱纯理论的识谱、试唱、乐理知识等的学习。

③声势：它是以人体为天然乐器，通过拍、打、跺、捻、捶、搓等发出不同力度的声响。声势通常和节奏联系在一起，通过拍手、拍腿、跺脚、捻指等幼儿易学易做的方式做一些单声部和多声部的节奏训练，并多以“卡龙”的形式出现。

④打击乐器：这里指的打击乐器通常有两种，即无固定音高的乐器，如沙槌、三角铁、双响筒等，和有固定音高的乐器，如钢板琴、钟琴、木琴等。奥尔夫乐器具有简单易奏的特点，以五声音阶为主，通常是为主旋律伴奏。将几个音按固定节奏型组成“固定音型”反复在全曲中使用，是奥尔夫音乐教学中常用的方式。

⑤舞蹈：这里的舞蹈是包括了律动和歌表演一起的，同时又不能等同于其他艺术的专业概念，而是具有“元素性”的含义。奥尔夫教学法所设计的舞蹈任何没有学过舞蹈的人都能学会。它所要求的是按音乐的节奏去跳，按音乐的形象去想象，注重的是即兴，幼儿可以自由设计，自由编排动作。

⑥音乐与美术：奥尔夫教学经常把一首乐曲用美术图形表现出来。根据乐曲的旋律、力度、重度等，设计不同的符号把乐曲的结构明确地显示出来，形成一个极易看懂的图谱。根据这个图谱或说白或用打击乐器，就能极方便而有效地为所学乐曲伴奏了。此方法多用于音乐欣赏活动。

⑦游戏：奥尔夫教学法要求每一课都有生活化的游戏，当然这种游戏不是单纯地玩，而是通过游戏渗透音乐知识，给幼儿创造一个快乐且适合其年龄特点的音乐环境。

⑧欣赏：奥尔夫教学法欣赏音乐的原则是让幼儿通过自身的活动直接去感受音乐。它有时用不同的节奏乐或不同的声势表现音乐中某一特定乐句，有时则采用图谱分析出乐曲的结构，让幼儿在读图形谱的过程中欣赏音乐。它提倡主动欣赏，而不是被动地听，然后逐一分析。

⑨戏剧：奥尔夫教学法把本民族的民谣、歌曲、民间故事改编成音乐舞蹈剧，也就是我们所说的小歌舞剧。当然，这一切都是由孩子自己设计的，他们的创造精神在欢乐

愉悦的课堂气氛中得到发展。

三、奥尔夫音乐教学法的五大优势

1. 有宽松愉悦的学习气氛

能让孩子自由自主地活动，能缓解心理的紧张压力，能促进个性的健康发展，能获得真正轻松愉快的学习氛围，而且能很大程度上改变幼儿的习惯性模仿和从众心理。

2. 有幼儿喜闻乐见的多种表现形式

①动作。奥尔夫教学法之所以深受大家喜欢，是因为它抓住了孩子生性好动、精力充沛的年龄特点。奥尔夫音乐教学法用得最多的就是身势动作，它的教学法理念是开发学生原本性的教育，其目的是激发每一个幼儿的生命活力，每个学生和老师一起参与，以节奏为基础，结合身体律动，将动作、舞蹈、语言联系起来，这就是孩子天生的表现形式。

②游戏。如游戏“布谷鸟”准备：地上到处散落着乒乓球。音乐：布谷鸟。老师不需要任何语言，只要示范一次，孩子们就能总结出游戏的规则：在听到布谷鸟叫时就从地上捡起一个乒乓球。非常简单的规则，非常简单的游戏，但是深受孩子的喜爱。

3. 注重合作，注重各尽其能

幼儿合作能力的培养一直很受重视，但是在传统的教学法中往往忽视了这一点。而奥尔夫教学法非常注重这一点，从两两合作到游戏组合，都非常有利于幼儿合作能力的培养。

4. 把一些古老的童谣、歌曲作为音乐的基本素材

如童谣《摇啊摇，摇到外婆桥》，儿歌《小白兔》，绕口令《高高山上一条藤》，歌曲《小燕子》等，它们都来源于生活，具有很浓的地方特色，代代相传，老少皆知，幼儿学习起来简单易懂。

5. 注重幼儿创新能力的培养

即兴性是奥尔夫音乐的一大原则，即兴注重的不是结果而是过程，让幼儿在做的过程中主动学习，创造性地学习，让幼儿在做的过程中发挥想象力和独创力。奥尔夫教学法指出，音乐只是手段，教育人、发展人才是目的。通过音乐教育，发展人的感官能力，培养人对音乐艺术的情感、态度、审美能力，培养高尚的品德、美好的心灵，促进认知能力的发展，提高运用音乐艺术进行表达、交流的能力，发展想象力和创造力。

第三节 奥尔夫音乐教育活动的指导

奥尔夫音乐教育理论提出，要树立让音乐教育回归自然的理念，进而整合教育的理念，运用音乐的“原本性、综合性、实践性、即兴性、艺术性、自然性、生活性”等理念，指导音乐教育活动，整合教育课程设计，实施教育行为。

1. 奥尔夫音乐教育的特点

（1）教育内容的整合

追求教育内容的丰富性、整合性、灵活性、生活性。集故事、朗诵、音乐、欣赏、人文、生活为一体，充分体现以下特点：整合教育内容、整合教育目标、整合教育方法、整合教育形式。

（2）教育形式的多样性

在教育形式上追求“多样性”“灵活性”。以故事为引领，以音乐为主线，以歌曲、童谣、音乐、认知、情感为综合，以游戏为主线，幼儿在音乐中获得整体认知和整体发展，让音乐贯穿始终。

2. 奥尔夫音乐教学的态度

不要求孩子一模一样地模仿，而是注重幼儿自己、幼儿与幼儿、幼儿与教师的创作。不注重结果，只注重过程。体验音乐的快乐。

3. 奥尔夫音乐教师应从以下三方面进行教学

（1）启发教学

奥尔夫音乐教师对幼儿的音乐教育并不是培养天才音乐家，而是让每一个幼儿都学会感知音乐，感受美感，学会欣赏艺术，学会合作。所以要求奥尔夫音乐教师为幼儿提供一个充分发挥个性的自由空间，引导幼儿发展创新力，自己设计音乐动作，启发幼儿体现自己的个性，施展自己的才华，充分在自己设计的环境中表演。

（2）即兴教学

奥尔夫音乐教师应指导婴幼儿即兴演奏。奥尔夫认为，即兴是音乐里最古老、最自然的形式，即兴演奏可以唤醒幼儿对音乐的本能，能让幼儿渐渐喜欢音乐，把学习音乐变成自己的需要。教师应给幼儿充分提供即兴表演的空间，使幼儿能随心说、唱、跳、演奏等，在即兴表演的过程中发展各自的智力和其他能力。

（3）本土化教学

奥尔夫音乐教师应充分掌握奥尔夫音乐教学法的思想，能结合本地风土人情、民风习俗等进行本土化教学。我国的奥尔夫音乐教学结合了本民族的语言、文化特色，童谣、民歌甚至是方言，要求奥尔夫音乐教师能不断创新、不断积累，将民族文化渗透到平时的教学过程中，使幼儿能把日常生活中的感受与音乐乐感联系起来，从而扩大幼儿感受音乐的范围。

第十一章

幼儿美术教育理念

随着我国素质教育的推进，幼儿美术教育已成为素质教育中不可或缺的重要组成部分，它为完善人的品格、陶冶人的情操、发展人的智力、培养人的创造性思维及一个人的后续学习和终身发展奠定基础。随着我国美术教育改革力度的加大，选择和借鉴许多先进国家和地区的儿童美术教育教学研究成果，可以改进和丰富我们的幼儿美术教育理念。

第一节　工具论与本质论的美术教育理念

19 世纪末，德国、英国、法国和美国出现了研究儿童的热潮。在这场儿童研究运动中，人们通过观察分析儿童绘画作品中造型和色彩的特点来研究儿童的成长过程和心理特点，揭示儿童美术发展的规律及其与儿童身心发展的关系，甚至用来解释艺术发生学的一些问题。一些心理学家和教育家在以心理学的理论研究美术教育方面取得了卓越成就，如哥思修泰纳、皮亚杰、里德和罗恩菲尔德等。

在 20 世纪，欧美最具代表性的两种不同的思想倾向是：追求严谨性、完整性和目标可测性的科学理性主义倾向与偏爱行为；思维自由方式的浪漫主义倾向。这两种倾向在美术教育思想上的典型代表是工具论与本质论。

一、工具论

工具论又称“儿童中心论”，以美国美术教育家罗恩菲尔德（Viktor Lowenfeld）为代表，并采纳了英国美术教育家里德的观点。其思想基础来自于法国哲学家卢梭（J. J. Rousseau）的自然主义教育观和美国教育家杜威（J. Dewey）的进步主义教育思想。罗恩菲尔德综合美术教育的理论与实践，形成了一套完整的美术教育观，成为进步美术教育运动的核心和领导人物，在 1975 年出版了《创造与心智的成长》(Creative and Mental Growth)。

工具论强调以儿童自我表现和创造力培养为目标，强调通过美术促进儿童健全发展，充分肯定艺术教育对人的发展的价值。罗恩菲尔德说：“艺术教育对我们的教育系统和社会的主要贡献，在于强调个人和自我创造的潜能，尤其在于艺术能和谐地统整成长过程中的一切，造就出身心健全的人。”他认为，在一个均衡发展的教育系统里，每一个人的思想、感情以及感受力都能均衡地发展，才能开发每一个人的潜在创造力。“艺术教育，如能在儿童早期实行的话，便很可能早就成为富有适应力和创造力的人；否则，便可能培养出虽有丰富的学识，但却不晓得如何去应用，以致成为缺乏内涵，而且难以与环境融洽相处的人。由于感性、思考和感觉在任何创造过程中均同等必要，因而艺术就是平衡儿童的智慧与情感所不可或缺的工具。”因此，罗恩菲尔德认为：“艺术必须成为儿童的朋友，当语言不足以表达他们的欣喜、忧愁、恐惧和挫折时，他或许便得以依赖它。经由这种经验，他的艺术表现便成为他生活整体的一部分。”他还认为，创造是每个儿童都具有的潜能，要想让儿童的潜能得以实现，教师或家长应该为孩子排除干扰，避免让孩子使用着色画本，也不要从成人的角度评价儿童作品。让儿童暴露于生活之中，通过自己的感官去感受和体验，这是发挥创造力的最佳途径。

工具论主张教学要建立在学生的兴趣和自然本性上。他们反对教师对学生横加干涉，认为教师在教学中应尽量向学生提供自我表现的机会，让学生以异于他人的方式表达自己独特的思想和感情，并以此树立自我表现的信心。因此，教师不应干涉儿童美术的学习，不要试图教儿童如何画画，而应该按照其发展的阶段及年龄特征，为他们提供自我表现的机会，选择适当的表现主题与材料，引起并维持儿童创造的动机，让他们自由自在地以自己的速度、自己的方式进行自我表现，发展美术能力。赞同此观点的人，主张自由教育，在教学中采用发现法，在美术课中保证给学生提供优越的物质条件和可供学生自由创造的环境，让学生在自由创造和自我发现中受到教育，只重“过程”不重“结果”。在自我表现的旗号下，学生常被置于一种放任状态，并被剥夺了接触能够启发他们进行艺术探索的知识的权利。由于学生的年龄特点决定了其对结果目标的不明确或由此认为结果不重要，而造成美术学习的无效，使促进儿童健全地发展也无从谈起。

在说明儿童美术的特征时，罗恩菲尔德特别提出了知觉的视觉模式和触觉模式这组概念。他认为，知觉有两种反应模式——视觉型和触觉型。儿童不同的知觉特征是由遗传得来的，我们不要指望视觉型的儿童画出触觉型特征的画；同样，也不要指望触觉型的儿童画出写实的画面。因此，“我们必须在我们的刺激中更加注意这两种经验，假如我们用主观经验、感情性质或者身体的经验来刺激他，我们将会阻碍一位视觉型的人。同样，假如我们只用视觉经验来刺激主观的人，我们也会妨碍他。既然传统的艺术教育主要只是基于视觉刺激，儿童中的一部分不但受到忽视，而且还会受到挫折”。所以，教师应该针对不同类型的儿童的经验方式来因材施教。

在儿童美术的评价方面，罗恩菲尔德提出了自己的主张，他认为，儿童所创造出来的作品是他们身心发展的外在表现，对儿童作品的评价应该考虑到儿童身心两方面的发展特点。所以，他把儿童的感情、智能、身体动作、知觉、社会性、美感、创造七个方面的发展作为主观评价标准，把发展阶段、技巧和作品的组织三方面作为客观评价标准，从主观和客观两方面评价儿童的美术作品。教师对儿童的表现结果绝不能用成人的观点去评核，而应就他们的作品发展特征作分析（以色彩、形状、构图、细节刻画等作品的美感特征为标准）。教师只扮演鼓励的角色，依靠学生的感觉、直觉、感情、思维去分析其性格类型，并按其类型给予相应的指导，以帮助其发展个性。

罗恩菲尔德在儿童美术发展心理与教育方面的研究对20世纪五六十年代西方儿童美术教育（尤其是幼儿美术教育）有着广泛影响。他因此被称为“美术教育之父”。当然，罗恩菲尔德的工具论也不是十全十美的，他对于美术的价值的看法，例如儿童的美术潜能是否可以在自发的状态下自然地开花结果等仍然值得我们作进一步的思考。但是，幼儿美术教育作为启蒙教育和普通艺术教育，学习罗恩菲尔德的美术教育理念，对我们采取怎样的价值导向仍然有着非常重要的启发意义。

二、本质论

本质论又称“审美修养论”，以美国美术教育家艾斯纳（E. W. Eisner）和格内尔（W. Dwaine Greer）为代表，其思想渊源是美国教育家布鲁姆以了解科目基本结构为主旨的教育思想。

本质论强调以科目为中心。艾斯纳认为，美术教育的主要价值在于美术对个人经验的独特贡献。他指出，美术是人类文化和实践中极其特殊的一面，它为人类实践作出的最可贵的贡献是直接与其特殊性相联系的。他认为美术有三大功能："美术为人类提供视觉感；美术是调动我们感性的手段，提供训练人类潜能的题材；美术能使其他事物变得生动。"美术的这些功能涉及了人类意识中其他学科都无从涉及的一个方面，由此强调美术这一学科在基础教育中的作用，强调它在学校教育中的地位。

本质论强调设计严谨的美术课程（包括目标、内容、学习活动及材料的设定）以实现美术自身的价值。艾斯纳认为，儿童的美术能力并非自然成长的结果，而是通过教师设计的有益于儿童的美术课程的学习的结果。他说："美术学习不是儿童成长成熟过程的自然结果，美术学习可以通过教育指导得到促进。"严谨的课程设计是美术教育取得良好效果的前提。美术教育课程的目标在于帮助儿童了解美术在文化发展中的功能，发展他们对视觉对象的审美判断能力，使其创造具有美感和表现性的美术作品。美术课程的内容包括美术史、美术批评、美术创作三个领域。这三个领域组合编排起来的严谨的美术课程要具有连续性与完整性。也就是说，每一教学单元应作为下一教学单元的预备，只有在这样井然有序的关系中，学生对美术的学习才会逐步深化。

在具体的教学过程中，艾斯纳提出了具体的建议：一是提倡建立一种温暖、信任而又相互支持的师生关系，在这样的氛围中，学生能够充分地表达自己对于欣赏对象的感受和观点。二是提倡教师和学生一起讨论美术活动的类型和学生对艺术的要求目标，鼓励学生参与教学计划的安排。这样，教师可以更好地了解学生对课程的喜恶。

在儿童学习质量的评价方面，艾斯纳认为，评价的目的主要在于改进教学计划与方法，进一步提高教育质量。因此，可以运用叙述的方法进行评价。这种评价可以在三个范围内进行：儿童与自我、儿童与班级以及儿童与标准。考虑到不同范围内的评价可能给学生带来正面和负面的影响，因此，在每一个范围内的评价都应该谨慎进行。艾斯纳举例说，在儿童的美术创作方面，可以有三个评价标准（目标）：一是儿童在工作中显示出来的技巧；二是其美学性与表现性；三是美术作品中想象力运用的程度。在评价途径问题上，艾斯纳认为可以用自我报告、直接的观察和集体评判三种方法来进行。

本质论发展了 DBAE（以学科为基础的美术教育，是英文 discipline-based art education 的简称）的教学理念。其主要思想就是倡导以学科为基础的美术教育，认为美术教学应具有学科性、顺序性，主张通过系统化的课程设计与指导达到这一目标，并且以学科的标准来评量儿童的学习结果。

DBAE 的三大特征（使学生获得完整的美术知识）：

①涵盖美学、美术批评、美术史及美术创作四个学习领域，作为美术内容是完整统一的；

②教学内容编排由简到繁循序渐进，并以各领域的专业表现为教学目标；

③具有书面课程设计，并进行系统性教学。

DBAE 在 20 世纪 60 年代以后成为美国美术教育的主流。

针对工具论者对美术教育的主张以及由此而引起的美术教育实践中存在的过度放

任、漫无目标和材料杂乱等问题，艾斯纳提出，儿童美术的学习并非成长的自然结果，美术对儿童最重要的贡献是属于美术本质的。教育者不应剥夺儿童能够从美术中得到的东西。这样的主张不失为一种很有价值的儿童美术教育的思想。但是，由于艾斯纳等人过分强调美术教育的系统性，限制了美术教育对儿童创造性等方面的培养。而在幼儿教育阶段，让儿童通过自己创造的“美术语言”，自发自由地表现自我以满足儿童内在的需要，对儿童建构健全的人格是极有价值的。本质论者却忽视了美术教育的这一价值，这是它的缺陷所在。

三、工具论与本质论的异同

工具论与本质论在教学理念上存在着许多分歧，但在整体上则有一个共同性，那就是都以个人为本位，从人的发展需要的角度去认识美术教育。二者只是侧重点与方式不同：一个注重创造力的培养，突出主体作用，教学呈自发性状态；另一个倚重审美修养的提高，强调教师的主导作用，教学严谨规范。两者争论的实质是如何把握美术知识技能的传授与教学功效之间的关系。工具论强调后者的作用，本质论以前者为主。

表 11-1　工具论与本质论的异同

	工具论	本质论
核心思想	美术是一种工具，可以开发儿童的创造潜能	美术是一门学科，它包含许多本体知识
理　念	过程比结果重要	关注学科知识的获取
教学设计	如提供情境→鼓励讨论→观察体验→诱导创作	如导入→感知作品→获得知识→价值判断→体验创作
结　果	训练了创造性思维	获得了系统知识

第二节　西泽克的美术教育理念

弗兰兹·西泽克（Franz Cizek）是奥地利的一位美术教育家，是儿童美术教育的先驱者，也是杜威儿童中心主义教育思想的忠实拥护者。他是在美术教育史上第一个“发现了儿童绘画”，并给儿童绘画以崇高地位的人。是他开拓了现代儿童美术教育的新局面，被后人誉为“儿童绘画之父”。他的儿童美术教育主张与实践对当时的欧美各国特别是英国产生过巨大影响，促进了以上这些国家美术教育的根本改革与发展。二战前后，他的思想与实践被介绍到包括日本、中国在内的世界其他一些国家和地区，对世界范围的美术教育革新也产生过积极影响。

西泽克在儿童美术教育方面所取得的伟大成就，得益于他对儿童、艺术和儿童艺术深刻而独特的认识。西泽克秉承了卢梭的思想，持一种自然主义的儿童观。他认为儿童具有天生的绘画能力。这种天赋的发展始于儿童期。他通过对儿童所进行的广泛而仔细的观察认为，儿童的绘画与成人的绘画表现不同，儿童不仅画看得见的东西，还可以象征性地表现自己头脑中对事物独特的理解与印象。基于对儿童充分肯定、信任和尊重的思想，他在对儿童进行美术教育时并不像过去的美术教育那样直接去教儿童怎么画，而是让儿童自己去注意，去画，去创造。他认为对儿童进行美术教育并不是教他们大人的画法，而应该尊重儿童本身的表现，且只有这种表现才具有卓越的艺术性。西泽克不是以要儿童接受的态度去教儿童艺术，而是为了让他们得到自我教育，自己发现自己的艺术。西泽克非常重视学前时期在儿童美术发展中的价值。他认为儿童艺术是只有儿童才能创造出的艺术，是儿童生命的显现，成人不能加以干涉，绝不能在儿童的作品上加笔，否则那将会“变成赝品”。儿童艺术是神圣的，如果被破坏，就丧失了它的永恒价值，变成了死的东西。因此，他主张“大人严禁入内”，即成人不要干涉儿童的艺术创造，更不要压制儿童表现出的生命的原创力。

西泽克对现代儿童美术教育最大的贡献还在于美术教育课程上。他将儿童美术教育从过去重技术训练的功利立场，转到重视儿童艺术的创造性和表现上。他认为儿童美术教育的第一目的就是发展创造力，因为这对他们的终身发展有益。因此，美术教育要遵循儿童与生俱来的发展规律，顺应他们内在的法则，发展儿童这种创造本能和创造热情。在西泽克以前的美术教育都是以训练眼和手的正确描绘能力，获得绘画技能为目的，方法上要么临摹范本，要么依据实物或标本写生，评价时则以“像不像”为标准。是西泽克开创了一个重视儿童绘画的创造性与自由、纯真表现的时代。以前的教师顶多是允许幼小的儿童自由表现，儿童稍大时便迫不及待地将他们赶入单一的学院式的框架中，让他们按照成人的意愿和标准绘画。是西泽克将自由与创造的权利和乐趣还给所有年龄层次的儿童，使儿童可以按照自己的意愿表现自己对这个世界的独特感受。

西泽克让儿童自由发展并不是完全地放任自流，否定了教师的指导。他认为美术教师的任务就是通晓并研究儿童的发展规律，顺应儿童内在之永恒的法则，建立创造的氛围，给予儿童一个安全的、充满爱心的心理环境，不耻笑儿童的努力。

西泽克关于美术教育指导的主张在他的儿童美术教室中得以具体实施。西泽克1904年在维也纳工艺学校中开设了儿童美术教室。1904—1938年，西泽克按照自己的“让儿童成长、发展、成熟”的理念在那里进行了富有革命意义的美术教学实践。他认为美术教育要突破临摹的局限，也要避免写生、透视法的传授，要采用引导的方式，让儿童自发地探求造型表现的方法。他的教学方法是以自由联想与童话故事刺激儿童的想象力，给他们提供大量的材料，但不指定题材，也不教画法，而是激发儿童的表现和创作欲望，鼓励儿童用视觉形式表达他们对生活中的事物和所发生的事件的感受。孩子们所作的美术作品想象丰富、用色大胆、富有生气，具有儿童画所特有的魅力。这表明了儿童能创造独具魅力的视觉形象来表达自己的情感与认识。

在评价儿童的美术作品的问题上，西泽克从不以儿童所画的像不像实物、符不符合成人头脑中对世界的理解和印象来评判儿童的作品，他认为儿童看世界有自己的独特眼光，儿童艺术是只有儿童才能创造出的艺术，是儿童生命的显现，成人完全没有必要要求儿童把头和身体按比例画好，更没有权力去改正儿童的作品。他的这一观点，现在已经被美术教育界所接受，但在当时却是十分大胆、富有革命性的。

西泽克的美术教育理念深深地影响着其后世界各国的儿童美术教育。继他发现了儿童的绘画之后，心理学家和美术教育家们对儿童美术活动及教育的研究开始兴盛。心理学家们进一步开展了儿童绘画心理方面的研究并获得很大进展。受他的影响，《儿童艺术家》《通过艺术的教育》等儿童美术教育方面的重要著作也相继问世，先进的儿童美术教育思想在世界范围内得到了进一步的发展和更广泛的传播。

拓展阅读

罗恩菲尔德知觉模式研究

对于儿童美术的特征，罗恩菲尔德特别提出了知觉的视觉模式和触觉模式这组概念。罗恩菲尔德认为，知觉有两种反应模式——视觉型和触觉型。

视觉型是一种客观类型，是拥有观察性向的心理因素才具有的。因为它暗示了一项事实，即被迫去观察可能会导致阻碍。视觉型的个人喜爱环境，是世界的旁观者。经常从事物的外貌来接触它们，他们在画面中咨询自然，其绘画倾向于具象的写实。视觉观察的一项重要因素是：首先看到整体而不忽视细节的能力，然后把整体的印象分析为细节或部分的印象，最后把这些部分综合为一个新的整体。比如视觉型首先看到的是树的形状，然后才是整个单独的叶子、枝丫、枝干和树干，最后才把所有东西合为整棵树的综合体。因为他是从整个的外轮廓线开始，所以部分的印象就整合为一个整体性的意象。这个但在心理上是正确的，而且在创造行动上也是可行的。因此我们会注意到，视觉型通常是从物体的外轮廓线开始表现，然后才以细节来充实形体，因为视觉的分析可以穿透物体的本质。另外，视觉型的人有把运动感和触觉经验转变为视觉经验的倾向，换言之，他想把其他所得到的印象用视觉来想象。不难发现，用视觉来接触外在世界的方式乃是旁观者分析的接触方式，他们观察形状和形体经常改变的复杂外貌，因而发现了他的问题。

触觉型是一种主观类型。触觉型的个人是世界的参与者而非旁观者。他们专注于主观经验的阐释，其绘画倾向于高度主观的表现。触觉型主要的媒介是身体的本身——肌肉感应、运动感经验、接触的印象，以及自我与外在世界的价值关系经验。在这种艺术中，自我就投射为绘画的真正执行者，对形状和形体所生出的身体的、感情的和智慧的悟解，而综合为形体的特征。体积和空间是由重要性的感情价值所决定的。因此，触觉型主要是一种主观的类型。触觉型的人并不把运动感和触觉经验转变为视觉经验，而完全满足于触觉或运动感本身。因为触觉型以自我来投射他的经验，所以他的绘画表现是高度主观的，其比例乃是价值的比例。

罗恩菲尔德认为，在艺术教育中，把经验世界的态度与视觉接触方式一视同仁，是非常重要的。故艺术刺激必须同时包括了触觉感应和视觉经验才会有效。当儿童成长时，大部分人（约70%）以两种方式中的一种去面对世界（约47%的人倾向于视觉型，23%的人倾向于触觉型）。

节选自《创造与心智成长》，湖南美术出版社，1993年版，第260页。

【思考与练习】

一、结合儿童美术教育的实践，评述工具论的利弊。

二、本质论的代表人物艾斯纳认定儿童美术教育的目的是什么？

三、如何运用西泽克的教育理念指导我国当前的幼儿美术教育改革？

第十二章

幼儿园艺术教育活动经典案例

一、唱歌活动《蚂蚁搬豆》（小班）

执教者：肖咪咪

1. 设计思路

小班的孩子有着强烈的好奇心，他们对身边的奥秘都有探究的兴趣。唱歌活动“蚂蚁搬豆”，创设蚂蚁搬豆的情境，激发幼儿的学习兴趣，借助故事、图片、头饰、道具等，帮助幼儿理解音乐，培养孩子在活动中自主探索、寻找解决问题的方法。组织幼儿玩“蚂蚁搬豆”音乐游戏，锻炼幼儿的肢体协调能力，感知团结力量大，体验与同伴合作的乐趣。

2. 活动设计

（1）活动目标：

①能用愉快好听的声音演唱歌曲，愿意在集体面前大胆歌唱，培养幼儿的自信心。

②参与“蚂蚁搬豆”音乐游戏活动，锻炼肢体协调能力，感知团结力量大，体验与同伴合作的乐趣。

（2）活动准备：

小蚂蚁的头饰若干，用布缝制的“大豆子”若干。

歌曲《蚂蚁搬豆》的音乐。

歌词、内容画的图片。

道具：蚂蚁洞口。

手偶：蚂蚁。

（3）活动过程：

①导入

教师结合图片引导幼儿熟悉歌曲内容。

A. 引出动物：“动物王国里住着许多许多的动物，小朋友们猜猜看，今天谁会来到我们班做客呢?”（出示蚂蚁手偶）

（幼儿：蚂蚁）

引导幼儿观察图片，让幼儿说说每一幅图片的含义。

依次出示第一组图片（一幅蚂蚁，一幅小豆），请幼儿仔细地看图片回答。

出示第三幅图片（一只蚂蚁在洞口，看见一粒豆），师：“让我们一起来看一看，小蚂蚁在干什么?”

（一只蚂蚁在洞口，看见一粒豆）

“发现豆子后，小蚂蚁想做什么?”引导幼儿回答。

教师带领幼儿用动作记忆歌词。（用力搬也搬不动，急得直摇头）

师：“用力搬也搬不动，小蚂蚁是怎样做的? 让我们一起来帮助小蚂蚁想办法好不好?”

请幼儿根据自己的认识来回答。

B. 出示第二组图，师：“让我们来看一看，小蚂蚁想到什么好办法? 和你们想的一样不一样?”

教师小结：“小小蚂蚁想一想，想出好办法，回家请来好朋友，抬着一起走。”

C. 故事：一只蚂蚁在洞口看到了一粒小豆，想把小豆搬到洞里给大家吃。它用力搬呀搬呀，怎么也搬不动，又来了一只蚂蚁，两人搬也搬不动，身体晃来晃去的。后来，来了许多蚂蚁搬豆，大家轻轻一抬就将小豆搬到洞里去了。

②学唱歌曲

A. 教师放CD碟，幼儿闭上眼睛欣赏音乐。

B. 教师清唱歌曲，

C. 教幼儿学唱歌曲。

D. 律动：随着音乐边唱歌边根据歌词内容进行动作表演。

③音乐游戏

“蚂蚁搬豆”游戏的玩法：根据歌曲《蚂蚁搬豆》描写的内容设置场景。在洞口不远处放置一粒用布缝制的“大豆子”，一名幼儿扮演找到豆子的蚂蚁，边唱边表演。唱到“请来许多好朋友”时，另外几名小朋友赶紧跑过去围在豆子周围做抬豆子的表演，随音乐搬进蚂蚁洞口。

蚂蚁搬豆

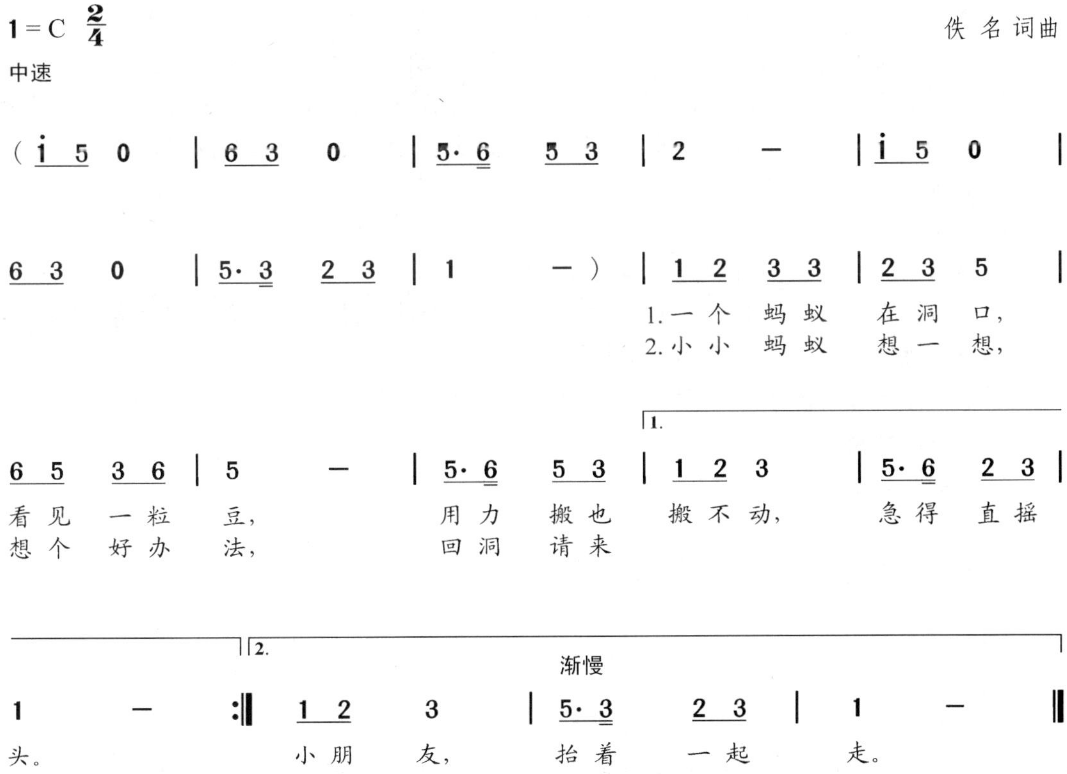

（4）活动延伸：

全体幼儿戴上蚂蚁头饰扮演蚂蚁，随着音乐边唱歌曲边合作一起抬大豆子到教室的另一端。

（在玩的过程中提醒幼儿注意安全）

3. 教学反思

在活动中，教师根据小班幼儿的年龄特点，以故事、图片、动作表演、音乐游戏等活动贯穿始终。以故事的形式导入，孩子们的兴趣都还比较高，对歌词内容的理解和记忆都比较深刻，孩子回答问题时也比较积极。但在学唱歌曲环节，孩子们熟悉了歌曲的旋律之后，注意力就有些分散了。在音乐游戏活动环节里，孩子们对角色扮演的兴趣最高。

通过本次活动，帮助幼儿知道如何与同伴友好相处，初步理解一个人的力量小，有困难要找同伴帮忙，让幼儿在轻松愉快的氛围中体验与同伴合作的乐趣。

二、韵律活动《洋娃娃和小熊跳舞》（中班）

执教者：欧　君

1. 设计思路

《洋娃娃和小熊跳舞》是一首波兰儿童歌曲。歌曲以明快流畅的旋律，活泼跳跃的节奏，生动地表现了洋娃娃和小熊跳舞时憨厚、可爱的神情。

韵律活动是幼儿比较喜欢的音乐活动，为了让幼儿主动参与到活动中去，并在宽松、自由、愉快的音乐氛围中充分运用感官、肢体动作来感知和体验乐曲的节奏、旋律、速度、情感等，本活动以舞蹈为主，通过创设情境、律动、演唱、分角色跳舞等环节，让孩子在活动中体验音乐带来的愉悦，从而培养幼儿热爱音乐的情感。

2. 活动设计

（1）活动目标：

①能用活泼、欢快而有弹性的声音演唱歌曲。

②学习舞蹈，培养幼儿动作的协调性。让幼儿能够按照自己的角色随着音乐模仿洋娃娃和小熊跳舞，体验参与韵律活动的快乐。

③根据歌词发挥想象力创编动作，大胆表现自己。

（2）活动准备：

①洋娃娃、小熊头饰若干；

②图谱一张；

③MP3 伴奏；

④信封。

（3）活动过程：

①师幼问好。

②发声练习。

教师：今天我们继续来扮演小动物，大家还记得自己要扮演的动物吗？（出示相关动物图片）

弹奏《我爱我的小动物》：我爱我的小猫，小猫怎么叫？喵喵喵，喵喵喵，喵喵喵喵。

（小猫、小狗、小鸡、小鸭、小牛、小羊……）

③学唱歌曲和舞蹈

歌曲导入：

教师：小朋友们，老师今天收到了一封信！（将信封在手里摇一摇，表情欢乐而惊喜）真是太好奇了，是谁寄过来的呢？我们一起来看看。（展示信封）

幼儿：洋娃娃、小熊。

教师：是洋娃娃和小熊给我们寄信来了！信里面写了什么呢？（老师打开信封，从里面拿出信纸）

教师：（读信）亲爱的小朋友们，你们好！我们是洋娃娃和小熊，我们想请你们参加我们的舞会。收到信后，请快点过来吧！

教师：（合上信纸）洋娃娃和小熊邀请我们班所有的小朋友去参加他们的舞会。你们要不要去呀？

幼儿：要！

教师：洋娃娃和小熊的家离我们好远呢。不过没关系，我们有小火车，可以开到他们家。现在我请全体乘客好好坐在你们的位子上，转动你们的轮子，我们的小火车要出发了！

（老师和小朋友一起转动双臂做律动：轰隆隆隆，轰隆隆隆……）

教师：我们到达目的地了！耶！洋娃娃和小熊已经在家里等着我们了！

（展示画着洋娃娃和小熊在跳舞的图画）

教师：你看到了什么？

教师：它们在干什么？

教师：我发现每个孩子都观察得很仔细。那就让我们一起来听一听吧！

第一遍：教师清唱。

教师：现在老师来问你们，它们跳的什么舞？它们是怎么跳的？

第二遍：孩子们，现在请你们和老师一起看着图谱唱一唱。

第三遍：（教师戴上一个洋娃娃的头饰）

教师：哪一个小朋友愿意做老师的舞伴一起来跳一跳呢？

教师：当洋娃娃和小熊跳舞的时候，请你们为我们伴唱，好么？（用手示意自己是洋娃娃，幼儿是小熊）

（播放音乐跳舞）

第四遍：老师边跳边讲解舞蹈动作的要领。

第五遍：洋娃娃邀请小熊跳舞。

教师：洋娃娃刚才告诉我，说我们班的小朋友们唱得真好听。现在，它想请你们加入进来一起跳舞，大家开心吗？老师为大家准备了洋娃娃和小熊的头饰。（分发头饰）

教师：现在我们每位小朋友都变成了洋娃娃和小熊们，让我们一起来跳舞吧。（播放音乐）

第六遍：小熊邀请洋娃娃跳舞。

教师：我想先请三个洋娃娃到台上来，你们三人各自请小熊做自己的舞伴。

老师带领大家跳舞。（播放音乐）

第七遍：

教师：请所有洋娃娃围成一个大圆圈，每只小熊分别站在一个洋娃娃的后面。

教师站在中间和一个小熊领舞。（播放音乐）

第八遍：

教师：请所有洋娃娃和小熊一起手拉手，跳起舞。（音乐连续播放几遍连着跳）

活动结束。

教师：舞会结束了。今天的舞会可真好玩，我们不仅学会了唱歌，还学会了跳舞。小朋友们，乘上我们的小火车，回幼儿园了。出发！

（老师和小朋友一起转动双臂做律动：轰隆隆隆，轰隆隆隆……离开活动室）

洋娃娃和小熊跳舞

1＝D $\frac{2}{4}$
欢快地

波 兰 儿 歌
姆·卡楚尔宾娜 词
李 嘉 川 译 配

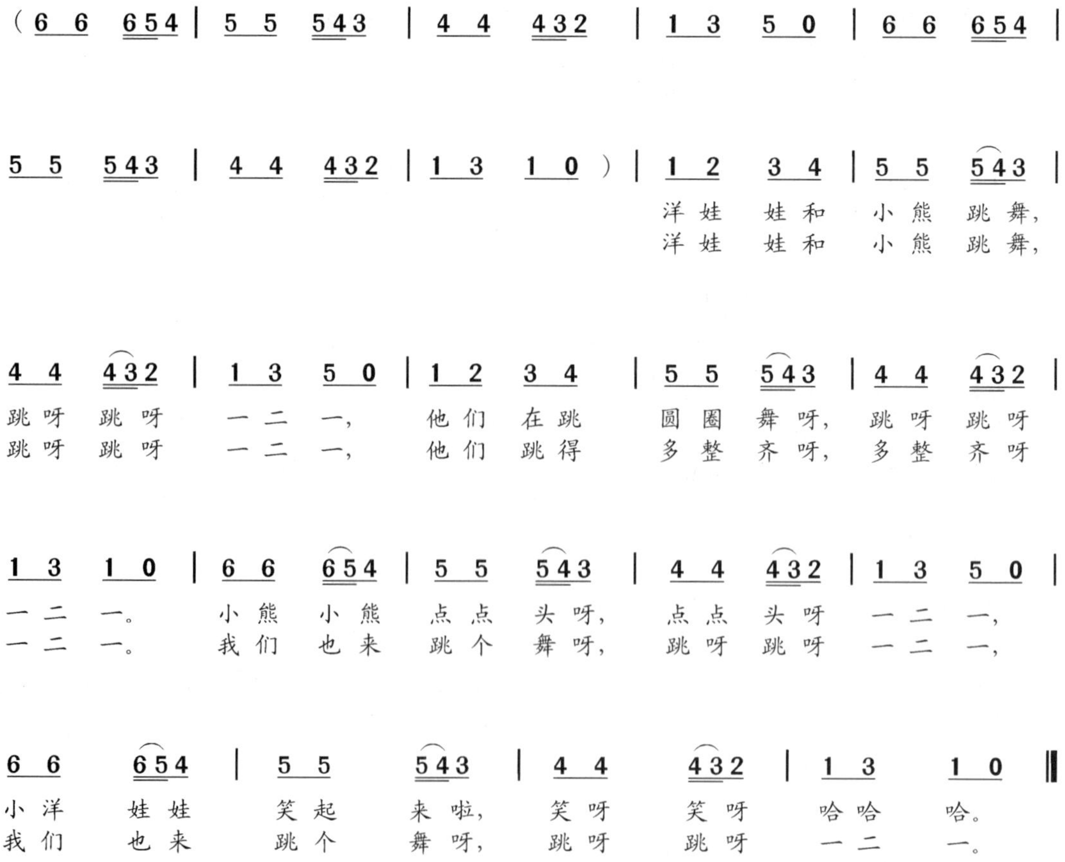

（4）活动延伸：

教师：今天我们学习了一个好看的舞蹈，课后大家可以找自己的伙伴跳一跳，也可以与自己的爸爸妈妈跳一跳。

3. 活动反思

根据中班幼儿的年龄及学习特点，结合他们已有经验和发展水平，我选择了《洋娃娃和小熊跳舞》这首贴近幼儿生活的歌曲，作为韵律活动的教学内容。

针对该歌曲的特点，课前我做了充分准备，为幼儿提供充足的活动时间和适宜的活动材料，引发幼儿与环境、材料的积极互动。通过洋娃娃和小熊邀请我们班所有小朋友去参加他们的舞会的情景导入，将幼儿带进歌曲的情景当中，让幼儿更好地学习，实现学中玩、玩中学的最终目标。

在整个活动中，我力求自己的教学语言亲切生动，富有启发性和感染力，因此，幼儿比较乐意参与学习歌曲、创编动作和角色舞蹈。瞧！孩子们唱着、跳着，精神奕奕，一个个快乐而又调皮的小可爱。

三、打击乐演奏活动《喜洋洋》（大班）

执教者：赵烨坚

1. 设计思路

新年就要到了，孩子们在迎新年的活动中处处感受到节日的欢乐气氛。在欣赏《喜洋洋》这首欢快喜庆的乐曲时，孩子们运用手巾花、绸子等道具创编了律动“喜洋洋”，并经常在表演角活动时表演。

在活动区活动时，孩子们听着《喜洋洋》的音乐跳起了舞，一旁的孩子有的用表演角的乐器即兴为他们伴奏起来，孩子们沉浸在表演的乐趣中。我想，何不创造条件让孩子们在今年的新年联欢会上表演打击乐呢？这个想法得到了孩子们的积极响应，于是我们让孩子们自己尝试从动作表演到设计基本节奏型入手，然后自主选择乐器、为乐曲配伴奏，注重调动孩子们的原有经验去探索、尝试，发展幼儿用乐器演奏的方法去表现音乐的能力，同时体验同伴之间协调合作的乐趣。今天的活动是此系列活动的第二课时。

2. 活动设计

（1）活动目标：

①熟悉乐曲 ABA 结构，感受乐曲欢快、喜庆的热闹气氛。

②组织幼儿随乐表演，然后将表演动作转化为身体动作总谱。

（2）活动准备：

①音乐《喜洋洋》。

②打击乐器：碰铃、圆舞板、铃鼓、双响筒、钹等。

③乐曲节奏谱。

（3）活动过程：

①律动“喜洋洋”。

引导幼儿随音乐的节拍做动作，体验乐曲 AB 两段所表现的不同的音乐情绪。A 段敲锣打鼓，表现的动作为拍头、拍肩、拍手；B段为俏皮、逗乐，表现的动作为拍左右腿，手腕抖动。

②打击乐《喜洋洋》。

A. 出示节奏谱，将创编的身体动作总谱连贯地表演。

B. 听录音，随着音乐做动作总谱。

C. 指导幼儿分声部练习身体动作总谱。

D. 在教师指导下探索配器方案。

拍头——碰铃；拍肩——圆舞板；拍手——钹；或拍铃鼓；拍左右腿——双响筒；手腕抖动——摇铃鼓。

E. 引导幼儿分声部练习打击乐器。

F. 教师指挥，幼儿看指挥手势进行演奏。

G. 指定乐感较强的幼儿尝试即兴指挥。

H. 看乐曲图谱演奏，进一步巩固了解ABA曲式。

③拓展练习。

A. 幼儿讨论添加乐器。

B. 讨论、设计新的节奏型伴奏方案。

C. 幼儿自由选择乐器进行演奏。

（4）活动延伸：

在本次活动的基础上，增加乐器的种类，尝试用6～8种乐器为乐曲伴奏，并丰富乐句的配器，使乐曲的配器更丰富，准备新年演出。

喜 洋 洋

[A]

刘明源 曲

拍 头　拍 肩　拍 手　拍 手
拍 头　拍 肩　拍 手　拍 手
Fine.
[B]
拍 左 右 腿　拍 左 右 腿　摇手腕　摇手腕
拍 左 右 腿　拍 左 右 腿　摇手腕　摇手腕
拍 左 右 腿　拍 左 右 腿　摇手腕　摇手腕
拍 左 右 腿　拍 左 右 腿　摇手腕　摇手腕
D.C. al Fine.

3. 活动反思

打击乐演奏是孩子们十分喜爱并乐于参与的音乐活动。他们喜欢用碰铃、圆舞板、铃鼓等随着音乐的节奏敲击出好听的声音，同时在演奏中体验全班幼儿合作演奏的快乐。这次活动，师生都非常投入，气氛特别活跃，主要是教学中教师注意激发幼儿主动学习的积极性，组织幼儿随乐表演，然后将表演动作转化为身体动作总谱。节奏图谱的使用，让孩子们有了具体的感知对象，使原本抽象的乐曲具有了形象化的特点。

这次活动也有不足的地方，如民乐合奏曲《喜洋洋》的情绪欢快、热烈、喜庆，但孩子在演奏过程中情绪不够高。教师应充分将幼儿的情绪调动起来，感知乐曲中喜悦、欢快的气氛，让孩子能真正把音乐与情绪融合在一起。

好的音乐活动应该是一种创造的、参与的、情景的、拓展的、艺术享受的活动，我会在以后的教学实践中，在新的教育理念下，和孩子们一起探索，一起成长。

配器建议：拍头——碰铃；拍肩——圆舞板；拍手——钹，或拍铃鼓；拍左右腿——双响筒；手腕抖动——摇铃鼓。

四、音乐欣赏活动《赛马》（大班）

执教者：陈　安

1. 设计思路

二胡独奏曲《赛马》旋律欢快、奔放，生动形象地描绘了蒙古族人民在欢庆民族传统节日那达慕盛会上进行赛马时热闹、紧张及激烈的动人情景及场面。乐曲听来使人仿佛看见千军万马在草原上奔驰，令人随着跳荡的音符、节奏而心潮起伏，对辽阔神秘的内蒙古草原无限神往，同时也表达了牧民对草原、对生活的无比热爱之情。

二胡的音色及相应的演奏技巧，将乐曲所表达的音乐形象和欢快的情境充分地表现出来。乐曲的结构比较工整，连贯流畅，一气呵成，具有较高的欣赏价值。

在活动中，我将引领幼儿从律动、情景表演入手，让幼儿通过参与听、说、想、看、演等活动，进行探索性、创造性的学习。

2. 活动设计

（1）活动目标：

①欣赏乐曲《赛马》，感受二胡演奏所表现出的骏马奔驰的情境。

②能创造性地表现赛马的情景、动作。

③培养欣赏乐曲的兴趣及对民族音乐的喜爱之情。

（2）活动准备：

①多媒体。

②课件。

③《赛马》《小骑兵之歌》录音。

④实物二胡。

⑤相关的图片。

⑥四种颜色（红、黄、白、黑）的纸制作马饰。

（3）活动过程：

①导入

A. 律动：播放《小骑兵之歌》音乐，教师带领幼儿做骑马的动作。

B. 师生问好。

C. 出示大草原图片，教师引导幼儿观察讨论。

a. 小朋友们，今天老师给大家带来了几张好看的照片，请大家欣赏。提问：这么美丽的风景是什么地方呢？幼儿回答：大草原。

b. 引导幼儿回忆。教师：请大家想想，大草原上有哪些有趣的活动呢？

c. 用“纸马”情景导入。

老师：在美丽的大草原上奔跑着四匹骏马：一匹红马、一匹黄马、一匹白马，还有一匹黑马（相继出现马饰）。看，它们来啦！（两位老师手持马饰，随音乐进行木偶操作）幼儿边听乐曲，边欣赏木偶表演。

②新课

A. 聆听音乐。

听第一遍音乐。教师：这首乐曲好听吗？

听第二遍音乐。教师：我们再听一遍音乐，一边听一边体会。听着音乐，你仿佛看到了什么？

B. 听二胡拨弦模拟马蹄声。教师：听，这是什么声音？像什么在奔跑？

C. 观察图片，与乐曲匹配。

师幼讨论：听了刚才的音乐，你们有什么感觉？你们看到它们在干什么？幼儿讨论音乐情节。在此基础上教师小结：对，刚才小朋友看得很仔细，听得很认真。这首乐曲听上去很欢快、奔放，表现了一望无际的大草原上群马飞奔、你追我赶的动人场面。

D. 看视频：儿童舞蹈《赛马》。

E. 跟随视频学习表演《赛马》。

③小结

让幼儿认识实物二胡并对其有初步了解。

今天，我们一起欣赏了我国著名的民族乐曲《赛马》，它是由弦乐器二胡演奏的，好听吗？下次老师将带领大家再次欣赏优美的二胡曲！

出示二胡实物，让幼儿摸一摸、看一看、听一听。

3. *活动反思*

根据幼儿活泼好动的身心特点，我运用达尔·克罗兹教学理论，采用体态律动与模仿相结合的手段进行教学。在欣赏活动中，我先让小朋友初听感受音乐特点，充分为孩子营造一个宽松自由的课堂空间，通过图片、视频，帮助幼儿轻松地感受音乐，联想情境。在模仿赛马的活动中激发幼儿的学习热情和兴趣，调动小朋友学习的积极性。他们已在律动与模仿表演中感受到《赛马》所表现的意境、场景与情趣。在活动中，我尊重孩子的创造精神，鼓励他们大胆探索、创新表现。

在活动流程推进中，教师还应教育孩子了解乐曲的内涵，即内蒙古人民丰富的娱乐生活，乐观开朗、自信的精神风貌等，同时告诉孩子们另外一些道理：举行赛马比赛时，只有不怕苦、不怕累，坚持到底，才能取得好成绩。暗示孩子，只有认真努力后，才能取得好成绩，获得成功的快乐。这对于孩子的品德教育有着潜移默化的引导作用，让孩子终生受益。

由于孩子的年龄特点决定了注意力集中时间还不够长，他们不可能长时间静下心来非常投入地再次欣赏，因此，教师要做好教学元素的挖掘和开发，运用多种方式让小朋友投入听、说、想、做、演的活动中来。

赛　马

1＝F（6 3弦）

黄海怀 曲
沈利群改编

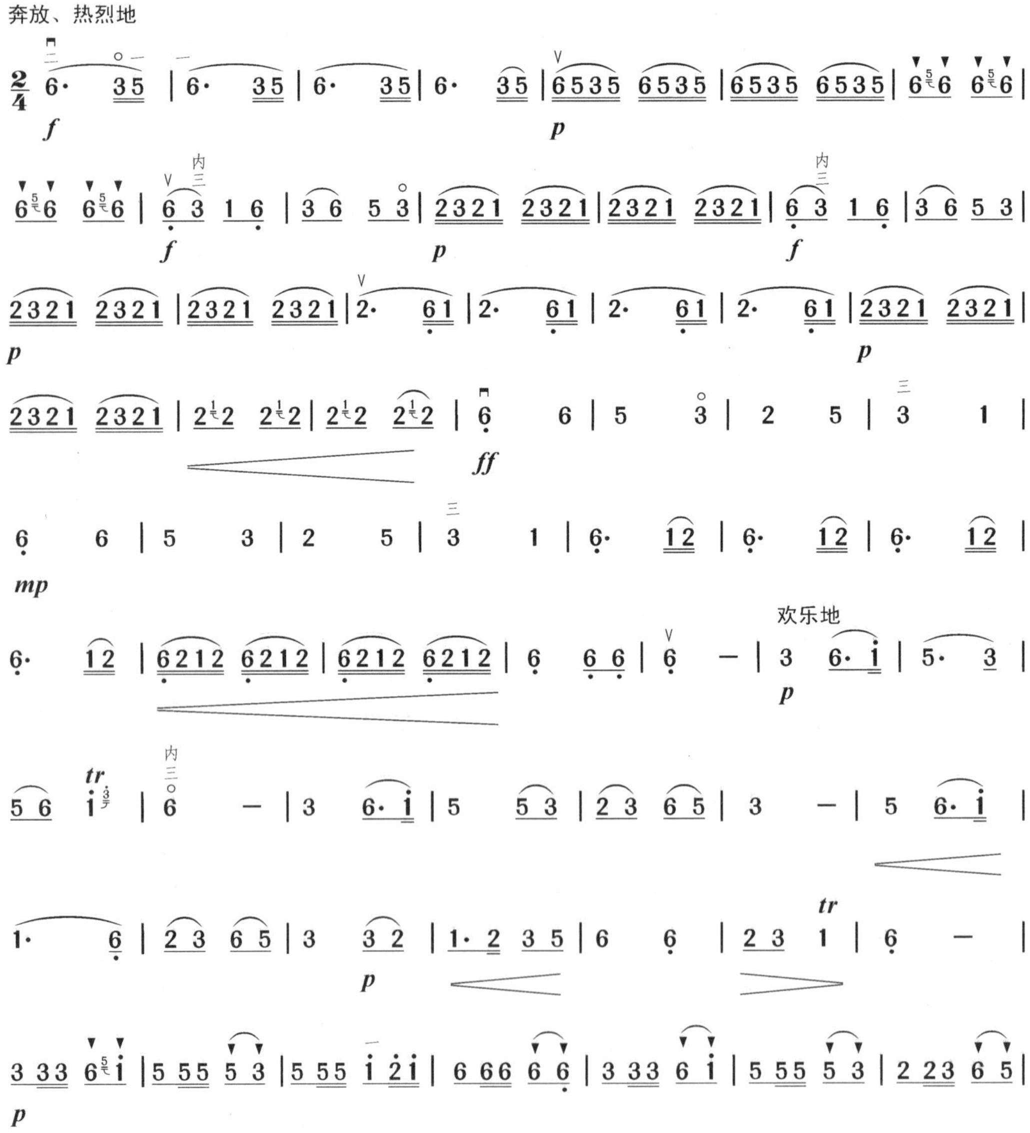

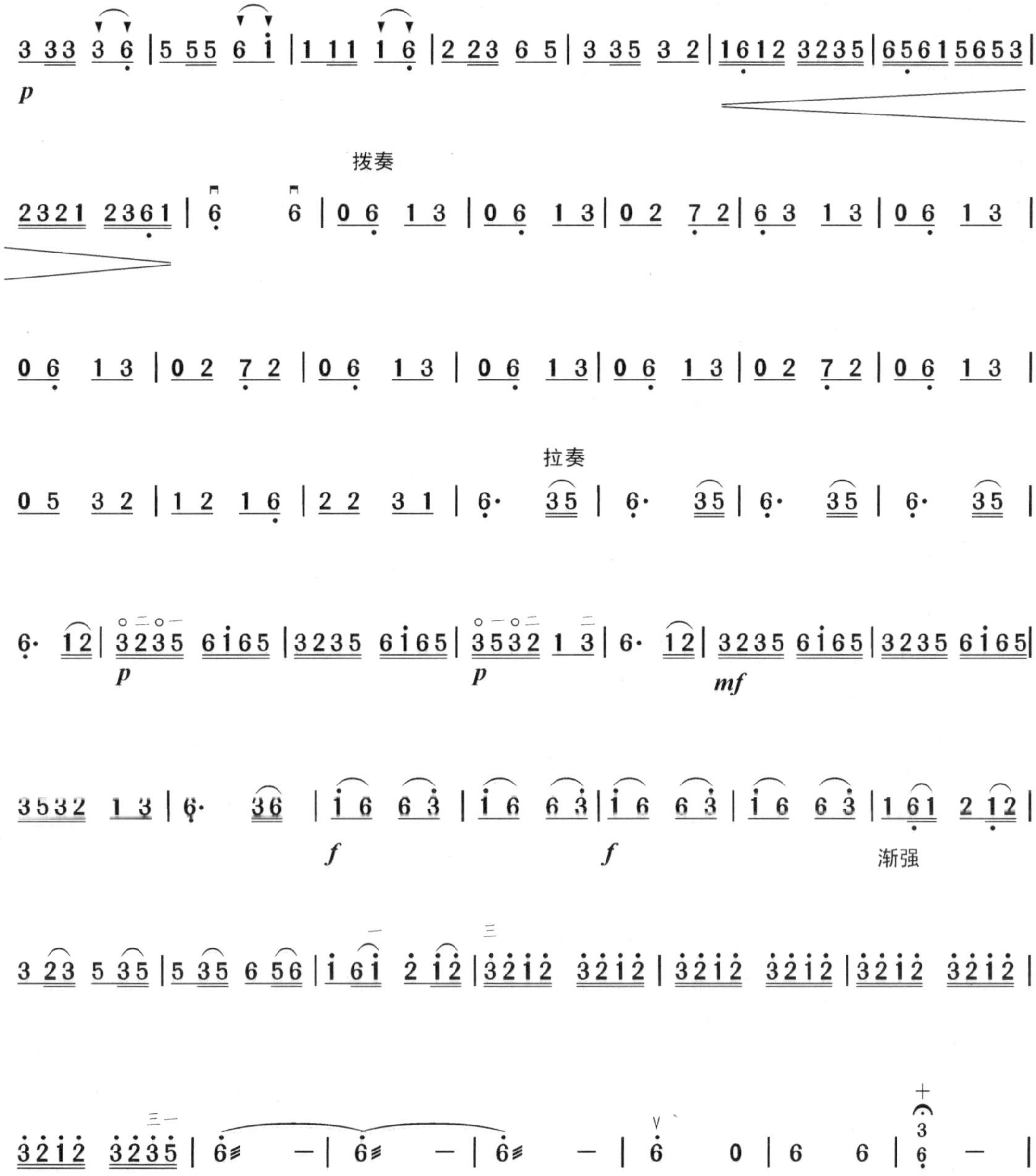

五、美术欣赏活动《星月夜》（大班）

海口市机关幼儿园　李伊柠

1. 设计思路

大班幼儿绘画不再是涂鸦阶段，而是要熟练运用形象、色彩、构图、笔触等知识技能，大胆表现、自由创造。为了让大班幼儿掌握较好的绘画技能，培养自由想象画的能力，我特选择了热爱生活的凡·高及其《星月夜》作为欣赏课，引导幼儿从画面的内容和色彩方面进行观察，感受色彩、线条带来的情感冲击。

在欣赏线条时为幼儿创造视觉、动作表现等多通道感知的条件，通过观察、示范、肢体动作模仿，使幼儿直观地了解凡·高作画的手法，并通过相同题材不同风格的画面对比，让幼儿体会到同样是星星月亮，因为画家的心情不同，颜色和用笔方法不同，画面产生的效果也不同，带给人的体会更不同。让幼儿学会体会这种不同之处，为后面的创作做准备。

2. 活动设计

（1）活动目标：

①欣赏凡·高作品，感受画面中形象、笔触和色彩传达出来的强烈情感。

②创作时幼儿尝试用多种色彩、笔触表达自己的情感。

③通过创作轻松快乐地表达自己的情感，表现出自己独特的个性，培养幼儿审美和创造美的能力。

（2）重点难点：

①重点：欣赏凡·高作品，感受画面中形象、笔触和色彩传达出来的强烈情感。

②难点：通过相同题材不同风格的画面对比，让幼儿体会到，画家的心情不同，颜色和用笔方法不同，画面产生的效果就会不同。

（3）活动准备：

①凡·高《星月夜》图片，凡·高《自画像》，儿童画《星月》一幅。

②绘画工具：油画棒，水彩笔，水粉工具，图画纸。

③经验准备：色彩、线条等美术方面的经验。

（4）活动过程：

①认识凡·高。

出示凡·高《自画像》，并引导幼儿初步观察《自画像》的笔触和色彩。

教师小结：凡·高生活很苦，但是热爱生活，热爱画画，画了很多作品，他的作品笔触线条和颜色都很有特点。

②出示作品，引导幼儿欣赏。

今天老师带来一幅凡·高的风景作品，请你们仔细看看，画面中表现了什么？

A. 出示《星月夜》，由浅入深引导幼儿观察、描述画面，感受画面色彩的情感。

提问：请你仔细观察，画面上画了什么？画中用了哪几种颜色？哪种颜色用得最多？这些颜色相同吗？什么地方用了深蓝？什么地方用了浅蓝？用深浅不同的蓝色画出的月亮是什么样的？画面上还有哪些颜色？这些颜色是鲜艳的还是灰暗的？它们在一起对比强烈吗？你有什么感觉？（幼儿抢着回答）

教师小结：小朋友说得真好，画家用各种深浅不同的蓝色画出了夜晚的天空，用明亮的黄色画出了星星和月亮，蓝色和黄色对比很强烈，画出的夜空很美。所以，我们一下子就被吸引了。画家用蓝色、紫色和黄色，色彩很鲜明，对比非常强烈，给人一种激动不已的感觉。

B. 引导幼儿观察、感受线条的特点。

提问：看看画中的树木、星星、月亮，你有什么样的感觉？请大家学一学这棵树是怎样长的。用肢体语言表现出来，再用小手来试一试凡·高那短促而快速的用笔方法，感受笔触和线条的运动。

C. 引导幼儿从形象、笔触上欣赏、讨论：画家把星星、月亮、树木画成了什么样子？画家是怎样用笔的？像什么？

教师小结：这幅画中充满了波浪形和螺旋形的长线、短而有力的短线，明亮的星星和月亮好像被漩涡一样的云朵包围着，大树像火苗一样扭曲着旋转往上长，而房子是用整齐的短线排列而成的。

③出示相同题材的不同作品，体会不同的情感。

A. 这是一个小朋友画的夜空，看看跟凡·高画的有什么不同。（引导幼儿从色彩、线条形式方面发现两者的不同之处）

B. 这样的星空给我们什么样的感觉？

C. 凡·高这样画，想要我们感受什么呢？

教师小结：凡·高作品中强烈的色彩和动感的笔触都让我们感到很紧张、心情很忧郁难过。而小朋友画的夜空用浅蓝色的月亮，嫩绿的星星，并用彩色装饰天空，让我们感到平静，星星和月亮都很开心。

④幼儿创作，教师辅导。

A. 尝试不同方法学习表达自己的情感。

现在，我们也来试试用像画家一样的方法画一幅有星星、有月亮的夜景，好吗？你们抬头看过星星月亮么？你当时的心情怎样？可以用什么颜色来表达你的感受？仔细想想，想好了再画。

B. 幼儿作画，引导幼儿大胆运用不同材料、不同颜色和线条进行表现。

⑤幼儿互相欣赏点评作品。

A. 请同学们评评谁画的夜景最美。

B. 猜猜同伴们所表达的情感。

（5）活动延伸：

今天，我们用凡·高画家的方法画了一幅有星星、有月亮的夜景，你们画得真棒呀！用同样的方法再画一幅秋天的美景，来装饰我们的主题墙饰，好吗？

3. 教学反思

为幼儿创造宽松的欣赏环境，有利于幼儿的积极性和创造性发挥出来。在这节课的活动中，幼儿的情绪始终是积极的。在欣赏颜色时有的幼儿说颜色在跳舞，看到星星的感觉像转圈圈转晕了；在认识线条表现扭曲的树时，有的幼儿扭动着身子，说扭动的树枝像蛇一样灵活。美术欣赏没有完全正确的答案，个体差异使每个人都有不同的体验。在欣赏作品时，教师不把自己的看法强加给幼儿，而是充分肯定每个幼儿的感受和理解方式，用讨论的方法对幼儿进行引导。凡·高作品在色彩和笔触线条方面表现突出，幼儿在颜色和线条方面也都是高手，加上老师适时地加以启发和指导，幼儿能较好地分析和理解作品创作意图。

创作时，教师作为活动的支持者准备了多种绘画工具，大大激发了幼儿的创作欲，使幼儿的想法不受材料的限制，让幼儿自由选择，尽情发挥。创作阶段，幼儿的创作作品都很有线条感，油画棒和水粉结合的效果使得画面效果极度丰富。

不足之处：幼儿在欣赏过程中，过多注意某个细节的观察，没有给孩子留下充分观察表现的时间，限制了幼儿主动探索求知。

六、绘画活动《美丽的树》（中班）

执教者：孙　潇

1. 设计思路

《纲要》在艺术领域的内容要求及指导要点中就明确指出："教师的作用应主要在于激发幼儿感受美、表现美的情趣，丰富他们的审美经验，使之体验自由表达的创造快乐。在此基础上，能根据幼儿的发展状况和需要，对表现方式和技能技巧给予适时、适当的指导。"在平常绘画活动中，我们发现孩子们画的树的形态极为刻板，都是千篇一律的——"直直的树干、圆圆的树冠"，其实现实生活中的各种树有不同的形态。怎样引导幼儿摆脱程式化图像的束缚呢？经过反复思考，我选择了各种形态的树供幼儿欣赏，从欣赏入手，为幼儿学习表现事物的形态提供帮助，引导幼儿了解树的不同造型美。如树干有笔直的、弯弯曲曲的、粗大的……树冠有三角形的、圆的、半圆形的、云朵状的、条状的……

鼓励幼儿改变固有的绘画方式，不再单一表现一种形态的树，大胆创作，能够运用圆、三角、半圆等形状表现出树的不同形态。

2. 活动设计

（1）活动目标：

①通过欣赏，让幼儿感受不同形态树的美。

②学习以圆形、三角形、半圆形等表现出树的不同形态。

③培养幼儿的观察力、表达能力。

（2）重点难点：

①重点：从欣赏入手，观察、比较树的不同形态。

②难点：学习以圆形、三角形、半圆形等表现出树的不同形态。

（3）活动准备：

①小朋友认识树并画过树。

②各种形态的树、各种形态的树干、各种形状的树冠以及课件。

③卡纸制作的各种形状的树干、树冠。

④背景图：山坡。

（4）活动过程：

①以"猴子搬家"情景导入，激发幼儿的兴趣。

师："猴子住的树林被破坏了，想寻找一片美丽的树林，这是上次大家为小猴子画的树，我们请小猴来看看吧。"

"咦？树都长得一样吗？"

②欣赏、感受树木形态的不同。

A. 欣赏图片，感受树不同形态的美。（引导幼儿感受树的完整形态）

师："我们来看看这些树。"（幼儿欣赏图片）

这些树一样吗？它们有什么不同？（请幼儿说一说树的形态）

教师小结：不同种类的树有不同的特点，它们的树干和树冠形态是不同的。

B. 欣赏树干，观察比较，感受树干不同的形态。

这些树干有什么不同？像什么？

引导幼儿感受树干的粗、细、直、弯、高、矮。（根据幼儿的回答，播放课件）

教师小结：不同种类树的树干是不同的，有的很粗壮，有的比较细小，有的是笔直的，有的是弯弯曲曲的，有的很高，还有的很矮。树干有不同的花纹：有的是一道道条纹，有的长了一个个瘤，有的是一节一节的，从树干上长出了许多分叉的树枝。

C. 欣赏树冠，观察比较，感受树冠不同的形状。

大树除了树干，还有树冠，来看看树冠都有哪些形状的。

引导幼儿用三角形、椭圆形、半圆形、云朵状、条状来说说树冠的形状。（根据幼儿的回答，播放课件。）

教师小结：树的树冠形状是不一样的，有的是三角形，有的是椭圆形，有的是半圆形，有的像一朵朵云，有的是条状的，而且它们的颜色也不一样，有的是绿色的，有的是红色的，有的是黄色的。

③讲解、演示绘画步骤。

师："先画上树干，再画上树冠，就变成一棵美丽的树了。如果请你来画树，你想画什么样的树？有什么样的树干？什么形状的树冠？"

教师根据幼儿的描述，粘贴树干和树冠。

老师注意画面的布局。

④幼儿绘画"美丽的树"，教师适时给予指导。

师："现在请小朋友把你最喜欢的各种形状的树画下来，画好后种到山坡上，变成一片美丽的小树林，请小猴子住进来，好吗？"

绘画时要注意：

A. 你们可以用圆形、三角形、半圆形等画出树的不同形态。

B. 树还有美丽的颜色，你们可以给树穿上漂亮的衣裳。

C. 要注意不要画得太挤，也不要只有一棵孤孤单单的树，给树摆放在合适的位置上。

D. 小朋友还可以给它添上美丽的背景。

⑤展示作品，共同欣赏"美丽的小树林"，交流分享美的感受。

A. 这一片树林漂亮吗？

B. 猴子最喜欢在哪一棵树上做游戏？

⑥活动延伸

主题墙饰的布置：用你们的神笔一起来绘制一片美丽的树林，让小猴子住到教室里面来陪伴我们，好吗？

3. 活动反思

丰富的表象是幼儿创作的原材料，观察并积累表象材料，表象材料的了解与积累是让创造尽情发挥的基础。幼儿作画的素材很大程度上来源于平时生活的积累。因此，在活动前，我与家长沟通，让家长带小朋友去生活中寻找树，与树交朋友，还把跟树照的相片、资料带到幼儿园布置展板。孩子前期经验的积累、家长的支持和帮助无疑使活动开展更顺利。寻找、收集资料的过程，其实也是幼儿学习和探索的过程，我们引导家长在满足幼儿兴趣、需要的同时，既不要控制幼儿的思想，又要适时给予支持和帮助，使活动开展更加有效。在活动中，教师给幼儿创造了一个丰富的物质环境，提供了各种各样的树的图片，让幼儿自由欣赏，丰富幼儿的审美感受，为接下来的美术活动打下良好的基础。

我给孩子准备了不同形态的树干、树冠，分步骤让孩子欣赏，从完整到局部，使孩子欣赏更加有序，为绘画创作积累素材，让幼儿有丰富的内容可画。孩子对于树有了丰富的了解，也产生了浓厚的绘画兴趣，对于形态的绘画也有了一定的感知和印象。为了解决重难点，让幼儿掌握绘画技能，使其能自如地表现树的各种形态，我用课件的形式，简单用线条展现树的不同形态，并通过启发让幼儿将树干、树冠进行组合，拼成姿态不同的树，使幼儿开阔思路，理顺步骤，克服创作中的技能难点，为下一步创作实践奠定基础。当然，如果教师在欣赏时能加上优美的音乐，会让幼儿有更深的审美体验，使幼儿的审美情感进一步得到抒发。

以“猴子搬家”情景导入，拟人化的情景强烈地激发了幼儿的兴趣。三维目标设计合理，突出了重点、难点，条理清楚，前后呼应，绘画活动始于欣赏，终于欣赏。以共同欣赏“美丽的小树林”为出发点，引导他们去发现、去学习别人的优点，相互欣赏、交流，分享美的感受，使之在潜移默化中受到美的熏陶。

七、手工活动《蛋壳贴画》（中班）

1. 设计思路

在我们的生活中，废旧物品随处可见。蛋壳无毒无害，又随手可得。通过蛋壳贴画手工活动，让中班幼儿充分认识废旧材料的特性，培养幼儿的手指灵活能力、独立操作能力和技能技巧，发展幼儿的创作精神和克服困难的意志品质；同时启迪幼儿，平时要做个有心人，主动收集废旧物品，变废为宝。

2. 活动设计

（1）活动目标：

①尝试用废弃的蛋壳进行拼贴，并且用排刷均匀涂色，培养印画的技能。

②感受蛋壳粘贴画特殊的花纹，操作时保持桌面的整洁。

③培养幼儿手指灵活能力，感受手工的快乐。

（2）重点难点：

①重点：引导幼儿了解蛋壳贴画、印画的制作方法和过程。

②难点：掌握贴画的拼贴技巧，能运用排刷均匀涂色、配色。

（3）活动准备：

蛋壳、水粉颜料、双面胶带、抹布，画好的各种图案（蝴蝶、蜗牛、苹果等）。

（4）活动过程：

①出示材料，激发幼儿兴趣。

老师今天带来了一个百宝箱，猜猜里面是什么？（幼儿自由想象）；哇！原来是蛋壳。蛋壳能做什么呢？（自由想象，表扬回答有创意的幼儿）

小结：蛋壳可以用来装饰画呢，你们看……

②出示范例，师幼一起欣赏。

图 12-1

图 12-2

A. 用蛋壳装饰了什么画？（熊）蛋壳藏在哪里？请你来找一找。

过渡：蛋壳画还会变魔术呢！闭上你的小眼睛，变啦……（在熊的图上刷好颜色，把另一边白纸对印好，打开）

B. 一只熊变成了两只熊，这只熊是怎么变上去的呢？（幼儿自由发挥）

C. 这个蛋壳印的画和我们平时印的画是不是一样呢？（出示平时的印画比较）

小结：蛋壳印的画花纹很特殊，是一块一块的，有空隙。

③引导幼儿了解蛋壳贴画的制作方法和过程。

导语：蛋壳画，真神奇，让我们也来试一试。

A. 示范蛋壳画，讲解要求并配儿歌：

找到一幅画，撕去双面胶。
拿块大蛋壳，用力压一压。
一块又一块，贴满这幅画。

B. 请一位幼儿示范，老师配儿歌，并提示制作过程：

第一步：先找到一幅画，撕去上面的双面胶（或在画好的物体上贴上双面胶）。

第二步：拿多块蛋壳，将蛋壳里面的膜贴在双面胶上，用手压一压，蛋壳贴满这幅画，这一步需要有耐心哦。注意蛋壳只能贴在画的轮廓里，蛋壳不能叠在一起，画面上没有贴住的请抖一抖放进箩筐里。

第三步：完成后，还可以涂刷颜料，让蛋壳画更加漂亮。

④引导幼儿了解蛋壳印画的制作方法和过程。

蛋壳画做好了，我们来玩变变变的游戏。用排刷刷上颜料，颜料刷均匀，最后把白纸对折（角对角），用手掌抹平，这样一幅画就变成了两幅画。

你们想不想来试试？后面还有许多的画要你们做成蛋壳画，不过不要忘了方法哦。老师请幼儿说一说蛋壳画的制作要求。

⑤幼儿操作，教师巡回指导。

提醒幼儿蛋壳粘贴在轮廓线里，蛋壳不能叠在一起，刷颜料要少一点且均匀。

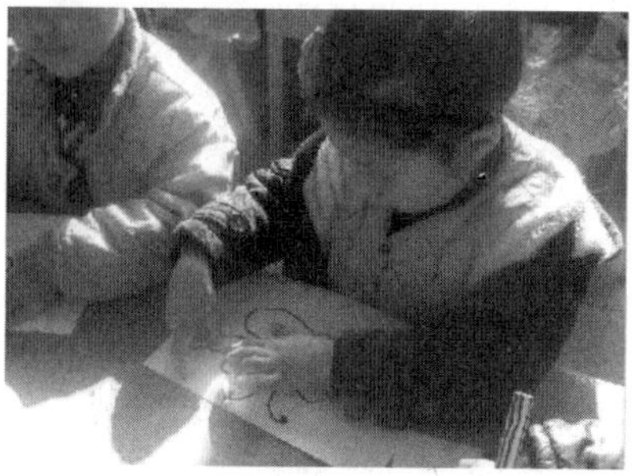

图 12-3

图 12-4

⑥展示幼儿作品。

对幼儿的作品进行集中展示，幼儿相互交流，教师多给幼儿一些赞扬和鼓励，让幼儿为自己的成就感到高兴。

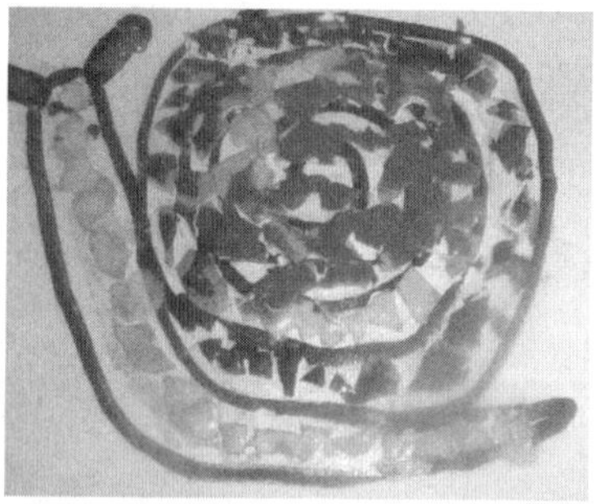

图 12-5

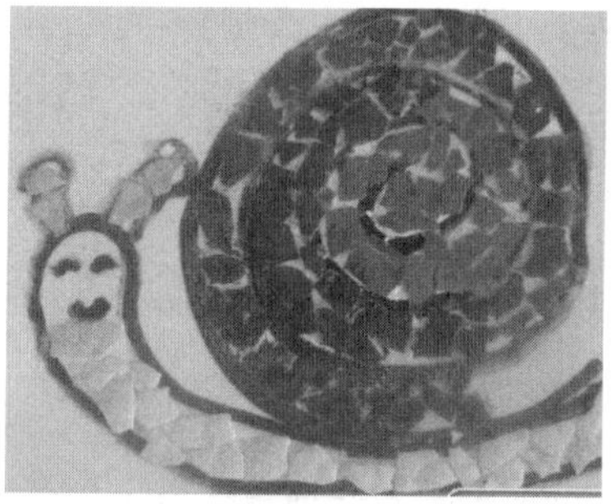

图 12-6

图 12-7

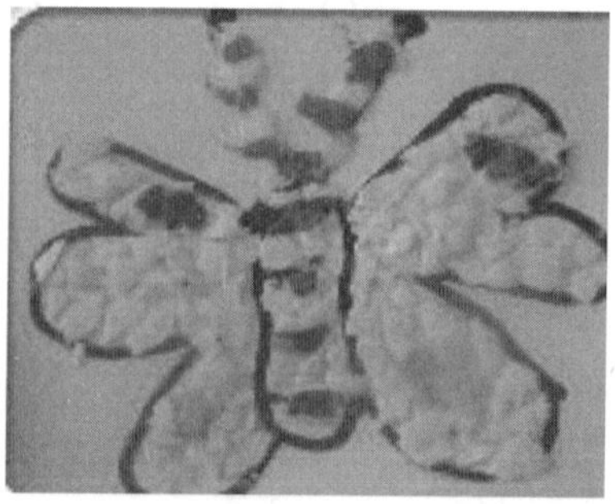

图 12-8

（5）活动延伸：

我们今天用了废旧的蛋壳来装饰了一幅幅漂亮的画，生活中还有很多废旧的材料，像开心果壳、瓜子壳等都可以装饰，请小朋友们回家去收集，下次我们再来尝试更多美丽的贴画吧。

3. 活动反思

由于材料的出示较神秘，激发了幼儿的兴趣和想象力。范例的欣赏及印画的变化带给了幼儿神奇的美感。儿歌设计不仅渲染了活泼、有趣的制作氛围，还直接告示了蛋壳贴画的技巧和过程。通过蛋壳贴画的手工活动，中班幼儿充分认识了废旧材料的特性，培养了幼儿的手指灵活能力、独立操作能力和技能技巧，发展了幼儿的创作精神和克服困难的意志品质。活动延伸部分，启迪幼儿平时要做个有心人，主动收集废旧物品，运用自己的智慧变废为宝。

本活动目标明确、完整，重点突出，难点恰当，幼儿在活动中充分感受到了手工制作的快乐。

参考文献

[1] 默耕．经典教学方法．福州：福建教育出版社，2009.
[2] 许卓娅．学前儿童音乐教育．长春：东北师范大学出版社，2003.
[3] 林佩芬．幼儿园说课稿精选．宁波：宁波出版社，2010.
[4] 陈淑琴．幼儿游戏化音乐教育．上海：上海社会科学院出版社，2011.
[5] 许卓娅．幼儿园音乐教育活动指导．北京：人民教育出版社，2009.
[6] 华夏．学前儿童音乐教育与活动设计．北京：北京大学出版社，2010.
[7] 马成．幼儿打击乐活动．长沙：湖南电子音像出版社，2001.
[8] 许卓娅．打击乐器演奏活动．南京：南京师范大学出版社，2000.
[9] 董丽，周蓓．幼儿音乐游戏课例集．上海：复旦大学出版社，2012.
[10] 郭亦勤．学龄前儿童艺术教育活动指导．上海：复旦大学出版社，2011.
[11] [美] 伊莱恩·科汉，鲁斯·盖纳．美术，另一种学习语言．尹少淳译．长沙：湖南美术出版社，1992.
[12] [美] 维克多·罗恩菲尔德．创造与心智的成长．王德育译．长沙：湖南美术出版社，1993.
[13] [英] 赫伯·里德．通过艺术的教育．吕廷和译．长沙：湖南美术出版社，1993.
[14] 尹少淳．美术及其教育．长沙：湖南美术出版社，1995.
[15] 汝茵佳．幼儿园美术教育活动指导．北京：人民教育出版社，2009.
[16] 孔起英．幼儿园美术教育．北京：人民教育出版社，2004.
[17] 屠美如．学前儿童美术教育．长春：东北师范大学出版社，2003.
[18] 林琳，朱家雄．学前儿童美术教育．上海：华东师范大学出版社，2006.
[19] 中华人民共和国教育部．幼儿园教育指导纲要．北京：北京师范大学出版社，2001.
[20] 中华人民共和国教育部．3—6岁儿童学习与发展指南．北京：北京旅游教育出版社，2012.

后　记

《幼儿园艺术教育活动设计与指导》是学前教育专业职业应用模块重要课程之一。

本教程共十二章，从幼儿园艺术领域教学实践出发，引用国内外幼儿艺术教育领域的新理念，融入当前幼儿音乐、美术教育教学的新成果。有针对性地研究艺术教学活动，引导学生拥有科学的音乐和美术教学理念，学会富有创新并基于实际的教学设计，构建创新的、拓展的、多元的教学活动新类型。促进学生自主掌握知识、学会学习、学会思考，探究音乐、美术教育教学的最佳策略。

本教程供学前教育专业第 3 或第 4 学期使用。课时分配参考：第一、第二、第三、第四、第五、第八、第九章音乐美术各为 2 课时，第十二章音乐美术各为 4 课时，第六、第十章音乐分别为 12、2 课时，第七、第十一章美术分别为 12、2 课时。教学中，教师可根据本校教学实际情况作适当调整。

本教程由夏志刚、张琼辉、刘浏、刘建乐、廖克斯、曾新华、毛春荣、莫军学、邹纯编写。夏志刚、张琼辉任主编，刘浏、刘建乐、廖克斯、曾新华任副主编。

夏志刚

2018 年 1 月